A fé e o fuzil

Bruno Paes Manso

A fé e o fuzil

Crime e religião no
Brasil do século XXI

todavia

*Para Marcelinho, pastor Edson, Alexandre
e a todos que me contaram suas histórias e
que me guiaram nessa caminhada*

Metanoia: palavra de origem grega.
Formada pela preposição μετά (além de, aquilo que
excede, coloca acima) e o verbo νοέω (perceber, pensar).
Significado: Mudança de visão, de olhar. Transformação do
caráter, do modelo mental, da consciência, da forma de agir
e de se comportar. Na teologia, conversão, arrependimento,
sujeição aos mandamentos divinos; na psicologia,
amadurecimento, aprendizado, cura e autoconhecimento.

1. Metanoia 11
2. O novo real 37
3. As facções do bem 58
4. A epidemia do fim dos tempos 75
5. Ondas urbanas (A grande fuga) 96
6. Exorcistas 112
7. Exterminadores 130
8. Os libertadores 147
9. Os guerreiros do caos 171
10. Empreendedorismo transcendental 193
11. A mão invisível do mercado do crime 216
12. Dinheiro, fé e fuzil 254
Ubuntu ou Para adiar o fim do mundo 281

Notas 288

I.
Metanoia

Era uma manhã de sábado cinzenta, em um verão abafado de São Paulo. Eu já tinha tomado as três doses da vacina contra a Covid. Retomava aos poucos alguns contatos pessoais e profissionais e me dirigia para uma conversa olho no olho com Marcelinho. Vinte anos atrás, ele tinha sido fundamental para despertar meu interesse no universo pentecostal. Também havia me ajudado a resgatar uns restos de otimismo e a elevar a minha moral, que descera ao fundo do poço depois de três anos seguidos entrevistando homicidas. Desde então, nunca mais perdemos o contato. Desci do ônibus intermunicipal e caminhava apressado na calçada de uma avenida estreita, olhando para os lados, perdido na divisa entre o Capão Redondo, bairro da periferia paulistana, e o município de Embu das Artes. As casas de bloco e concreto, muitas delas sobrepostas, grudadas umas às outras, pareciam formar uma barreira contra o vento e fazer a sensação de calor aumentar. A rua estava cheia de gente, com barraquinhas de camelôs, música alta, carros e ônibus soltando fumaça, um cenário típico das quebradas que eu tinha parado de frequentar durante a pandemia.

Suado, vermelho, sem protetor solar nem conexão de internet, eu não conseguia receber as mensagens do meu amigo e já estava desistindo de encontrá-lo. Conformado, começava a voltar para o ponto de ônibus quando o escuto gritar meu nome de longe, com a cabeça para fora do carro velho que dirigia. Marcelinho estacionou ao lado do meio-fio, desceu, a gente se abraçou, e eu pulei rápido para o banco do passageiro, preocupado em não atrapalhar o trânsito já bastante confuso.

Marcelo Vitor de Souza, meu amigo Marcelinho, estava envelhecido. Continuava sorridente, mas já não tinha o mesmo aspecto jovial da época em que o conheci, fevereiro de 2003, quando sua aparência e carisma me lembraram as do jogador homônimo do Corinthians, Marcelinho Carioca, um dos meus ídolos no futebol. Apesar da semelhança, meu interlocutor carregava no corpo algumas marcas de violência que contavam parte de sua história única. A primeira era mais explícita: ele era cego do olho direito por causa de um tiro. No nosso primeiro encontro, duas décadas antes, ele havia me mostrado as outras, uma bala alojada no braço, que pediu para que eu apalpasse para sentir o volume do projétil ainda em seu corpo, outras marcas de tiros, inclusive na cabeça, e uma cicatriz grande na barriga.

Marcelinho tinha quarenta anos quando nos conhecemos. Era dez anos mais velho do que eu, que fazia pesquisas sobre os homicídios em São Paulo e buscava interlocutores para me descrever esses contextos violentos. Cheguei a ele indicado por um professor de Embu, uma liderança comunitária que me sugeriu ouvi-lo pelo seu conhecimento da cena do tráfico e do crime na cidade. O professor ainda me assegurou que eu não precisava ter medo de procurá-lo. O motivo era prosaico. Em 1994, Marcelinho abandonou o crime porque aceitou Jesus, tinha mudado de vida.

Depois de convertido, ele se tornou missionário na Igreja do Evangelho Quadrangular e costumava dar testemunhos sobre seu passado no crime, repleto de pecados e atrocidades, para destacar o tamanho do milagre em que consistiu sua conversão. A mudança de rumo, aliás, havia sido conturbada. Ele se convertera depois de sofrer um atentado e sobreviver aos doze tiros que deixaram diversas cicatrizes em seu corpo. Quase morreu e ficou mais de um mês internado no Hospital das Clínicas, em São Paulo, até se recuperar. Marcelinho atribuía sua vida a um milagre de Deus, que o teria escolhido a dedo para ser seu representante na terra, o que ele fazia com muito empenho, "em nome de Jesus", como costumava repetir.

Vinte anos depois, aos sessenta, ele seguia firme como missionário na mesma denominação, enfrentando diversos problemas econômicos e pessoais. A gente havia mantido contatos esporádicos nessas duas décadas. Do volante do carro, ele me dizia que os últimos sete anos tinham sido complicados financeiramente. "Tô na prova", confessou, dizendo que sua fé estava sendo testada pelas dificuldades que passava. Marcelinho usava óculos escuros. Enquanto dirigia, sem aliviar na velocidade, comentava despretensiosamente que a visão também tinha piorado: "Com dois olhos já é difícil dirigir, imagina com menos de meio". Fiquei assustado; afinal, o motorista ao meu lado estava praticamente cego. Tentei checar se eu havia entendido direito, sem esconder o espanto: "Você não consegue enxergar?". Ele então me explicou que tinha apenas 20% da visão do olho esquerdo. Pude constatar a dificuldade quando descemos do carro e seguimos a pé pelas ruas. Notei que ele só conseguia identificar seus conhecidos depois que estavam muito próximos e falavam para que Marcelinho reconhecesse a voz deles.

Dentro do automóvel velho percebi, como que por reflexo, que não havia cinto de segurança no banco do passageiro. Ele sentiu minha preocupação e procurou me tranquilizar. Como sempre acontecia, acabamos trilhando o caminho inevitável dos diálogos surreais, repletos de aspectos mágicos, que ele trazia à tona quando descrevia os acontecimentos de seu cotidiano. Perguntei o óbvio: "Marcelinho, se você não consegue enxergar, como está dirigindo?". Ele explicou com naturalidade, como se falasse algo trivial. "Eu dirijo bem, normal, mas fora do carro não tenho a mesma visão. Dentro do carro eu enxergo o farol, mas lá fora, quando estou a pé, não consigo ver. São coisas espirituais. O pessoal sempre me pergunta: 'Como é que você consegue dirigir?'. É Deus, né?"

Não era o caso de pedir detalhes. Para um agnóstico, qualquer complemento soaria absurdo. Mas apesar de já estar acostumado, eu não cansava de me surpreender. Porque suas histórias, ainda que aparentassem ser mentirosas, pareciam se confirmar diante dos meus olhos. Como assim ele só enxerga quando está dirigindo? Não dava para engolir. E era exatamente isso o que eu estava vendo.

Nossas visões de mundo eram diferentes, formadas através de filtros de crenças diversas. Eu evitava, no entanto, demonstrar meu ceticismo para que ele se sentisse mais à vontade para dizer o que pensava. Sempre tive imenso interesse em conhecê-lo melhor, mesmo não me revelando por completo, não expondo o meu lado cheio de dúvidas sobre a transcendência. Na verdade, nós dois sabíamos que, no fundo, ambos interpretávamos personagens. Eu era o jornalista, pesquisador e estudante da Universidade de São Paulo (USP) que tentava narrar sua vida — é assim, inclusive, que ele me apresenta a terceiros. Já Marcelinho interpretava o ex-bandido que foi abençoado por Deus e se transformou em pescador de almas. Havia verdade em nossas atuações.

Eu tentava entender o significado daquele mundo encantado que, segundo Marcelinho, estava repleto de intervenções divinas. Às vezes, parecia que Deus era um gênio da lâmpada, sempre pronto para realizar milagres cotidianos quando acionado. Eu sabia que havia muitos exageros nas coisas que me falava, mas tinha dúvidas sobre como ele realmente as encarava. Como o caso do motorista cego enxergando ao volante. Ele acreditava nessa história? Achava mesmo que Deus o fazia ver melhor quando pilotava? Ou aumentava histórias para me impressionar? Ou acreditava, mas também exagerava? Eu apostava na última opção. Respeitava a fé de Marcelinho, mas não sabia até onde ele iria para tentar me provar a força do seu Deus. Mesmo sabendo que nunca teria uma resposta definitiva para essas questões, confesso que uma vez dentro do carro me acalmava ouvir sobre sua ajuda extra na direção, porque acreditava nos efeitos que ela tinha em sua autoconfiança.

Eu já estava com saudades dessas histórias inacreditáveis que, ao longo dos anos, ouvia de Marcelinho e de outros evangélicos que encontrei durante minhas pesquisas sobre violência — boa parte deles ex-bandidos que viraram crentes. Entrar em contato com essa religiosidade das periferias paulistas me deu acesso a outro mundo, cheio de verdades e normas bem diferentes das minhas. Foi surpreendente, parecido com o que senti, como jornalista, ao me aproximar do pensamento e discurso dos homicidas que vinha entrevistando desde 1999. Ambos os grupos acreditavam em coisas bem distantes do universo da minha patota de classe média e agiam conforme as respectivas leituras que faziam do mundo. Se a crença dos homicidas produzia morte, a dos evangélicos procurava evitá-la.

No começo dos anos 2000, antes dessas imersões, eu via esses grupos com um viés classista, repleto dos preconceitos típicos de quem observa a cena de uma distância segura. Tanto bandidos como crentes faziam parte de grupos iletrados, que precisavam ser mais bem-educados para agir de forma mais racional. Na grande imprensa, em que eu trabalhava, esses temas eram evitados ou tratados de maneira profilática; homicídios e chacinas eram noticiados quase sempre a partir de gráficos e tabelas, como se a solução pudesse vir das informações e dos dados fornecidos pelos sofisticados modelos estatísticos, usados para apontar caminhos institucionais. Caberia aumentar as penas, melhorar as investigações dos assassinatos e o patrulhamento nos bairros perigosos, investir em educação, reduzir a desigualdade, entre outras medidas civilizatórias. Fazia muito sentido. O debate em torno das políticas públicas mais adequadas devia seguir adiante. Já a fé dos evangélicos, assim como a dos católicos, dos kardecistas e dos religiosos de matrizes africanas era um assunto menosprezado; sua fé devia ser respeitada e legalmente garantida, mas não debatida; sua influência diminuiria com o avanço do processo civilizatório. Eu acreditava nisso, mas estava enganado.

De longe, da redação do jornal em que eu trabalhava e dos ambientes que frequentava, não era possível compreender a dinâmica do que acontecia nas periferias. Apesar da proximidade física, esses mundos eram muito distantes. Na cena de violência da cidade, eu via os homicidas como pessoas que não davam valor à vida, talvez por ignorância ou incapacidade de controlar seus desejos mais perversos. Esses traços até podiam compor o perfil dessas pessoas, mas estavam longe de definir sua essência. O assunto, de tão repugnante e bárbaro, passou a ser deixado de lado pela grande imprensa, como se fosse um tema de mau gosto, que estraga o café da manhã do leitor, algo menos relevante do que, por exemplo, os bastidores da política e da economia. O importante era abastecer os formadores de opinião com informações que os ajudassem a preservar seu lugar reservado no andar de cima. Os dramas policialescos sobravam para os programas populares de televisão, celebrando as ações violentas da polícia na perseguição a ladrões, um tipo de entretenimento mórbido que explora o medo, como os filmes de terror e os podcasts de *true crime*.

Distanciamento parecido tinha a cobertura envolvendo os religiosos pentecostais. O tema também era marginal, como se vinculado a um grupo de pobres fanáticos, ignorantes, sujeitos a ser manipulados pela falta de escrúpulos de pastores ambiciosos. Eu até compartilhava de parte dessa visão, predominante entre as pessoas do meu meio social, que trabalhavam comigo nas redações. Ao tratar do tema, caberia aos jornalistas, sempre que possível, denunciar a malandragem daqueles que enriqueciam às custas da ingenuidade alheia. Escrever sobre as igrejas pentecostais exigia o mesmo tom dos relatos sobre estelionatários, um ranço policialesco que acabou atrapalhando a percepção de um fenômeno cultural profundo, que iria tomar o Brasil de assalto sem que a elite cultural e econômica se desse conta.

A transformação da religiosidade brasileira já era impulsionada pelos pentecostais no começo dos anos 1990. A proporção desse grupo religioso havia mais do que dobrado em comparação à década de 1970, mas ainda estava longe do que alcançaria nas três décadas seguintes. Para quem observava de longe, parecia uma mudança localizada, sem grande relevância política. O tempo iria mostrar, no entanto, quão abrangente era esse deslocamento, a ponto de produzir uma nova elite pronta para definir rumos para o país.

A correnteza já era forte, mas a superfície ainda não sentia os sinais do maremoto que se formava. Apesar de sofrer crises eventuais, a política havia se estabilizado. Da redemocratização até o ano de 2016, o Brasil passou mais de duas décadas sendo governado por grupos considerados progressistas, liderados pelo Partido da Social Democracia Brasileira (PSDB) e pelo Partido dos Trabalhadores (PT), ambos formados sob forte influência da Igreja católica, sindicatos, movimentos sociais e universidades. Os governantes conseguiam articular um debate racional sobre políticas públicas no sentido de pensar formas de amenizar as chagas do país. Mantinham-se afastados dos temas populares e ignoravam o humor das massas, originado no mundo pobre e informal das cidades, longe do poder. Era uma postura arrogante, de superioridade, elitista. A situação somente começou a mudar quando o poder político e econômico dos religiosos e dos criminosos se tornou incontornável e passou a ameaçar os planos do mundo formal, que abrangia uma população cada vez menor. Foi quando muitos perguntaram de onde vinha a força do pentecostalismo e das facções criminosas que, de diferentes modos, ganhavam influência política e cultural em todo o território brasileiro.

No meu caso, comecei estudando violência meio que por acaso. Não fazia parte dos meus planos profissionais de jornalista. Inevitavelmente, fui fisgado pelo universo pentecostal. O mergulho na São Paulo armada e letal dos anos 1990 e 2000 oferecia um ângulo inusitado para observar a religião. Entrevistando os homicidas do período, descobri algo que seria determinante para minhas investigações futuras, um achado que também definiria a minha forma de contar histórias. Para entender como as pessoas agiam, primeiro eu precisava conhecê-las, ouvi-las, descobrir em que acreditavam, como enxergavam e justificavam suas ações, o que diziam a respeito delas. A busca por compreender essas personalidades me levou a colecionar diversas histórias e entrevistas, tendo essas questões como norte principal.

Foi uma excelente oportunidade para me embrenhar na parte da cidade que eu não conhecia, mesmo convivendo diariamente com muitos de seus personagens. Nessa tarefa, que eu poderia chamar de reportagem ou etnografia, eu me sentia como um voyeur, boquiaberto, testemunhando as movimentações naquele laboratório social que não parava de produzir novidades. Dessas investigações, no entanto, brotavam novas perguntas que me empurravam para outras direções. Além de colecionar depoimentos para, do encadeamento deles, entender a lógica por trás das falas, eu também questionava como essas crenças se disseminavam, quais estruturas as difundiam e por que algumas eram mais populares e sedutoras do que outras.

Um passo inicial era visualizar a expansão ou contração de certos comportamentos, que podiam ser quantificados e expostos em gráficos. A evolução histórica da curva de homicídios, por exemplo, era uma dessas fotografias aéreas que me ofereciam um ângulo diferente para observar o problema. A curva de homicídios paulistana tinha o formato de uma montanha ou de um sino. Significava que o ato de matar havia se multiplicado por dez em quase quarenta anos, entre 1960 e 1999, como se fosse um comportamento contagioso. Depois desse longo surto, que parecia incontrolável, o comportamento letal sofreu um declínio a partir dos anos 2000, quando se iniciou um movimento inverso, com mais de vinte anos de redução de assassinatos. Ao final desse percurso, São Paulo, que era uma das cidades mais violentas do mundo, se tornou a capital com a menor taxa de homicídios do Brasil. Por que pessoas que antes pareciam não dar nenhum valor à vida, de repente passavam a pensar duas vezes antes de matar? Esse conjunto de informações produzia muitas perguntas e estimulava minha vontade de seguir pesquisando.

Em São Paulo, os homicidas me ajudaram a compreender melhor suas ações e as motivações de seus assassinatos. Pude entrevistar diversos deles durante a apuração de uma matéria que mudaria minha trajetória profissional e intelectual para sempre. Eu precisava escrever sobre as chacinas na capital paulista — nome que a imprensa passou a dar aos homicídios em que mais de duas pessoas morriam na mesma cena. Eram ocorrências bárbaras. Decidi, junto aos editores da revista em que trabalhava, que a reportagem deveria ouvir os autores desses crimes. Fui apresentado a muitos deles pelo advogado criminalista Roberto Ribeiro, que na época era um dos mais ativos defensores no Tribunal do Júri na cidade. Ribeiro, criado na periferia violenta da zona sul de São Paulo, fazia de tudo para evitar a condenação de seus clientes, que confiavam cegamente nele. O advogado, que se sentiu envaidecido por ter sua trajetória profissional abordada na imprensa, topou apresentar muitos deles, que estavam soltos e me deram horas e horas de entrevistas gravadas.

Além de ouvir sobre a trajetória pessoal dos entrevistados, as conversas giravam em torno de duas questões principais: quem vocês matam e por quê? Foram depoimentos honestos, que ajudaram a me embrenhar numa realidade que parecia inexplicável. A cena da violência em São Paulo quando os ouvi, em 1999, era cruel e caótica. A curva havia alcançado o cume da montanha. A capital paulista tinha mais de sessenta homicídios por 100 mil habitantes, quantidade que vinha crescendo de forma ininterrupta desde os anos 1960. Quando iniciei essas conversas, havia quase uma centena de chacinas por ano no estado. Em uma noite de fim de semana no Jardim Ângela, bairro da periferia paulistana, de cima de uma laje era possível enxergar diversos pontinhos vermelhos piscando, os giroflex dos carros de polícia ao lado de corpos baleados. Tiroteios durante o dia, velórios frequentes, covas abertas previamente nos cemitérios para dar conta do excesso de serviço, vinganças, corpos nas ruas, crianças sabendo diferenciar o calibre das armas pelo som dos disparos, tudo isso fazia parte da rotina de bairros como esse. Um homem com mais de 25 anos se definia como um sobrevivente ante o alto risco de morrer jovem na periferia, o que criava uma lacuna geracional como a dos países que mandam seus jovens à guerra.

Foi nesse contexto de autodestruição que entrevistei os matadores, entre eles autores de chacinas. Nas muitas conversas, uma ideia se repetia: eles tinham a convicção de que todas as pessoas que matavam faziam por merecer esse destino, como se a culpa das mortes fosse das próprias vítimas. "Nunca matei nenhum inocente" era uma frase que se repetia e que sintetizava o aspecto surpreendente daqueles relatos. Havia, segundo eles, diversos motivos que justificavam um homicídio. Eles matavam quem os denunciava para a polícia, quem desafiava sua honra, quem praticava assaltos no bairro, quem se aliava a seus inimigos, quem os roubava no crime, quem atrapalhava seus negócios, entre outras razões. A vingança, contudo, era o principal estímulo da multiplicação de violência. Cada homicídio tinha o potencial de despertar uma resposta fatal entre os amigos e parentes da vítima, produzindo um efeito dominó. Lembro do meu pessimismo: o círculo vicioso parecia interminável, porque sempre haveria alguém querendo se vingar. Por isso os homicídios eram contagiosos e continuariam sempre subindo, como havia ocorrido nos últimos quase quarenta anos.

Até mesmo as chacinas podiam ser justificadas, conforme constatei nas entrevistas. Elas ocorriam por uma vítima jurada de morte estar, por exemplo, em um ambiente público, como um bar, com outras pessoas. "Se está bebendo com gente ruim, coisa boa não pode ser", explicou um dos entrevistados. Também ouvi que os homicídios múltiplos aconteciam para evitar testemunhos que pudessem incriminar os autores junto às autoridades. Havia até mesmo casos de bebês de colo que eram executados. A proximidade dessas vítimas aleatórias com o alvo caçado aliviava a consciência do autor do crime, como se todos fizessem parte do mesmo bando de inimigos e por isso merecessem idêntico destino.

Alguns dos entrevistados haviam assassinado dezenas de pessoas e seguiam convictos da justeza de suas ações. Nesse contexto, um olhar torto pode ser interpretado por quem o recebe como um desafio mortal, estimulando uma atitude preemptiva de alguém que justifica o homicídio como a única maneira de evitar a própria morte. Esse mundo de violência era formado por homens que se subdividiam entre "aliados", capazes de sacrificar a vida pela amizade, e "inimigos", que deviam morrer para que não eliminassem os aliados. A realidade dessa guerra particular pairava sobre o cotidiano dos demais, a ampla maioria da população desses bairros conflagrados, que alguns dos meus entrevistados tratavam de "zé-povinho", a quem cabia o compromisso de manter silêncio e não denunciar ninguém à polícia.

Esses guerreiros se armavam e matavam uns aos outros com base nessas convicções, de que a violência precisava ser combatida com a violência, na vã tentativa de sobreviver e assumir o controle informal do território em que moravam. Matar ou morrer era a consequência de terem escolhido a vida louca, o destino dos bichos soltos, que não aceitavam ser enjaulados pelas ordens injustas do sistema. Apesar de saberem que tinham os dias contados, porque provavelmente seriam vingados por um desafeto, esse fatalismo exigia agressividade, já que, caso contrário, seriam assassinados passivamente, sem lutar. Se fosse para morrer, que pelo menos trocassem tiros e levassem seus inimigos junto. Era o pior dos mundos, em que a disputa letal pela sobrevivência se tornara um fim em si mesmo.

Marcelinho era um dos que eu acionava para ouvir sobre crimes, chacinas e homicídios. Eu continuava buscando depoimentos para meus estudos sobre o crescimento da violência na capital paulista. Embu, onde ele morava, fica na região metropolitana de São Paulo, na divisa com os bairros da periferia sul da capital. Embu passava por momentos difíceis, liderando o ranking dos homicídios no estado, com 94 mortes por 100 mil habitantes em 2001. Tinha sérios problemas econômicos e sociais. A população de pouco mais de 200 mil habitantes havia mais do que dobrado ao longo das décadas de 1980 e 1990, recebendo novos moradores em ocupações e loteamentos clandestinos na área de manancial, no entorno da bacia da represa Guarapiranga.

Logo no dia em que conheci Marcelinho, deixei para segundo plano os temas ligados à criminalidade para poder escutar sobre sua conversão religiosa. Para me aproximar, de nada adiantava impor a minha pauta; ela precisava transcorrer naturalmente, como se fosse uma troca. Muitas das melhores histórias que eu ouviria nos anos seguintes viriam do universo das igrejas pentecostais. Marcelinho, como muitos meninos que entram para o crime, teve uma infância pobre. Seus pais vieram do interior de Minas Gerais tentar a sorte em São Paulo no começo dos anos 1970, mas não conseguiram prosperar na cidade grande. Em pouco tempo perderam suas pequenas economias e rapidamente descambaram para a miséria, sem poder contar com a rede de apoio de familiares e vizinhos que haviam deixado em sua terra natal.

O casamento dos pais entrou em crise, e Marcelinho foi abandonado pela mãe, passando a viver só com o pai, que se tornou alcoólatra e começou a ter dificuldades para permanecer no emprego. Nessa situação, ele teve que lutar pela própria sobrevivência desde criança, o que, inicialmente, fazia separando restos de comida e objetos descartados no lixão de Taboão da Serra. O local também passou a servir de lugar para dormir quando ele não queria voltar para a casa do pai, que não cobrava sua presença. Marcelinho ainda mantinha contato com seus familiares, incluindo uma prima que o chamou para frequentar um centro de umbanda em Embu, onde ele se tornou ogã e tocava os atabaques que chamavam os espíritos no começo das sessões.

Ele também praticava roubos nas ruas e era bastante temido na cidade. Aos poucos foi entrando no mercado das drogas, costurando uma rede de jovens que o ajudavam na venda de maconha e cocaína em diversos bairros da região. Sua situação financeira melhorou no início dos anos 1990, quando começou a vender crack logo que a droga passou a ser comercializada em São Paulo. Ele produzia suas próprias pedras, cozinhadas em uma colher com bicarbonato e raspas de pasta base. A pedra, que era fumada, dava outro tipo de barato, mais intenso e curto do que a cocaína inalada. Isso intensificava a fissura e o desejo dos consumidores, garantindo um fluxo contínuo de vendas. Esse mercado popular e lucrativo se formou num momento de grande tensão nas ruas do município.

Desde 1989, a taxa de homicídios de Embu estava acima dos 74 casos por 100 mil habitantes.

Marcelinho andava no fio da navalha, sempre na iminência de um desfecho trágico. Nesse tempo, reencontrou a mãe, que voltou para a cidade. Ela estava sem rumo e retomou o contato com o filho, então completamente envolvido no crime. O encontro aconteceria com uma desgraça. Marcelinho e um grupo de usuários de crack tinham invadido a casa de uma idosa, em Taboão da Serra, para fumar pedras. O local se tornara um ponto de consumo da droga, e a própria mãe de Marcelinho participava da roda, bebendo pinga. Aquele reduto de usuários, no entanto, chamou a atenção da vizinhança e das lideranças locais. Algumas delas prestavam serviço de profilaxia social como justiceiros ou "pés de pato", atividade que havia crescido na São Paulo dos anos 1980. Em junho de 1994, a casa foi invadida por alguns desses matadores, que executaram doze pessoas do grupo, incluindo a mãe de Marcelinho e a dona da casa, no que se tornaria até então a maior chacina do estado. Apenas um bebê foi poupado, abandonado sobre a cama, em meio aos corpos. Marcelinho não estava presente e acabou sobrevivendo.

Esses são apenas alguns capítulos da história que antecedeu sua transformação. Os religiosos chamam essa mudança de "metanoia", termo que não fazia parte do meu vocabulário, mas que passei a ouvir com relativa frequência entre os evangélicos, assim como tantas outras palavras. O vocábulo tem origem grega e aparece no Novo Testamento, sendo normalmente traduzido como arrependimento. Essa adaptação, porém, é imprecisa e não contempla o significado em toda sua abrangência. A metanoia representa uma mudança de consciência e de comportamento que não acontece por ameaça de punição, nem por mera pressão social, mas por convicção pessoal, em decorrência de uma nova crença que faz o sujeito passar a enxergar o mundo de outra forma e a agir conforme ela. Depois da metanoia, é como se o indivíduo nascesse novamente ao acreditar em uma outra verdade e viver de acordo com ela. O processo é radical e quase sempre envolve uma religião. Para ocorrer, a pessoa deve ser capaz de abandonar as crenças que a definiam até então e seguir em direção a um novo futuro, modulado por outro programa mental. É como se um espírito diferente assumisse o controle do corpo convertido, mudando os comandos sobre seu raciocínio, sentimentos e ações.

A metanoia de Marcelinho começou no atentado que sofreu em 18 de dezembro de 1994, poucos meses depois da chacina que matou sua mãe. Na versão dele, o evento foi marcado pelo sobrenatural. A narrativa era semelhante à que ele compartilhava com outros religiosos, um testemunho que dimensionava o tamanho do milagre em sua vida e que ele repetia na missão de converter outras pessoas com o seu exemplo. Segundo Marcelinho, ele só não morreu na noite do atentado por intervenção divina; uma ação direta dos céus subverteu as leis naturais do universo para mantê-lo vivo. O nome técnico disso é milagre, e nesse caso ele teria começado dias antes, com a revelação feita por Paulo, um mecânico, ex-bandido convertido, de que alguém tentaria matá-lo. Paulo havia tido a visão numa madrugada, enquanto orava no Monte da Luz, um morro na periferia de Embu frequentado por evangélicos de toda São Paulo onde já estive diversas vezes. Ao receber as mensagens no Monte, ainda de madrugada, ele saiu atrás de Marcelinho para antecipar-lhe o que viria.

Segundo Paulo, os disparos seriam feitos por um revólver preto com cabo de madrepérola. Ele tinha visto a imagem da arma no lado direito da cabeça de Marcelinho. De acordo com a previsão, Marcelinho tinha quatro dias para deixar o crime, e, assim, evitar o ataque. A antecipação de acontecimentos em sonhos ou visões, conforme a crença pentecostal, seria uma das manifestações do Espírito Santo. Quando Paulo encontrou

Marcelinho, este estava em um barraco usando drogas e não deu ouvidos ao alerta. Vivia chapado e sentia-se culpado pela morte da mãe. Dizia que estava buscando a própria morte por overdose, já que era caçado por diversos inimigos e não queria morrer assassinado, como muitos de seus amigos e familiares. Ao ouvir a revelação, Marcelinho contou que expulsou o mensageiro do barraco. O tempo, contudo, seguiu seu curso, e o destino antevisto por Paulo acabou se confirmando.

Na noite do atentado, dois desafetos de Marcelinho chegaram de carro no bar em que ele estava e começaram a provocá-lo. Bêbado e nervoso, mas desarmado, Marcelinho respondeu com agressividade. Os dois criminosos o pegaram pelo colarinho e o levaram para fora, dando tapas e coronhadas em sua cabeça. Marcelinho percebeu que eles iam disparar. Olhou para o lado direito e reconheceu uma arma preta com cabo branco apontada para sua cabeça, exatamente como Paulo havia previsto. No mesmo instante começou a orar, e nesse momento a narrativa ganha ares formais, como se o diálogo sagrado exigisse certa pompa: "Eu então falei para Deus: 'Senhor, se és Tu, tens misericórdia de mim, não permita que isso aconteça'". Na sequência, os bandidos iniciaram os disparos e acertaram Marcelinho doze vezes.

A oração funcionou, segundo ele. Tanto que continuou vivo. Marcelinho se tornou prova ambulante do poder divino para impressionar outras pessoas. Deus continuou a realizar uma série de milagres em sua vida, segundo conta. A descrição de alguns era tão exagerada que me levava a duvidar de toda a sua história. Eu estava me acostumando com esses causos coalhados de eventos mágicos, diálogos com Deus, manifestações do Espírito Santo, como se as leis naturais pudessem ser suspensas com regularidade. Mesmo sem crer, tentava checar, na medida do possível, o que havia de factual naquelas histórias sobrenaturais. Mais de uma vez fui atrás da confirmação de certas passagens do seu testemunho. Se suas cicatrizes eram evidências do ocorrido, eu queria entender qual era a dimensão do exagero.

Entrevistei o motorista que o levou para o hospital depois de baleado, e ele confirmou a gravidade dos ferimentos. Ouvi uma funcionária do cemitério de Embu, que me disse que no dia seguinte muitos foram perguntar a hora do velório. No Hospital das Clínicas vi as chapas de raio X que identificavam os tiros que ele havia tomado; Marcelinho realmente havia ficado um mês internado. Chequei também algumas histórias da sua vida no crime. As informações da chacina que matou sua mãe foram confirmadas em um inquérito. Marcelinho me levou ao endereço do massacre e ouvi da boca do novo morador sobre o passado que marcou a história do imóvel. O locatário me mostrou os cômodos e os quartos onde as pessoas tinham morrido e depois me apontou a cama em que o bebê havia sido deixado.

Havia muitas verdades misturadas a meias-verdades e inverdades — neste último caso, eu não podia dizer se eram mentiras ditas com a intenção de me enganar, ou se ilusões, autoenganos decorrentes da confusão causada por sua própria fé. Difícil julgar. Marcelinho, por exemplo, afirmava ter morrido e ressuscitado sobre a mesa do Instituto Médico Legal, em que acordou com a barriga cortada. A ressurreição, inclusive, não é um episódio incomum entre os relatos de conversão mais fantásticos. Também o ouvi declarar, em uma pregação, ser o único, entre testemunhos semelhantes, capaz de provar que ressuscitara, porque tinha um atestado de óbito guardado. Documento, aliás, que nunca vi. Ele também garantia que igualmente por milagre seu sangue havia se livrado do vírus HIV. Eventos mágicos eram recorrentes nas falas dele. Passei a considerá-los licenças poéticas, que pareciam importantes, talvez, para convencer a si próprio.

O que mais me interessava não era o grau de veracidade das narrativas, mas que testemunhos como aquele vinham se tornando cada vez mais corriqueiros. O entusiasmo crescente me surpreendia. Havia um fosso cognitivo separando nossos mundos; um era repleto de dogmas e respostas que não podiam ser comprovadas, dependia de uma fé da qual eu não compartilhava; e outro se movia pelas dúvidas, na busca por explicações que deviam seguir certos métodos para ser críveis. Era nesse segundo mundo que eu me encaixava, até por cacoete profissional, mas essas conversões fantásticas chamavam a atenção pela capacidade de transformar situações de forma efetiva. Redirecionavam trajetórias fadadas à tragédia para caminhos seguros. Uma solução instrumental, quase instantânea, criada por aqueles que vivenciavam a pobreza e a violência no dia a dia das cidades.

Havia um mecanismo mental sofisticado que permitia a viabilidade daquelas transformações, apoiado por um aparato discursivo, institucional e metafísico criado para legitimá-las. Envolvia arrependimento das pessoas em apuros, abandonadas, sozinhas, e a compreensão verdadeira de que sua postura inadequada diante da vida era uma das causas do seu infortúnio. As igrejas pentecostais abriam as portas para essas pessoas se integrarem a uma nova rede, ofereciam verdades para transformar os desencaixados em cidadãos de bem. Para os agraciados com o dom de acreditar nessas verdades, havia a chance de se reinventar de modo a seguir as regras e as expectativas da sociedade. A mudança, no entanto, não podia ser meramente cosmética. Dependia de um arrependimento verdadeiro que devia se transformar em ações concretas, como pedir perdão a Deus, aos que foram prejudicados pelos erros passados e perdoar a si mesmo. A veracidade desse sentimento era a garantia de que os erros não se repetiriam. Do ponto de vista formal, o perdão também servia para anistiar os pecados acumulados, aliviando assim a consciência e fortalecendo o amor-próprio.

O abençoado, a partir da metanoia, iniciava seu caminho sem passivos. Mesmo porque, segundo boa parte dos pentecostais, a perversidade pregressa, a maldade, as pisadas na bola em geral, tinham sido resultado da ausência de Jesus na vida do indivíduo, condição que abria brechas para o aumento da influência do Diabo, o inimigo de Cristo. Tudo isso podia ser teologicamente confirmado. Bastava checar nas mais de mil páginas e 31 mil versículos da Bíblia, a "Constituição sagrada da humanidade". Para que eu pudesse entender melhor sua mudança, Marcelinho dizia que eu devia ler Samuel 10,6. Nele encontrei o que seria a validação de seu caso: "Então o espírito de Iahweh [Javé] virá sobre ti, e entrarás em delírio com eles e te transformarás em outro homem", diz a passagem. Depois da chegada do espírito de Javé, o passado torto não importa mais, desde que o compromisso com a vida nova seja para valer. Tudo depende de uma decisão-chave do convertido: arrepender-se dos erros passados, deixar para trás a vida de pecado e seguir em frente ao lado de Jesus.

Outra conversão fundamental, a mais famosa da Bíblia, que se mantém como referência para as transformações contemporâneas, foi a do apóstolo Paulo. Mesmo sem conhecer Jesus pessoalmente, ele foi um dos nomes mais importantes do Novo Testamento, propagando ensinamentos que influenciaram os evangelhos de Marcos, Mateus e Lucas,[1] que, por sua vez, o transformaram em um dos maiores disseminadores do cristianismo. Paulo nasceu por volta do ano 10 d.C., em Tarso, na Turquia, à época capital da província romana de Cilícia. Na juventude, era conhecido como Saulo e foi um aluno aplicado dos mestres fariseus, membros da seita judaica seguidora da Torá na qual foi versado nas leis do Antigo Testamento. Nessa época, Saulo via o cristianismo emergente como uma ameaça à sua religião e se tornou um perseguidor implacável de cristãos.

A conversão de Saulo foi descrita na Bíblia tanto nas Epístolas Paulinas, de autoria do próprio, como no livro Atos dos Apóstolos, escrito por Lucas. Conforme os relatos, Saulo saiu de Jerusalém com o objetivo de prender seguidores de Jesus e levá-los a julgamento para serem executados. No caminho, viu uma luz que o cegou e, ao mesmo tempo, ouviu uma voz divina, que lhe dirigiu a pergunta: "Saulo, Saulo, por que me persegues?". A voz, que ele atribuiu a Jesus, ainda ordenou que ele fosse a Damasco, na Síria, onde seria curado por Ananias e se converteria ao cristianismo, mudando seu nome para Paulo. Eu me lembrava dessa história enquanto ouvia Marcelinho falar da sua própria trajetória. Ao final, ele fez um comentário que eu nunca mais esqueceria. Lembrou que Paulo, o símbolo da mudança, dava nome ao estado e à capital onde morávamos. "Quem disse que São Paulo não pode mudar? Paulo era matador de cristão e se regenerou. Leia na Bíblia", ele me disse. Achei o comentário profundo e sagaz. Ele tinha razão, não dava para perder a esperança de mudança. Mas será que essas metamorfoses mentais podiam ser feitas sem apelar para o sagrado? Dava para dispensar os pensamentos mágicos? Era possível realizar tal empreendimento a partir de uma educação formal? Como a lógica do pensamento religioso podia ajudar na construção de uma autoridade racional, reconhecida como legítima?

A metanoia significa uma reformulação completa na consciência dos convertidos. Quando ocorre, parece que um novo software foi instalado no cérebro da pessoa para reprogramar seu espírito — mudar sua leitura do mundo, seus sentimentos e escolhas. Essa reprogramação mental transforma comportamentos, estabelece novos parâmetros de "certo e errado" e determina outro sentido para a vida. A mutação pode ser rápida, catártica, ou exigir um processo mais lento. Eu achava incrível que ela não viesse de fora para dentro; não dependesse da imposição de um juiz ou dos ensinamentos de um professor. Ocorria de dentro para fora; estava vinculada à vontade e ao compromisso pessoal e surgia na intimidade do corpo e da mente. Brotava da busca por respostas, do desejo por preencher o vazio que nos faz acordar sem saber por que seguimos em frente, afogados nos mistérios da vida. A crença em uma entidade sagrada, com poderes imensos que criaram o mundo, facilita a transformação por oferecer respostas a essas dúvidas. De posse do novo manual existencial, o indivíduo pode reinventar a si próprio e ainda contar com um aliado poderoso para os dias mais difíceis.

No caso concreto de Marcelinho, por exemplo, a crença pentecostal o ajudou a sair das cordas e escapar de uma sinuca de bico que parecia mortal. Abriu um portal mágico para uma vida nova, quando seu destino era morrer como bandido. Ele se sentiu supervalorizado ao sobreviver aos tiros, como se fosse ungido, o que vitaminou seu ego. Depois da mudança, sua nova crença continuou a oferecer saídas inteligentes para problemas complicados. Mesmo convertido, Marcelinho ainda corria risco de morte porque havia deixado para trás um rastro enorme de conflitos mal resolvidos. Entre os potenciais algozes estavam os dois autores do atentado que quase o matou. A tensão permanecia no ar, com desdobramentos imprevisíveis. Eles poderiam atacá-lo de novo, temendo que ele fizesse o mesmo. Porém, em vez de se vingar ou de denunciá-los à polícia, ele os procurou pessoalmente para contar da conversão, negociar uma trégua e informá-los que não guardava ressentimentos. O perdão era uma das programações contidas em seu novo software mental, que interrompia o círculo de violência. Marcelinho me explicou que era preciso, ao mesmo tempo, perdoar e ser perdoado. A conversa entre eles foi suficiente para evitar qualquer conflito. Uma solução rápida, prática e eficiente.

Depois do atentado, Marcelinho levou cerca de um mês para renascer por completo, mais ou menos o tempo que passou hospitalizado. Ficou internado em recuperação, ainda em situação instável, perdido. Um dos seus amigos me disse que ele chegou a praticar pequenos furtos no hospital. Só depois de receber a visita de alguns religiosos passou a acreditar que havia sido escolhido e a formular a história que o transformou. Quando recebeu alta e botou os pés nas ruas, já era outro homem. A nova identidade exigiu uma reviravolta comportamental, que ele passou a colocar em prática no seu dia a dia. Em primeiro lugar, teve que abrir mão da violência para lidar com seus conflitos. Parou de usar drogas, de fumar e de beber. Também mudou a forma de se relacionar com as mulheres — segundo me contou, na vida do crime chegou a ter 35 namoradas ao mesmo tempo. E não podia mais ganhar dinheiro com atividades ilegais. Ele também precisava criar uma rotina de orações e de cultos, mas, principalmente, devia costurar uma nova rede de amigos e abandonar a antiga, o que se mostrou uma das tarefas mais delicadas de todo o processo.

Dos conflitos pendentes da sua vida pregressa, havia perdoado os autores do atentado, mas ainda restavam inimigos espalhados por todo canto. Marcelinho precisou encontrar seus potenciais algozes para pactuar armistícios. Alguns ele procurava à noite, em seus barracos. Acendia o isqueiro, numa espécie de código para avisar que estava chegando, e carregava a Bíblia, desarmado. Afirmava que estava lá de peito aberto para pedir perdão. Era preciso ter a coragem de quem não temia mais a morte. Ele me explicou que não se importava com o risco de ser assassinado porque morreria ao lado de Cristo e iria para o céu. Deu tudo certo, e os acordos foram firmados. A conversão, nesse sentido, se revelaria uma excelente estratégia de sobrevivência, ao desarmar conflitos por meio de pactos de não agressão.

Eu ainda iria me surpreender com a rede de apoio que se formou ao redor dele, composta de pessoas que acreditavam nas mesmas coisas e que buscavam se fortalecer coletivamente. Oito anos depois da metanoia, ele montou um centro de recuperação chamado Resolução; o nome fora revelado em um sonho e ele não sabia o que significava até procurar no dicionário. O terreno, cedido em comodato por um irmão da igreja, era amplo, com espaço para uma plantação de hortaliças e frutas que alimentavam os internos e cujo cultivo servia como terapia ocupacional. Lá eram realizados cultos, e o trabalho terapêutico dependia muito do carisma de Marcelinho. Seria possível questionar o preparo técnico de que ele dispunha para lidar com os internos, mas muitos deles tinham vindo das ruas e, se não fosse o centro de recuperação, não teriam acesso a serviços públicos. Conheci alguns deles e pude ver como a história de Marcelinho contribuía para a formação de vínculos. Ele não julgava; seu compromisso com a mudança dos outros talvez fosse além dos serviços profissionais de um assistente social. Os métodos eram diferentes, cada um com prós e contras, mas definitivamente cumpriam um papel relevante.

O dia a dia de missionário de Marcelinho girava em torno de obter doações de alimentos e dinheiro para a manutenção do centro, numa vida bem agitada. Logo no nosso primeiro encontro, ao chegarmos de carro a Embu, paramos em uma padaria a caminho do bairro de Santa Tereza, onde ele morava, para pegar uma cesta básica doada pelo balconista do estabelecimento, filho de um homem que tinha se internado na casa de recuperação por beber demais e agredir a família. Enquanto eu tomava um refrigerante, Marcelinho conversou longamente com a mãe do menino, que plantava raízes num terreninho em frente à padaria. O celular dele voltou a tocar quando entramos no carro. Era uma senhora que tinha parado de fumar e que narrava suas dificuldades para largar o vício, pedindo conselhos para conseguir fazê-lo. Ele orou por ela via telefone, pedindo para Jesus que a ajudasse a resistir à tentação. Ao final, disse para ela comer uma balinha e repetir "O sangue de Cristo tem poder" toda vez que a vontade aparecesse.

Eu achava tudo muito divertido, essa participação ostensiva de Jesus nas pequenas coisas. Uma presença que parecia oferecer uma carga de ânimo permanente, como a bateria de um celular. Ainda no carro, Marcelinho recebeu outro telefonema, desta vez de uma senhora que transitava entre o espiritismo e o pentecostalismo. Ele já havia conversado com ela sobre as razões pelas quais deveria mudar de religião e agora ela ligava para contar que, pela primeira vez, sentia vontade de ir à igreja. Ao desligar, ele comemorou a chance de conseguir mais uma alma para Jesus.

Ainda naquele dia, fomos visitar uma senhora que tinha sido uma importante mãe de santo na cidade e havia se tornado evangélica. Dentro da casa, o telefone dele tocou de novo; era o familiar de um homem que estava com tuberculose. A pessoa pedia para internar o doente no centro de recuperação, apesar de não poder colaborar com uma mensalidade nem com a doação de uma cesta básica porque estava desempregada. Marcelinho explicou que a contribuição era importante, porque ele não tinha o apoio de nenhuma empresa e mantinha o espaço com a ajuda de terceiros. Mas afirmou que aceitava o novo paciente, porque "enquanto há vida, há esperança". Pediu então que orassem juntos para a pessoa conseguir um emprego para ajudar com a mensalidade do centro. Todos esses pedidos de ajuda aconteceram ao longo das cinco horas em que estivemos juntos.

Na casa da senhora que havia sido mãe de santo, conversamos sobre religião por iniciativa das pessoas que estavam na sala: Marcelinho, a namorada dele, a dona da casa, a neta dela e uma criança com síndrome de Down. Ele contou que eu era católico — havia perguntado a minha religião quando me conheceu — e apontou na Bíblia, no livro do Êxodo, a história do bezerro de ouro, em que a adoração de uma imagem é criticada por Deus e por Moisés, em uma referência às imagens de santos veneradas pelos católicos.

Na sequência, perguntou se eu gostava de algum santo. Respondi que sim, Nossa Senhora Aparecida. Era uma tentativa de desviar o assunto para evitar polêmica, mas comecei a me sentir o centro das atenções. Eles estavam tramando algo. Os demais falaram sobre os benefícios espirituais da conversão. A neta da dona da casa contou que estava noiva, estudava direito, tinha um bom emprego, e ainda assim havia tido uma grande depressão, da qual só se curou quando passou a frequentar a Igreja evangélica, dando a entender que não precisava estar entre a vida e a morte para ocorrer a conversão. Bastaria sentir um vazio existencial, a falta de algo para a vida fazer sentido.

Marcelinho olhou para mim e perguntou se eu estaria disposto a aceitar Jesus. Fiquei meio sem graça, mas achei melhor não contrariar e disse que sim. Parecia uma condição para continuarmos conversando. Ele me pediu para ficar de pé, colocar as duas mãos sobre o coração e fechar os olhos. Estendeu a mão dele sobre a minha cabeça e começou a orar com a voz grossa e certa formalidade. Usando a segunda pessoa do singular e do plural, falava sobre a importância do meu trabalho e pedia que Jesus me ajudasse, dizendo que eu o havia aceitado, em um fluxo contínuo que era constantemente intermediado pelos demais com termos como "em nome de Jesus", "ó meu Deus", "ó glória", "aleluia", "ó meu Pai santo". A namorada de Marcelinho e a dona da casa também ficaram de pé ao meu redor e estenderam a mão em minha direção. Durante um bom tempo, ele orou no que dizia ser a "língua dos anjos", outra das manifestações do Espírito Santo segundo a crença pentecostal. No meio daquela cacofonia, com diversas orações simultâneas, Marcelinho perguntava se eu realmente aceitava Jesus. Eu respondia "sim, claro, sim, claro" sem a emoção necessária, no tom blasé de um contador de banco, o que não deixava de ser patético.

Encerrada a cerimônia, ele perguntou como eu me sentia. Naquele dia de calor, eu suava e ele disse que tudo que eu tinha de ruim, agora estava queimando. Todos pareciam convencidos de ter ganhado mais uma alma para Jesus. Disseram que toda vez que eles conseguiam mais uma alma para Cristo ocorria uma festa no céu e uma grande confusão no inferno. Eu me mantinha em silêncio, não era o caso de problematizar. Tinha apreciado o esforço coletivo e respeitava o que tinha se passado, mas, enfim, eu não havia me tornado um pentecostal. Guardei esse comentário a sete chaves, no fundo da minha consciência cética.

Já era tarde, estava escuro, e eu achei melhor dar a jornada por encerrada e voltar no dia seguinte para novos encontros. Marcelinho me alertou de que algo diferente aconteceria comigo naquela noite. Ele estava certo: tinha despertado a minha curiosidade para saber mais sobre a religião dele e o seu mundo. Nas duas décadas que viriam, continuaríamos nos encontrando.

2.
O novo real

As histórias de conversão me fascinavam. Era como se personagens de romances de realismo fantástico invadissem o cotidiano duro do jornalismo e das minhas pesquisas sobre violência. Aquele mundo encantado, povoado por anjos e demônios, me permitia escapar da realidade das pautas e me jogava em um novo real, que existia na mente dos meus entrevistados. O tema, porém, ia além dos seus protagonistas. Oferecia respostas para suportar o dia a dia das misérias materiais e existenciais dos centros urbanos, criava oportunidades, abria caminhos. Bastava crer para ver o portal se abrir. O crente ganhava passaporte para um novo mundo que direcionava suas escolhas, dava uma missão transcendente e preenchia o vazio da vida.

Acreditar, contudo, não é algo automático. Mesmo quando queremos, muitas vezes simplesmente não conseguimos. Em compensação, quando o contrário acontece, a realidade pode vir a ser enxergada de outra forma, como se a pessoa colocasse uma nova lente sobre os olhos e a partir de então processasse as informações em uma outra consciência. Na metanoia, a pessoa renasce e torna a viver uma encarnação no mesmo corpo, sem precisar morrer.

Eu colecionei muitos desses casos porque eram histórias pessoais extraordinárias em contextos urbanos de violência. No geral, havia sempre um protagonista que, ao longo da vida, fazia um desvio radical de percurso que o levava para o buraco ou o deixava desacorçoado, duvidando de si mesmo. A nova crença era a escada que o trazia de volta para cima. Em seus testemunhos, eles tornavam públicos segredos íntimos do passado, realizando confissões que valorizavam a transformação. Ainda havia o cenário em que essas narrativas aconteciam, que revelavam os bastidores de uma cidade pulsante, confusa, injusta e perigosa. Os casos eram os mais variados porque as conversões atingiam grupos e classes diversas. Cada ocorrência tinha um ritmo próprio. Existiam os processos demorados, que aconteciam depois de longos períodos de depressão. Mas também havia os gatilhos, que provocavam epifanias — um recado dos céus, uma voz, um sonho, um acontecimento marcante —, a revelar a urgência da mudança de rumo.

Todos que se transformavam tinham o dom da fé, a graça de acreditar, sem grandes questionamentos, na nova verdade. Era como se uma intuição lhes garantisse que aquilo estava certo, um tipo de sexto sentido que me faltava. Entre os mais diversos relatos, ouvi o do tenente Pereira, um policial militar que conheci em 2003, cinco anos depois de ele ter deixado a prisão, condenado por executar suspeitos durante o trabalho. Pereira era branco, havia estudado, nasceu na capital paulista e cresceu em uma família de classe média baixa, bem estruturada, com um pai presente que lhe dava bons conselhos. Um contexto muito diferente do de Marcelinho, que desde criança vivia solto, sem apoio familiar, longe da escola, com dificuldades para leitura e estigmatizado por ser negro. Apesar do abismo que os separava, havia pontos em comum na trajetória de ambos. Em algum momento, tanto Pereira como Marcelinho passaram a usar a violência para impor suas vontades diante das adversidades, como se assim fossem livres, super-homens fazendo suas próprias leis. No princípio, essa postura podia lhes parecer encantadora, mas, com o tempo, foi se transformando num fardo.

Pereira demorou anos para entrar em crise e desmoronar. Ele havia se formado na escola de oficiais da Polícia Militar (PM) de São Paulo em 1981, quando as periferias ainda começavam a se urbanizar. Havia muitas ruas de terra, barracos, faltava água e luz, mas sobravam abusos, covardia, medo e a sensação de abandono e insegurança nos bairros mais pobres. Homens que trabalhavam ou moravam nesses lugares distantes do centro acabavam criando algum tipo de ordem por meio da violência. Parecia mais rápido eliminar as ameaças cotidianas do que se mobilizar para cobrar o funcionamento de um Estado ausente e ineficaz.

Na visão desses grupos, o extermínio de bandidos funcionava em duas frentes: fazia desaparecer os jovens considerados perigosos e ensinava obediência aos demais. Foi o caso de muitos justiceiros — moradores das periferias paulistanas que se tornam matadores, financiados por comerciantes locais — e de policiais militares que começaram a matar achando que, assim, reduziriam o crime. Não conseguiram. Na verdade, disseminaram mais violência. Cada morte podia provocar a reação de outros homens, vítimas em potencial ou parentes e amigos do morto, que se armavam e se articulavam para matar o xerife da vez na quebrada, promovendo círculos de vinganças e conflitos que faziam as taxas de homicídios explodirem.

Foi nesse contexto caótico que o tenente chegou às ruas esburacadas do extremo leste da capital, ainda muito jovem, com 21 anos, levando uma mistura de ingenuidade, inexperiência e idealismo. Ele via sua atividade policial como uma forma de contribuir para melhorar a sociedade, mas acabou assumindo a tarefa como se fosse uma missão pessoal. Pesou sobre seus ombros o fardo de reduzir a criminalidade na área em que trabalhava, o que fez com que ele rapidamente perdesse o prumo. Logo nos primeiros seis meses, lidou com situações difíceis. Perdeu um colega, baleado em um tiroteio, e conseguiu prender o autor do crime, mas ele foi liberado em poucos meses. Foi um baque. Precisava lidar com atos bárbaros, como estupros de crianças. Ele conta que se sentia indignado e confuso porque, quando prendia o suspeito do abuso, tinha que protegê-lo para evitar a fúria dos que queriam linchá-lo. Sentia que nesses momentos impedia a população de fazer justiça.

Não sabia direito como lidar com aquilo. Por causa de sua insegurança e juventude, forçava a barra para mostrar autoridade aos subordinados e à população. Conta que chegava em bares lotados da favela e mandava os clientes colocarem a mão na cabeça. Quando sentia que eles demoravam para obedecer, dava tiros para cima ou distribuía tapas na cara. Muitas vezes dobrava o turno do serviço, achando que seu esforço poderia reduzir o crime. Como era onipresente, acabou descobrindo problemas sérios dentro da própria polícia. Mandava os suspeitos para a delegacia de manhã e, à noite, já os encontrava na rua. Perguntava como tinham saído; eles diziam para ele ir "buscar sua parte do dinheiro com o delegado". A revolta de Pereira com o sistema foi crescendo. Com o tempo, amadureceu a ideia de executar os suspeitos. "Vou ser juiz, promotor e fazer meu próprio julgamento." Passou a "matar por idealismo", como ele próprio diz. Assassinava os garotos reincidentes, que via como incuráveis, porque, em sua perspectiva, deviam sumir do mundo para torná-lo mais seguro.

Pereira tinha um método próprio. Pegava o suspeito na rua, depois de se certificar de que não havia testemunhas, e o levava para o matão, um descampado no bairro. Dava um minuto para a reza final, antes de disparar uma bala na nuca da vítima. Ele me contou essa história para, em seguida, compartilhar uma reflexão que se tornou parte do seu testemunho como missionário. "Apenas Deus pode tirar e dar a vida. Tire as letras D e S da palavra Deus e ela se transforma em Eu. Eu havia me transformado em Deus, com poder sobre a vida e a morte." Seu ego era infinito. Os corpos encontrados de manhã, que tinham sido abandonados por ele no descampado no dia anterior, não davam nenhuma chance para a identificação do autor. Seguiu esse procedimento por dois anos e virou uma referência na tropa, visto como corajoso e linha de frente, sem medo de assumir responsabilidades.

Seguiria assim se não tivesse sido descoberto. Ele foi preso em 1984 graças a um descuido de um de seus subordinados, um soldado que prendeu, na frente de diversas testemunhas, um suspeito que seria executado pelo grupo. Pereira não estava no momento da prisão e só soube do vacilo depois de já ter matado a vítima. Acusado pelo crime, acabou condenado a 43 anos de prisão.

Ele aguardou o julgamento em liberdade e depois passou sete anos em regime fechado. Chegou a receber convites para fugir e trabalhar em quadrilhas formadas por policiais, com conexões fora do país, que mexiam com roubo e furto de carros. Declinou ao perceber que, se aceitasse, iria se tornar tudo aquilo que sempre combateu. Foi sentenciado em 1989 e se apresentou no Presídio Romão Gomes, exclusivo para policiais, para pagar o que devia. Ele ainda tinha orgulho de sua vida pregressa na polícia, apesar dos excessos. Acreditava que tinha razão em ter praticado os assassinatos. Continuou marrento durante a maior parte do cumprimento da pena, tentando se impor pela intimidação, o que entendia como necessário, uma questão de sobrevivência. Um dos presos que enfrentou foi Florisvaldo de Oliveira, conhecido como Cabo Bruno, um dos justiceiros mais famosos de São Paulo nos anos 1980.

Florisvaldo chegou a ser capa de uma revista de circulação nacional em 1984, dizendo que já havia matado cinquenta pessoas. O embate entre os dois ocorreu durante um almoço. Por ser oficial, Pereira furou a fila do refeitório. Em seguida, desafiou os descontentes a mandá-lo para o final, incluindo o Cabo Bruno, que declinou da provocação. Com o passar dos anos, conforme se acostumava à rotina prisional e sua cabeça esfriava, passou a trabalhar em favor de condenados que solicitavam na Justiça progressão de regime. Estava se adaptando à vida de detento. Ao mesmo tempo, ia perdendo contato com o lado de fora. Via a família se afastar: seus quatro filhos cresciam à distância e sua mulher resistia a visitá-lo. Foi por isso que aceitou, pela primeira vez, o convite dos evangélicos para ir a um culto. O ano era 1995, e Pereira compareceu à igreja cheio de constrangimento, porque não queria pegar fama de crente entre os outros presos.

Quando entrou na capela e se sentou, diz, sua máscara caiu. "Estou cansado", conta ter pensado. "Cansado de ser esse homem, esse super-homem que, no fundo, é um traste, um nada, um miserável." Ali, começou a cair na real: sua vida havia sido um erro, uma imensa ilusão. A consciência dos desvios do passado era um passo fundamental para mudar. Sua nova identidade seria moldada pelas novas crenças que passaria a seguir, conforme frequentava os cultos semanalmente e aprendia a doutrina nas aulas de estudos bíblicos.

A conversão, contudo, viria em um momento mágico, através de um contato direto com Deus. Ele aguardava a decisão da Justiça para progredir de pena para o regime semiaberto, sem grandes esperanças de conseguir. Era véspera de Natal, e Pereira estava sozinho dentro da cela, sentindo-se abandonado. Começou a orar pedindo intervenção divina em favor da progressão e conta que ouviu uma voz dizendo: "Ajoelha, ajoelha!". Mas, por orgulho, ele resistia a obedecê-la. Até que não aguentou e cedeu: curvado em direção ao chão, com a testa no piso frio de cimento, num gesto de entrega e submissão, ele sentiu todo o peso de seus erros escorrer pelos ombros. Ao se levantar, estava leve e havia se tornado um novo homem. Para ajudar, o juiz decidiu em seu favor.

Como quase sempre acontecia, a história me emocionou e minhas sensações eram confusas. As descrições sobrenaturais não me convenciam e me deixavam com um pé atrás, mas eu acreditava na sinceridade da fala e dos sentimentos. Minhas crenças, por sinal, eram irrelevantes. Interessava-me compreender melhor o funcionamento daquela misteriosa engrenagem de transformar pessoas. Pereira ainda compartilhou outra reflexão, usando uma metáfora para explicar sua visão das coisas. "Eu descobri um manual de instrução", ele me falou, enigmático, antes de prosseguir. "Deus me criou, criou você, assim como o homem fez o liquidificador, certo? O manual serve para você usar aquele liquidificador, certinho, por mais tempo do que você precisa." Segui em silêncio, sem entender bem para onde o papo iria. "Você precisa ler o manual antes de ligar. Se você pega o liquidificador, que é 110 [volts], e bota numa tomada 220 [volts], o que acontece? Puf. Ele estoura. Você não leu o manual e acaba queimando o liquidificador." Eu ainda não tinha entendido. Continuei quieto, aguardando que ele concluísse. "Com o homem é a mesma coisa. O homem foi criado por Deus. E Deus deixou um manual, a Bíblia, para que sigamos as instruções desse manual. Para que você não estoure. Se você não ler o manual, não seguir o manual, a sua tendência é ser destruído. Era o meu caso. Eu não lia o manual e fiquei ligado numa tomada de 220 volts." Quando ganhou a liberdade, o ex-policial já tinha passado a seguir seu manual de instrução. Começou a frequentar uma igreja batista no centro de São Paulo, em que animava crianças durante os cultos, apresentando-se como palhaço Perereco.

A história de Pereira, assim como a de outros ex-policiais matadores que se convertiam, continha certa ironia. Muitos haviam se tornado exterminadores por acreditarem que bandidos não têm salvação, que são essencialmente ruins, malvados, sem chance de recuperação. Por isso, deveriam ser eliminados em vez de presos. Contudo, quando os próprios policiais matadores se transformavam, passavam a acreditar na possibilidade de mudança, a advogar que todos devem ter chances de se transformar. Era como se, em um passe de mágica, um dos grandes tabus da humanidade, que eles quebravam sem nenhuma crise de consciência, passasse a fazer sentido: um homem não pode querer assumir o papel de Deus sobre a vida e a morte de outros seres humanos.

Foi essa conclusão a que chegou Florisvaldo de Oliveira, o Cabo Bruno, que compartilhou o presídio com Pereira. Florisvaldo passou 27 anos detido depois de ser condenado a mais de cem anos por diversos homicídios que praticou como justiceiro. Na primeira década na prisão, nos anos 1980, chegou a fugir três vezes. Na primeira, trocou tiros com policiais da guarda e baleou um deles. Foi recapturado. Na segunda, a fuga foi facilitada porque era para ele matar a testemunha de uma chacina praticada por PMs na zona sul. A vítima sobreviveu e ele foi capturado novamente. Fugiu e foi preso pela terceira vez em 1990. Florisvaldo só começou a se converter no ano seguinte, quando sua sucessão de fugas o levou ao presídio de segurança máxima no anexo da casa de custódia de Taubaté, a unidade de castigo mais rígida do estado, onde, dois anos depois, seria fundado o Primeiro Comando da Capital (PCC). Abatido, sem esperança de escapar, ameaçado dia e noite pelos outros presos, sentindo-se vulnerável a ponto de tentar o suicídio, Florisvaldo estava aberto para mudar.

A conversão começou quando uma Bíblia chegou para ele pelo correio. Não tinha o nome do remetente, apenas uma frase escrita à mão com os dizeres: "Jesus te ama". Depois, ele descobriria que o livro tinha sido enviado por uma freira holandesa, cujo nome nunca soube, que estava no Brasil de passagem e leu sua história nos jornais. Durante e após o processo de conversão, Florisvaldo sofreu diversos baques, mas persistiu na igreja. O principal deles foi a morte de Bruninho, seu filho de oito anos, que foi jogado em um poço por outra criança de onze anos, após uma briga por pipas. O corpo do filho levou seis dias para ser achado, e sua mulher o deixou seis meses depois. Ele acreditava que a morte de Bruninho fazia parte dos planos de Deus para mostrar-lhe o mal e a dor que havia causado nos outros pais, cujos filhos ele tinha matado. Nesse período, chorou por dias seguidos na prisão e diz ter aprendido a ter amor pela vida. Conseguia sentir o que havia feito os outros sentirem e agradecia a Deus pelo aprendizado. No presídio de Tremembé, para onde foi transferido anos depois, dedicou-se à reforma da igreja e à pintura de telas. Em 2008, casou-se com a missionária Dayse França, que fazia visitas religiosas aos presos.

Foi Dayse quem me ajudou a chegar a Florisvaldo. Conversei com ele pela primeira vez num domingo à noite, em setembro de 2012, menos de um mês depois de ele ter deixado a prisão. Nosso encontro ocorreu em Taubaté, na igreja evangélica Refúgio em Cristo, onde ele foi ordenado pastor. Aquele seria seu primeiro culto nessa função. Durante a cerimônia, o pastor Florisvaldo, que não queria mais ser chamado de Cabo Bruno nem falar do passado, foi celebrado por outros religiosos. Muitos pregaram justamente sobre a possibilidade de transformação individual. "As conversões são os maiores milagres de Deus. Não cabe a nenhum de nós julgar o próximo", disse um dos irmãos. Em seguida, era a fala do bispo da Igreja Refúgio em Cristo, que havia vindo do Rio de Janeiro para prestigiá-lo. Ele citou Isaías 1,18, a mesma passagem que tinha feito Florisvaldo compreender, quando lia a Bíblia no presídio, que havia esperança para a sua salvação: "Mesmo que os vossos pecados sejam como escarlate, tornar-se-ão alvos como a neve; ainda que sejam vermelhos como carmesim, tornar-se-ão como a lã".

Ao subir ao púlpito para pregar, o ex-matador defendeu que o trabalho missionário nas prisões fosse intensificado. "Lá dentro tem homens e mulheres de Deus. Quem não pecou que atire a primeira pedra. As almas precisam ser resgatadas", ele argumentou. Eu registrei a cerimônia em vídeo. Conversamos ao final do culto, mas não falamos sobre seu passado. Ele reclamou da imprensa, que abordava sua história de forma sensacionalista, e garantiu que não tinha medo de sofrer retaliação de criminosos do PCC, que, naquele ano de 2012, vinha praticando diversos atentados contra policiais, que resultaram em mais de cem mortes. Ele estava tranquilo e tinha planos para pregar no exterior, junto à nova esposa. Voltei para São Paulo e fiquei de procurá-lo para tentar uma entrevista. Não deu tempo. Quatro dias depois, ele foi assassinado com dezoito tiros, na frente da nova família, por dois homens em uma moto. A autoria nunca foi descoberta. Florisvaldo havia se transformado, mas o mundo continuava o mesmo.

Também aconteciam mudanças em outras frentes, como era o caso de Sérgio Luiz, que eu conheci na Cristolândia, uma instituição evangélica que visitei quando fazia reportagens sobre crack nas ruas do centro de São Paulo. Passei uma madrugada acompanhando os membros da organização, percorrendo as ruas da Cracolândia em um ônibus repleto de missionários empenhados em convencer os usuários de droga a mudar de vida. Eles chegavam tocando samba — que chamavam de "pragod" —, oravam para expulsar demônios e distribuíam sopas e cobertores. Sérgio era um dos missionários, um ex-travesti que topou me contar sua história no dia seguinte. Eu estava curioso para ouvi-lo, imaginava que sua mudança poderia ter decorrido de pressões moralistas dos religiosos. Acreditava que ouviria um caso de conversão imposta de fora para dentro, cheia de recalques.

Mas a história que Sérgio me contou seguiu por outro caminho. Ele não condenava moralmente as travestis ou transsexuais. Conforme me explicou, sua missão na Cracolândia era, inclusive, trabalhar com elas; não para que mudassem suas identidades ou orientações, mas para que deixassem as drogas e as ruas. Os coordenadores da Cristolândia tinham visão parecida e tentavam ajudar Sérgio. Acataram seu pedido para dar calcinhas e roupas femininas às trans e travestis, em vez de cuecas, camisetas e bermudas, quando elas aceitavam dormir no abrigo da instituição. Sérgio defendeu que o vínculo emocional entre o grupo e os agentes da instituição só se estabeleceria se as travestis fossem respeitadas e aceitas em suas próprias identidades.

No caso de Sérgio, porém, para sair da rua e deixar as drogas, foi importante se identificar com o gênero masculino. A mudança, por sinal, custou caro e deu muito trabalho. Precisou fazer mais de dez cirurgias para retirada de silicones. Também frequentou um curso de teatro para tentar se adequar a um padrão normativo de gênero e recuperar o que entendia como comportamento masculino. Disse que quis mudar quando sua vida deixou de fazer sentido, e contou sua história repleta de altos e baixos, miséria e luxo. A infância foi determinante para o que viria; ele foi abusado, ainda menino, por um homem dentro de casa. Ficou confuso, perdido. Foi difícil lidar com o turbilhão de emoções causado por tamanha violência e descobrir perversidade e covardia em quem deveria amá-lo e protegê-lo.

Nesse estado mental, Sérgio começou a querer ser mulher, e, aos quinze anos de idade, colocou o primeiro silicone. Dois anos depois, estava nas ruas da Europa se prostituindo, vítima de uma quadrilha de traficantes de pessoas que apreendeu seu passaporte. Quando conseguiu fugir com uma amiga, se mudou para a Itália, onde ganhou um bom dinheiro se apresentando em boates. Apesar disso, nunca se livrou da depressão, costumava se automutilar cortando os braços e não conseguia evitar pensamentos suicidas. Voltou ao Brasil para tentar se reencontrar, mas acabou indo parar nas ruas da Cracolândia até ser resgatado pelos religiosos. Na época que nos conhecemos, Sérgio estava prestes a se casar com uma missionária de Curitiba, com quem planejava ter filhos. Ele me chamou para o casamento, mas, infelizmente, não fui. Quis cobrir a história como jornalista, mas meus chefes não acharam que o tema valia a pena.

Essas histórias não tinham espaço. Eu compreendia e muitas vezes me perguntava se elas não passavam de anedotas que atiçavam minha curiosidade por serem raras no meu cotidiano, mas que, na verdade, eram meros fenômenos isolados que não ajudavam a explicar alterações estruturais da sociedade. Com o tempo, contudo, os casos de conversão se mostraram sintomas visíveis de uma sociedade em mutação, cujos integrantes tentavam se adaptar aos sobressaltos e mudanças pelos quais o país vinha passando.

A modernidade e a urbanização carregam um passado de escravidão e de violência que nos assombrará por muito tempo. Com a vida no campo também ficaram para trás os laços familiares e de vizinhança, a relação com a terra, a produção do próprio alimento, os vínculos de interdependência com os grandes proprietários; tudo passou a fazer parte do passado. Os migrantes descobriam que, nas cidades, é preciso ter dinheiro, o mínimo que seja para sobreviver de forma apropriada em bairros distantes do emprego, em barracos sem água, luz e esgoto, sem asfalto e sem transporte.

A vida nas cidades não permite um respiro sequer. Sem as antigas redes de apoio, é cada um por si, numa competição desesperada para superar a pobreza. Ganha quem consegue mais dinheiro, não apenas para as necessidades urgentes e concretas, mas também para as conquistas materiais simbólicas que garantem respeito, status e protegem de situações violentas e humilhantes. Essa competição, porém, sempre foi injusta. Ao longo da corrida, algumas pistas têm mais obstáculos do que outras, barreiras e até muros intransponíveis. Muitos ficam pelo caminho, pobres, com fome, sem emprego.

Para as pessoas que eu entrevistei, era preciso abrir outra via, mesmo que fosse no lado mais escuro da vida. Um atalho no qual a competição fosse menos desigual. A trajetória no crime se qualificava para ser esse desvio. A trapaça era justificável pela injustiça das normas, que favoreciam despudoradamente alguns corredores. A ideia seduzia os mais revoltados e desesperançados, cheios de testosterona. Revelava um ideal de masculinidade urbana, um grito de insubmissão e liberdade contra um sistema injusto e violento. Entre matadores, policiais, grupos de extermínio e criminosos, o sistema funcionava como uma máquina bem azeitada de produzir pecadores, enquanto os pentecostais tentavam faturar oferecendo um antídoto para essas almas.

Os testemunhos e as metanoias são propagandas eficientes dos ganhos e vantagens do pacote das crenças pentecostais. Convencem pela força da palavra e das narrativas, adequadas à realidade da violência. O modelo segue o clássico padrão "antes" e "depois": antes de acreditar, eu era triste e estava perdido; depois de aceitar Jesus, me reencontrei e fiquei em paz, com algumas variações. As conversões substituem identidades de menor prestígio social por outras valorizadas. Os testemunhos são reproduzíveis em diversas plataformas: nos cultos, nas prisões, nas escolas, no rádio, na TV, em praça pública, em CDs e DVDs, na internet, quase não existem restrições. São frequentes os casos de "ex-mendigos", "ex-meninos de rua", "ex-traficantes", "ex-líderes de facções", "ex-sobreviventes do Massacre do Carandiru", "ex-bruxas", "ex-travestis", "ex-drag queens", "ex-gays", "ex-lésbicas", "ex-prostitutas", "ex-mães de santo", "ex-macumbeiros", "ex-satanistas" e "ex-viciados".[1]

Alguns testemunhos chamam a atenção por envolverem pessoas famosas, o que faz com que atraiam mais adeptos. O policial militar Otávio Gambra, conhecido como Rambo, ficou famoso depois de ter sido filmado com um grupo de policiais torturando jovens na favela Naval, em Diadema — um deles foi morto por um disparo. O episódio, ocorrido em 1997, bem antes dos celulares e das redes sociais, passou no *Jornal Nacional*, da TV Globo, e causou comoção em todo o país. Gambra se converteu no Presídio Romão Gomes. Outro que mudou de comportamento e passou a frequentar cultos semanais na igreja do presídio foi Francisco de Assis Pereira, conhecido como Maníaco do Parque, acusado de estuprar e matar pelo menos onze mulheres em 1998, o que lhe rendeu uma condenação de mais de duzentos anos. Suzane von Richthofen, condenada por matar os pais em 2002, passou a frequentar a Igreja do Evangelho Quadrangular.

O ex-ator Guilherme de Pádua, condenado pelo assassinato da atriz Daniella Perez em 1992, tornou-se pastor da igreja batista da Lagoinha, em Minas Gerais. Morreu de enfarto em 2022, cinco anos depois de assumir um programa voltado a ex-presidiários. José Carlos Encina, o Escadinha, chefão do Comando Vermelho (CV), que conseguiu escapar de um presídio usando um helicóptero, também havia se convertido antes de morrer, assim como outro fundador do CV, José Gregório, conhecido como Gordo. Depois da conversão, ele dizia que estava no Comando de Jesus. Acabou assassinado em uma área que pertencia à facção inimiga, o que levantou suspeitas sobre sua real transformação. Ao mesmo tempo que geram polêmicas e acusações entre os que não acreditam na conversão, esses casos são celebrados pelos devotos, que glorificam o poder de Deus.

Outros testemunhos tentam despertar o interesse pelo inusitado, como o caso do ex-bruxo Dig-Dig, filho da Mãe Menininha do Gantois, e alguns, ainda, me levam a questionar a existência de um eventual quadro de esquizofrenia, como o do empresário perseguido ao longo de 22 dias por um demônio chamado Pokémon, que se encontrava num carregamento de ovos de Páscoa.[2]

São comuns, também, as conversões pelas curas consideradas milagrosas. Para algumas denominações, as doenças podem ser provocadas pelo maligno, tanto as mentais como as físicas, e os milagres podem consistir em ressuscitações ou curas de câncer e aids, sempre muito citadas, dentre outras. A cura seria outro dom considerado manifestação do Espírito Santo, e um caso específico de conversão causada por uma cura sempre me despertou interesse. O vocalista da banda Raimundos, Rodolfo Abrantes, converteu-se no auge do sucesso. O grupo misturava ritmos brasileiros ao estilo do punk melódico dos Ramones e era um dos expoentes do rock dos anos 1990, sendo o vocalista um dos artistas mais criativos de sua geração. Quando seu processo de metanoia começou, Rodolfo parecia escutar, diariamente, os três sons que, segundo filósofos de boteco, inspiram os homens ao longo da vida: o tilintar das moedas, o alarido das palmas e o gemido das mulheres.[3] Ele já tinha vendido mais de 2 milhões de discos, seu talento era reconhecido pelos críticos e ele vivia sendo caçado por groupies; só ia para casa sozinho se quisesse.

Mesmo assim, Rodolfo se converteu. Por quê? O que mais ele queria da vida? Fui ao seu encontro com essas dúvidas na cabeça. Morando na praia, em Balneário Camboriú, sua agenda em São Paulo estava carregada. Rodolfo não parecia disposto a conversar com a grande imprensa, que tratava sua fé de forma preconceituosa. As perguntas costumavam ser mais ou menos as mesmas, girando em torno das desavenças com os integrantes de sua antiga banda sem esconder os maus bofes, como se ele fosse um fanático que tinha traído o espírito libertário do rock. Rodolfo topou me receber porque expliquei que gostaria de saber a respeito de sua nova fé e entender as razões de sua conversão, o que era a mais pura verdade. Na primeira tentativa, fui a um show a que ele assistiu em São Paulo, na Bola de Neve Church. Fundada em um galpão de surfe e voltada aos mais jovens, a igreja se notabilizou pelas pranchas que usa como púlpito. Havia cerca de 2 mil pessoas na plateia para assistir ao show de uma banda de rock gospel chamada Livres para Adorar, como parte de um congresso de batalha espiritual. Assisti ao show, que foi muito bem produzido, mas não conseguimos conversar. Deixamos a entrevista para o dia seguinte.

No café da manhã, o papo foi longo. Enquanto comia um pratão de salada de frutas, como missionário, Rodolfo me deu seu testemunho, que sempre compartilhava em igrejas do Brasil e ao redor do mundo. Nascido em Sobradinho, no Distrito Federal, filho de pais médicos e nordestinos, desde os treze anos ele sonhava em ser um *rockstar*. Testemunhou a cena vibrante do rock de Brasília, que tinha talentos como Legião Urbana, Plebe Rude e Capital Inicial, e alcançou o objetivo logo aos 22 anos, no primeiro disco dos Raimundos, lançado em 1994. Daí em diante, foram seis anos de vida louca, cujos excessos apareciam nas letras de suas músicas. Parecia uma aventura invejável. A fama e o dinheiro o empurravam para uma direção em que ele se jogava de cabeça, mas com o tempo passou a ficar cansado disso.

As coisas começaram a mudar de forma inesperada quando ele gravou a música "20 e poucos anos", sucesso pop de Fábio Júnior. A canção era de 1979, mas os Raimundos a regravaram no ano 2000 para um especial da MTV. A letra é o desabafo de um jovem amadurecendo, tentando se afirmar e se libertar da expectativa que os outros tinham dele. A mensagem mexeu com Rodolfo por refletir o que sentia naquele momento: estava saturado da sua própria imagem. "As pessoas confundem estar feliz com ser feliz. Drogas, sexo e balada dão a ilusão de momentos de felicidade, que duram pouco. Ser feliz é outra coisa. Eu havia virado escravo daquele personagem. Meu sonho tinha virado um pesadelo. Eu não aguentava mais aquela vida frenética e sem rumo. Foi quando Jesus entrou na minha vida", ele me explicou.

A conversão ocorreu durante uma experiência que ele definiu como mística. Na época, Rodolfo estava muito magro e tinha ínguas espalhadas pelo corpo. Havia se mudado para São Paulo com a namorada, Alexandra, e os dois viviam às turras, apesar de se gostarem. Era o ano de 2001. Para superar a crise, Alexandra, cujos pais são evangélicos, passou a frequentar uma igreja pentecostal na periferia de São Paulo e pediu às irmãs de lá que fossem orar em sua casa. As orações se dividiram em três sessões. Rodolfo resistiu nas duas primeiras, mas na terceira uma das religiosas lhe disse: "Jesus está te livrando de um câncer no estomago". Na entrevista, ele não me falou de qual doença tinha sido curado. Enquanto narrava o episódio, me perguntou se eu era evangélico e, diante da negativa, preferiu sonegar essa informação para evitar o julgamento de um cético. Eu só soube a história depois de ouvir seu testemunho na internet. Fato é que, segundo me disse, os caroços desapareceram, ele voltou a ganhar peso e disposição, um milagre que não conseguia explicar.

Uma nova identidade começava a substituir a antiga. Poucos meses depois, ele deixou o Raimundos no auge e formou uma nova banda, que durou pouco, para enfim seguir carreira solo como roqueiro de Cristo, pregando "a palavra" em suas letras. Nunca mais faria o mesmo sucesso, passou a tocar para públicos bem menores e a vender menos discos. Em compensação, como diria em uma entrevista à revista *Rolling Stone*, conseguiu escapar do "Clube dos 27", nome dado ao grupo de astros mundiais que tiveram mortes trágicas por volta dos 27 anos. Existe toda uma mística em torno da idade. Aos 27 anos, só entre 1969 e 1971, morreram ícones pop como Brian Jones, guitarrista do Rolling Stones, Jimi Hendrix, Janis Joplin e Jim Morrison, vocalista do The Doors. Outros dois casos famosos aconteceram anos depois: Kurt Cobain, em 1994, e Amy Winehouse, em 2011. A morte de Amy decorreu do uso excessivo de drogas. Cobain deu um tiro contra a própria cabeça.

Quando se converteu, Rodolfo era dois anos mais velho do que aqueles roqueiros. Aos 29 assassinou sua antiga persona. Percebeu a tempo, antes dos seus antigos ídolos, que estava ligado numa tomada de 220 volts. Ele iria queimar, estava se consumindo. Sua liberdade não passava de uma ilusão; seus gozos eram miragens de felicidade. Enfim, ele havia amadurecido, mas se agarrou a uma nova causa com fanatismo juvenil. Alguns a consideram um outro tipo de prisão.

No geral, eu via todas essas mudanças com bons olhos. Quase sempre os convertidos se tornavam pessoas melhores, porque conseguiam diminuir a voracidade de seu ego para pensar no próximo. No mercado de crenças havia excelentes pacotes de conversões para reduzir o sofrimento e as angústias da vida. Essas transformações dependiam da capacidade das pessoas de acreditar cegamente na verdade sagrada: elas se libertavam da identidade que as fazia sofrer, mas se aprisionavam em outra. Uma das características dessas mudanças, contudo, era o foco nos indivíduos e a falta de atenção aos mecanismos do sistema que não paravam de produzir pecadores. Como se as engrenagens não demandassem reparos, o mundo não precisasse de reformas, apenas de conversões em massa. As mudanças deveriam acontecer na consciência de cada um, para que conseguissem suportar os inevitáveis dissabores da vida.

Por causa disso, os temas morais é que tinham destaque, para os quais as leituras da Bíblia indicavam o caminho, e não os debates técnicos sobre políticas públicas e os rumos do país. É claro que existem diferentes abordagens, conforme a denominação e seu histórico, mas a chegada dos pentecostais transformou o debate, que passou a girar em torno das pautas de costumes que, em tese, numa república democrática, deveriam ficar restritas ao universo privado. Nesse sentido, o que aconteceria se os evangélicos pentecostais se tornassem a maioria do eleitorado? A crença em tantas verdades absolutas poderia criar uma cisão entre eles e as pessoas que não professam a mesma fé? Eles poderiam ser manipulados por religiosos que levassem para o debate político temas morais explorando a ideia de uma guerra santa?

Não necessariamente. O pentecostalismo não é sinônimo de alienação ou de fanatismo, como demonstra a história de Marina Silva, ex-senadora, deputada federal e ministra do Meio Ambiente. Ela também é missionária da Assembleia de Deus, mas evita levar suas crenças para o debate público. Marina entrou na política nos anos 1980, militando nos movimentos sindicais e ambientais organizados pela Igreja católica e liderados pelo seringueiro Chico Mendes, no Acre. Foi uma das fundadoras da Central Única dos Trabalhadores (CUT) e se tornou um dos quadros principais do PT na região, partido pelo qual se elegeu senadora, em 1994. O sucesso na política, no entanto, convivia com sua saúde frágil, resultado de diversas doenças contraídas na floresta tropical, entre elas cinco malárias, hepatite e leishmaniose. Por causa dos tratamentos, seu organismo foi contaminado por mercúrio, problema que afetou sua visão, seu raciocínio e sua força para trabalhar. Tentou diversos tratamentos, sem sucesso. Depois de voltar dos Estados Unidos, ela ouviu de seu médico: "Senadora, a senhora não precisa de médico, a senhora precisa de um milagre".[4] O ano era 1995. Em seguida, o doutor ligou para um pastor de quem era amigo, e ele arrebatou Marina para sua pequena igreja em Brasília.

Ela seguiu doente por mais dois anos. Tinha que fazer os pronunciamentos no Senado sentada em uma cadeira, porque não conseguia ficar de pé por muito tempo. Continuou a frequentar a Igreja evangélica e, um dia, enquanto esperava na fila dos enfermos para lhe darem sua bênção, diz ter recebido uma mensagem, que apareceu do nada em sua mente: a sigla DMSA. Nunca havia sentido nada parecido. Depois, em casa, lembrou que as letras eram as iniciais do nome de um remédio experimental que conhecera nos Estados Unidos, mas que não tinha tomado por causa das contraindicações, que, segundo os médicos, podiam colocar sua vida em risco. Por causa da mensagem, criou coragem para tomá-lo. Logo em seguida ao início do tratamento, a presença do mercúrio em seu sangue se normalizou, permitindo que ela voltasse a ter uma vida normal. A ministra entendeu que sua cura se deu por intervenção divina, que lhe deu a coragem de que precisava para escolher o remédio que a salvaria.

Em 2004, Marina se tornou missionária da Assembleia de Deus. Apesar da devoção ininterrupta, nunca misturou sua fé com os temas políticos, tornando-se a principal liderança brasileira das causas ambientais, em um momento em que a Floresta Amazônica estava ameaçada pelo avanço dos interesses extrativistas desordenados que avançavam para destruir as áreas preservadas, estimulavam a grilagem de terra, as queimadas, as pastagens, a extração ilegal de madeira e os garimpos. Marina manteve um diálogo ecumênico com indígenas, quilombolas e ribeirinhos em defesa de uma causa em comum. Nas três eleições presidenciais que disputou, entre 2010 e 2022, nunca usou a religião para ganhar votos.

As coisas, contudo, vinham mudando rapidamente. Já havia algum tempo que a mistura entre crenças privadas e interesse público estava dando as caras na política brasileira. Desde a Constituinte de 1988 as bancadas evangélicas vinham crescendo, mas a movimentação parecia natural, contemplando os valores de uma parte da população. Em 2002, o governador do Rio de Janeiro, Anthony Garotinho, foi o primeiro candidato a ser abraçado pelos evangélicos à Presidência da República, e apesar da votação expressiva, não chegou ao segundo turno. Viriam os anos dos governos Lula e Dilma, que receberam o apoio dos evangélicos nos partidos do centrão da base no Congresso.

A eleição de Marcelo Crivella, bispo da Igreja Universal do Reino de Deus e detentor de um discurso moralista, para a prefeitura do Rio de Janeiro, foi um primeiro sinal de alerta: o prefeito tomava as decisões a partir das interpretações da Bíblia, muitas delas distorcidas. Em 2018, a confusão gerada pela mistura desses mundos resultou na eleição do presidente Jair Messias Bolsonaro. Apesar de não ser evangélico, seu conservadorismo era apreciado por boa parte do grupo; seu segundo nome era praticamente uma revelação, e sua fama de ungido aumentou depois que sofreu um atentado a faca, às vésperas do pleito.

O fato de ele estar vivo, afinal, só podia ser milagre de Deus — algo em que o próprio Bolsonaro e sua esposa, Michelle, pentecostal raiz, fluente na língua dos anjos, acreditavam. Mesmo com pouco tempo de televisão e dinheiro para financiar a campanha, o fenômeno Bolsonaro produziu uma onda de adesão incontrolável, que não refluía a despeito dos argumentos e das lembranças de que ele era um dos políticos mais infames da história brasileira. Nada disso importava; o sagrado havia entrado em cena. Estava presente no slogan da campanha — "Brasil acima de tudo, Deus acima de todos" — e era o mote principal de sua eleição, criado a partir de um trecho bíblico do Evangelho de João, 8,32: "Conhecereis a verdade, e a verdade vos libertará". Não deixava de ser surpreendente a frase ser usada por um candidato cuja tática na campanha era espalhar mentiras em massa contra seus adversários. Seria preciso entender de que verdades ele estava falando.

3.
As facções do bem

Desde o começo dos anos 1980, dois bairros vizinhos da zona norte do Rio, Vigário Geral e Parada de Lucas, testemunharam uma das maiores rivalidades da história do tráfico de drogas fluminense. Vigário era dominado pelo CV, enquanto Lucas, pela facção inimiga, o Terceiro Comando. Por causa dos constantes tiroteios e mortes, a fronteira entre os bairros ganhou o apelido de "Faixa de Gaza", em referência ao pedaço de terra palestino, palco de conflitos sangrentos com Israel. No período das disputas, familiares não podiam se visitar e estudantes precisaram mudar de escola para evitar agressões. O ambiente conflagrado tornou os dois bairros símbolos da violência na capital carioca, mas também da resistência. Em 1993, Vigário foi palco de uma chacina executada por policiais mascarados, que mataram 21 pessoas para se vingar da morte de quatro colegas. Entre as vítimas estavam oito integrantes de uma família evangélica. A repercussão do caso ganhou o mundo. Logo depois, a ONG AfroReggae passou a fazer trabalhos sociais e culturais na região, e o jornalista Zuenir Ventura foi colher material para escrever o livro *Cidade partida*. Era o começo de uma articulação comunitária, liderada pelos próprios moradores, que iria reverberar nos anos seguintes e servir de incentivo para a formação de diversos comunicadores nas favelas do Rio.[1]

A situação na região, no entanto, começou a mudar em 2007, quando o Terceiro Comando Puro (TCP) — novo nome do Terceiro Comando, rebatizado por causa de rixas internas — assumiu o controle do varejo de drogas em Vigário. A invasão envolveu confrontos violentos, mas o CV nunca mais conseguiu retomar seu antigo território. Os dois bairros passaram a ser dominados por um mesmo grupo armado. A unificação melhorou um pouco a vida dos moradores, que viram cair o muro imaginário que os impedia de atravessar a fronteira e visitar vizinhos e até familiares. Para celebrar a nova condição, a região foi apelidada de Parada Geral. Eram tempos de mudança na geografia do tráfico no Rio, com a chegada das Unidades de Polícia Pacificadora (UPPs), que no ano seguinte se espalhariam por diversas comunidades da cidade, principalmente em bairros dominados pelo CV. Os chefes do Terceiro Comando, e depois do TCP desde sua fundação, evitavam o confronto com policiais, uma estratégia bem-sucedida que permitiu que o grupo fosse menos visado pelas forças de segurança. Ajudaria depois a ampliar a possibilidade de alianças com os milicianos, grupos formados sobretudo por policiais e agentes penitenciários, que seguiam em ascensão para se tornar o grupo criminoso mais poderoso do Rio de Janeiro.

Em paralelo à movimentação territorial no submundo, outra mudança vinha sendo sentida em comunidades do Rio, como no Complexo de Acari, na zona norte.[2] A partir dos anos 1990, as imagens de são Jorge, os terreiros e altares em homenagem aos guias e orixás, as festas de Cosme e Damião, os colares de conta coloridos no pescoço, as roupas brancas, entre outros símbolos ligados à umbanda, ao candomblé e ao catolicismo, vinham sendo substituídos por representações da fé pentecostal. Salmos e páginas da Bíblia passavam a ser pintados nos muros, em meio às novas igrejas que não paravam de pipocar. Uma frase se repetia: "Jesus é dono do lugar".[3] O processo que ocorreu nas favelas de Acari foi liderado por um traficante do TCP convertido à Assembleia de Deus dos Últimos Dias; o avanço pentecostal ajudava a criar um ambiente de cordialidade na relação com os moradores. Além disso, evitava-se a todo custo o enfrentamento com a polícia. Os seguidores de religiões de matrizes africanas, porém, passaram a ser impedidos de dar demonstrações públicas de sua fé, e cena semelhante se repetia em outros bairros do Rio.

O traficante Fernando Gomes de Freitas, o Fernandinho Guarabu, chefe do tráfico no Morro do Dendê, na Ilha do Governador, também se assumia como fervoroso devoto das crenças pentecostais. Tinha uma grande tatuagem com o nome de Jesus no braço direito. Ele também pertencia ao TCP e era sócio de um grupo de milicianos, com quem compartilhava a gestão do bairro. Em muitos lugares em que o pentecostalismo se misturava com o crime e a milícia, a violência passou a se voltar contra terreiros e seguidores de religiões de matrizes africanas.

Em Cidade de Deus, na zona oeste do Rio, assim como em Acari, estátuas de santos e de religiões dessas matrizes foram progressivamente substituídas por citações bíblicas, enquanto pastores e traficantes aprendiam a conviver uns com os outros. A região é controlada pelo CV, o que não diminuiu o diálogo entre os dois mundos. O professor Diogo Silva Correa, que realizou um trabalho de campo na área, usou a imagem de "anjos de fuzil" para dar título a seu livro e explicar como esses mundos coabitam, mas não se fundem.[4] Independentemente das cores das quadrilhas, com frequência crime e religião precisam interagir.

Parada de Lucas e Vigário Geral testemunharam um movimento ainda mais radical, sobretudo depois que o traficante Álvaro Malaquias Santa Rosa, conhecido como Peixão, ou Mano Aarão (apelido que faz referência ao irmão de Moisés na Bíblia), assumiu o controle do tráfico na região. A história que se conta é que Peixão se converteu ao Evangelho, decidiu deixar o crime e foi ordenado pastor na Igreja Assembleia de Deus Braços Abertos, em Duque de Caxias. Mas as favelas que ele costumava comandar na zona norte passaram a enfrentar problemas de desordem, e os moradores pediram para ele voltar. Peixão retornou para Lucas e Vigário, mas não abandonou sua fé, dando um jeito de adaptá-la à vida no crime.

Peixão é considerado um gestor inteligente, que administra o varejo da droga levando em conta o bem-estar da população local, e durante um bom tempo a ligação entre a religião e o crime passou despercebida. A espiritualidade aguçada, inclusive, costuma compor o perfil de diversos bandidos famosos. De Lampião aos mafiosos italianos, muitos clamam pela proteção dos céus, dos santos e dos orixás para suas vidas arriscadas, sempre a um passo da morte. O movimento em Parada e Vigário, contudo, parecia seguir uma trilha própria, com as especificidades dos novos tempos.

O discurso religioso passou a ser usado para legitimar o poder do tráfico, fortalecer a autoridade e valorizar a gestão dos chefes nos territórios controlados, como notou a pastora e historiadora Viviane Costa. Vinda da Assembleia de Deus de Nova Iguaçu, ela frequentava as igrejas do bairro para dar aulas de teologia pentecostal e, em 2013, durante as visitas em Lucas, começou a perceber a simbiose entre a fé e o crime nas pichações bíblicas nos muros. Nos cursos que dava nas igrejas, havia jovens que já tinham deixado o tráfico e outros que seguiam participando dele, sem condições financeiras para sair. A presença de traficantes religiosos era normal. Esses mundos, apesar de se estranharem, acabavam naturalmente interagindo. Na entrada da favela, ao passar por jovens armados, era comum ouvir "paz do Senhor" em vez de "bom dia". No final de 2016, ela percebeu que símbolos sagrados e trechos bíblicos estavam orientando as decisões das organizações e gerando cenas improváveis, que a levaram a estudar mais a fundo o fenômeno. Era preciso entender como se dava essa relação. Viviane ingressou em um mestrado em ciências da religião e anos depois publicaria sua pesquisa em livro.[5]

No caso do bando de Peixão, eles iniciaram um pequeno império teocrático na zona norte do Rio, e da antiga Faixa de Gaza iria emergir o Complexo de Israel. Em 2016, o TCP decidiu avançar sobre o bairro vizinho de Cidade Alta, que era reduto do CV. Os integrantes da facção rival estavam cheios de dívidas, depois de seguidas apreensões de armas em operações policiais, e foram perdendo a credibilidade com seus fornecedores. Alguns membros mudaram de time, com o apoio de Peixão, que os acolhia de braços abertos, e, abastecidos com informações estratégicas dos dissidentes, os planos da invasão progrediram. Além dessa vantagem, a operação do TCP, segundo Peixão explicou em áudios compartilhados nas redes sociais, era inspirada em uma ordem que ele tinha recebido numa revelação, durante um sonho, diretamente de Deus.

Em uma dessas conversas, Peixão falou sobre suas conexões espirituais e a decisão de expandir em direção aos territórios inimigos.

Eu já falei pra vocês [...] eu não sou inimigo da [Cidade] Alta, sou inimigo da facção [CV] [...]. Muita gente perdeu seu espaço de viver tranquilo, de escolher o que fazer devido que tem essas regras malditas dessa facção imunda que vocês vivem aí, certo? [...] Que até então, mano, dificuldade a gente já passou também, pô, mas a gente aprendeu a superar elas, entendeu? E a gente quer passar a luz que tem na nossa vida aqui pra vida de vocês também, estamos querendo compartilhar [inaudível] na moral, se for necessário gastar alguns mil bala pra isso, a gente vai gastar alguns mil balas pra isso, certo? Eu peço a Deus que guarde as pessoas inocentes, que possa guardar nossa rapaziada aqui, não quero derramamento de sangue da parte de vocês, mas o território aí a gente vai brigar por isso também, pô, vocês não falaram que vai brigar pelo bagulho? Vamo brigar também! [...] O mais determinado a lutar por esse bagulho aí abaixo de Deus é eu mermo, [...] esse projeto não é mais dos vinte cria que tá aqui do meu lado, não, esse projeto é meu, pô, é meu com Deus, entendeu, irmão? Tá ligado?

A tomada de Cidade Alta envolveu confronto armado, algumas baixas e intensa trocas de tiros, mas o TCP acabou vitorioso. Logo depois, Peixão compartilhou outro áudio para acalmar a população do bairro invadido.

Aqui ninguém vai matar ninguém, não, mano, tá ligado? Nossa política não é usar e jogar fora não, tendeu? A nossa política é recuperar e instruir a fazer o que é certo, ou você acha que ficar vendendo crack é uma parada maneira? [em referência à prática que era mantida pelo CV] Ou você acha que ficar por aí, roubando aí velhinha, bolsa de pão das velhinhas no meio da rua, igual os cara fica, é uma parada maneira? Tendeu? A gente não fecha com o Comando Vermelho nem por nada nesse mundo, mano, tá ligado? Então o menor aqui não tá aqui pra ser usado nem morto pela gente, não, menor tá aqui pra ser instruído, entendeu? Pra ser ensinado uma nova doutrina, ir lá onde que ele é cria e fazer a diferença, tá ligado? Fazer a diferença, o que aqueles cara não tava fazendo.

O grupo assumiu o território prometendo seguir uma ética diferente da facção anterior. Peixão se dizia chocado com o que havia visto ao chegar e fez diversas críticas à gestão do CV, como um governante falando mal do antecessor.

Tu conhece a Cidade Alta? Tá ligado na história da Cidade Alta? Vem aqui pra tu ver como que tá a Cidade Alta, os cara enchendo essa porra de entulho aqui, pô, os cara com um espírito de porco do caralho, as ruas tudo cheia de lixo, tudo pichada, tudo esculachada, tá ligado, mano? Então, o menor aqui não tá aqui pra ser usado, não. E outro detalhe, se tu quiser um dia vir aqui conhecer a gente, visitar ele aqui, só ver como que tá, ou deixar de ver, pode vim, vai ser bem recebido, entendeu? Que, a partir de agora e para sempre, a Cidade Alta, Terceiro Comando Puro, Bonde dos Taca a Bala, o Exército do Deus Vivo, entendeu? Lá de Israel!

Peixão era um leitor da Bíblia. Acreditava que tinha recebido uma mensagem de Deus e comparava sua trajetória à de personagens sagrados, nas guerras de conquistas territoriais do Antigo Testamento. Viviane identifica nos áudios um discurso messiânico — do "homem para os moços" do movimento e da comunidade reconstruída — que alude aos textos de Neemias, do Antigo Testamento, quando ele lidera a reconstrução dos muros da Cidade Santa e restabelece a moral e o compromisso de seus habitantes com Deus após o exílio babilônico. Pregava-se um propósito coletivo para o povo dominado, que o beneficiava e cumpria os desígnios celestiais. Assim como Neemias, a autoridade de Peixão, conforme ele dizia aos demais, decorria de seu canal direto com o Criador.

Dessa maneira, as verdades sagradas eram tidas como justificativas para suas ações e planos de avançar sobre outros bairros. A Bíblia e os sonhos davam a Peixão uma motivação para além dos objetivos financeiros dos traficantes: sua governança tinha lastro nos textos sagrados. Ele agia como um escolhido que obedecia aos desejos superiores. Depois da tomada de Cidade Alta, a Tropa do Mano Aarão, outro nome usado pela gangue, marchou sobre outras duas comunidades vizinhas — Cinco Bocas e Pica-Pau. As cinco favelas sob comando do TCP passaram a ser chamadas de "Complexo de Israel", fortalecendo o mito em torno de seu líder. Para marcar o batismo do novo conjunto de favelas, Peixão colocou uma enorme estrela de davi, em neon azul, no topo de uma caixa-d'água, e hasteou a bandeira de Israel no ponto mais alto da comunidade, para que esses símbolos pudessem ser vistos por quem passasse pela avenida Brasil. A religiosidade de Peixão havia extravasado sua intimidade e tentava alcançar os domínios públicos para legitimar sua autoridade e o controle que exercia sobre esses bairros. Os planos de expansão dos "traficrentes", um dos apelidos sarcásticos que esses tipos receberam no Rio, seguiram para a Baixada Fluminense, em direção a comunidades de Duque de Caixas e Nova Iguaçu.

A gestão do novo tirano do Complexo de Israel seguia princípios que não eram respeitados por seus antecessores. Depois do domínio da comunidade, uma carta-manual foi distribuída aos moradores para anunciar a troca de comando, contendo as diretrizes daqueles que chegavam para governar "em nome de Deus". Eles buscavam levar em conta não apenas os próprios interesses, mas também os dos que lá viviam, como se o bairro gozasse de autonomia administrativa em relação ao resto da cidade. Tomaram medidas voltadas para melhorar o cotidiano dos moradores e investiram em pavimentação e coleta de lixo, além de construírem uma ponte para ligar as comunidades Cinco Bocas e Pica-Pau, obra que a prefeitura adiava havia anos. A organização chegou até a prestar contas, revelando para a população quanto tinha sido gasto na obra.

O novo líder, por exemplo, se posicionou contra a comercialização de crack na favela e deixou isso claro em pichações como: "TCP/ Acabo [sic] o crack/ Jesus é o dono do lugar". Peixão se intitulava o Rei da Erva, em referência especialmente à maconha de cultivo hidropônico, produto menos prejudicial à saúde dos consumidores, que comercializava na entrada da favela sem grandes pudores. Em 2020, eles chegaram a instalar uma barraquinha de *Cannabis* dentro da estação de trem em Parada de Lucas, também usando luz neon para anunciar o comércio.

Essa relação que Peixão e outros traficantes estabeleciam com o sagrado era bem diferente das metanoias que eu vinha acompanhando. As conversões de Marcelinho, Cabo Bruno, tenente Pereira, Suzane, Guilherme de Pádua, entre outras, estavam voltadas às suas questões pessoais. Mudavam suas identidades. Exigiam deles submissão a autoridades, disciplina, autocontrole, jejum, orações constantes e obediência às leis humanas e sagradas, que antes não se incomodavam em burlar. A partir delas, eles deixavam de ser excluídos e passavam a jogar conforme as regras do jogo, participando da comunidade como pecadores arrependidos.

Com Peixão, a situação era diferente; ele continuava ganhando dinheiro com o crime. Ostentava seus fuzis para impor autoridade, corrompia policiais e usava violência contra os inimigos, vivendo à margem das leis da cidade. A diferença é que ele havia criado seu próprio reino, um complexo unificado de cinco favelas com nome e bandeira próprios. Como se fosse um rei do Antigo Testamento, dizia agir em nome de uma aliança divina, seguindo a única autoridade que importava. Peixão resgatou o sagrado e se apropriou de sua linguagem e símbolos, que eram cada vez mais populares entre os pobres e os defensores de uma nova ordem à base da violência. Uma narrativa que dava à personalidade do novo chefe certo magnetismo e carisma que fazia com que os habitantes dos bairros dominados ficassem mais dispostos a obedecê-lo.

A linguagem sagrada também favorecia as alianças com outros grupos, como os milicianos e os traficantes apaniguados, que os viam como parceiros na mesma guerra contra a desordem, associada ao CV. A conversão de Peixão e o uso da religião, nesse caso, estavam casados com um projeto de poder. Era uma situação inusitada, incômoda e constrangedora para os pentecostais, mas que também revelava a fragilidade política das instituições fluminenses e a capacidade de a religião manipular as crenças e produzir poder se houver uma narrativa convincente para sustentá-lo.

No Rio de Janeiro, depois de sucessivos escândalos e das prisões de governadores, era como se as leis republicanas estivessem suspensas. Os grupos armados, cada qual dominando determinadas fatias territoriais do estado, passaram a criar seus próprios discursos e símbolos para legitimar seus governos autônomos. Cabia aos chefes dos bairros a tarefa de legitimar sua autoridade, o que não dependia somente dos fuzis, mas também do propósito da relação com seus governados. O discurso de Peixão não era simples simulação para enganar os incautos; ele precisava encontrar sentido para sua missão. Como alguns cariocas me disseram, havia uma intensa guerra de tronos entre os donos dos morros, que tornava a situação do estado parecida com a dos tempos medievais. A percepção de uma cidade formada por reinos isolados era confirmada pelos dados: em 2019, traficantes e milicianos exerciam o controle armado de mais de 75% dos territórios da região metropolitana.[6] Cada qual buscava estratégias para manter o poder em seus territórios autônomos, que precisavam se relacionar com as partes formais das cidades. Com a religião, Peixão e seu bando conseguiram construir uma mística em torno de sua administração.

Viviane entendia bem a linguagem e a fé daqueles homens. Além de historiadora e pesquisadora em Parada de Lucas, ela é pastora de uma Assembleia de Deus na Baixada Fluminense. Acredita na continuidade dos dons do Espírito Santo, como falar em línguas estranhas. Quando jovem, acompanhou com entusiasmo o movimento moderno da batalha espiritual, que cresceu depois dos anos 1980 com a onda neopentecostal. A doutrina atribui todo o mal presente no mundo à ação do demônio, acusando os espíritos malignos de provocar doenças, desastres, desemprego, incentivar atitudes pecaminosas, como uso de drogas, prostituição, pornografia e homossexualismo. De acordo com essa crença, os espíritos das trevas estariam sempre à espreita, penetrando pelas brechas do mundo. A doutrina tem forte conotação política e considera que os demônios podem se instalar, inclusive, nas estruturas sociais, políticas, econômicas e atuar geograficamente em determinados territórios.[7]

O diabo podia estar presente nos governos, nas escolas, na cultura, nas empresas, e, assim, estar controlando todo o sistema. Esse quadro cósmico alarmante também produziu estratégias de combate. Um dos teólogos mais influentes do movimento, Peter Wagner, sugeria aos crentes que fizessem um mapeamento espiritual das áreas a ser evangelizadas para identificar a presença de satanás e direcionar de forma certeira o que eles chamam de "orações de guerra", feitas para localizar e expulsar o diabo.[8] Vem daí o termo "tá amarrado", que virou uma gíria pop. A partir da oração, feita em nome de Jesus, o território, a escola ou a instituição seriam resgatados por esse exército espiritual.

Viviane já havia participado de cruzadas territoriais para expulsar demônios. A partir de 2015, depois de passar por decepções pessoais e de aprofundar sua formação em teologia, que a fizeram repensar sua relação com a fé, ela refletiu criticamente sobre essa prática. "Por mais que fique claro na Bíblia que as armas são espirituais, dependendo da leitura que se faça, o conflito fica naturalizado e se torna presente no mundo físico, cotidiano", avalia a pastora. Quando se enxerga o diabo à solta, como responsável por tudo que há de ruim, a mensagem conflituosa acaba se sobressaindo ao espírito da comunhão e do amor ao próximo, pregada por Cristo no Novo Testamento. Olhando para trás, Viviane compreende que foi induzida a fazer coisas das quais se arrepende.

Quando viajava, saí muitas vezes com jovens à meia-noite para circular e orar para pedir a Deus para dar aquelas escolas para Jesus, converter todo mundo ali dentro. A primeira coisa que se faz numa viagem missionária é orar em batalha pela cidade, usando os textos da batalha espiritual.

Viviane também arregimentava fiéis para orar em frente a terreiros nos bairros da Baixada Fluminense, pedindo a Deus que os ajudasse a expulsar os demônios da vizinhança. Era uma atitude intolerante, semelhante à dos traficantes evangélicos, que passaram a quebrar imagens e expulsar religiosos de matrizes africanas de seus territórios. Mesmo não usando violência física, ela reconheceu o desrespeito desse tipo de atitude em relação ao próximo, o que é oposto ao que é pregado na Bíblia. Também ficou incomodada com a apropriação da linguagem e dos símbolos bíblicos pelos traficantes, para justificar as invasões violentas aos bairros vizinhos. Percebeu que a guerra santa podia servir para armar os espíritos e acirrar os conflitos. Peixão dizia ter recebido uma revelação diretamente de Deus, um dom valorizado entre os pentecostais, para justificar sua tirania. Viviane achou que havia algo de errado na forma como a guerra espiritual vinha sendo interpretada, servindo para demonizar o próximo. Essas distorções podiam induzir o crente ao ódio e à violência.

Com o tempo, ela mudou radicalmente sua forma de agir. Enquanto continuava com sua fé, acreditando nos ensinamentos do Evangelho e no papel do Espírito Santo na transformação das pessoas e na multiplicação do bem, Viviane passou a chamar a atenção em debates ecumênicos para os riscos de essas crenças serem usadas para fins políticos, com o objetivo de manipular os fiéis pelo ódio e assim produzir intolerância.

A história da Tropa do Mano Aarão e da formação do Complexo de Israel é um caso extremo do potencial de manipulação da religião para produzir poder. A religiosidade reavivada dos pentecostais e a multiplicação das conversões, ao mesmo tempo que eram ferramentas para transformar a consciência individual e reforçar a autoestima, ajudavam lideranças religiosas a exercer sua autoridade. O diabo servia tanto para o indivíduo dominar a si mesmo como para um líder conquistar a obediência de terceiros. No primeiro caso, satanás era associado aos desejos pessoais mais ardentes e egoístas. A entrega a Cristo permitia dominar essas tentações, como fez Jesus no deserto. O autocontrole demandava esforço e disciplina, como um treinamento espiritual que exigisse oração e jejum. No segundo caso, para a autoridade conseguir obediência, era preciso forjar o discurso da luta do bem contra o mal, associando o demônio ao grupo adversário, construindo uma causa para a luta política. O movimento moderno da batalha espiritual permitia esse salto: as mesmas forças diabólicas que estavam dentro de cada um, soprando conselhos errados e causando impulsos inconfessáveis, estavam no inimigo público, o outro a ser derrotado nos territórios e nas instituições.

Contudo, essa jornada de lutas contra um adversário tão poderoso precisava de uma história convincente, apropriada ao contexto e capaz de engajar pessoas em busca de prumo. A narrativa bíblica tem esse poder. Suas mensagens seriam reinterpretadas para responder às dificuldades nas periferias urbanas em expansão. Atingiriam diversos grupos e nichos, espalhando-se horizontalmente, como um conhecimento contagiante, replicado com o apoio de pastores, igrejas, missionários, traficantes, policiais, comunicadores de massa e influenciadores. As inúmeras conversões e a formação do Complexo de Israel foram apenas alguns dos resultados dessas releituras, que deram certezas a pessoas aflitas. Os desafios contemporâneos pediam ordem e rumo.

Do Velho Testamento emergia a autoridade superior, infinita, onipresente, onisciente, que criou o universo e estabeleceu uma série de regras a serem obedecidas pelos descendentes de Abraão e do povo de Israel. Apesar de alguns textos terem sido escritos há mais de 3 mil anos, pareciam ter respostas para o contexto de desordem das modernas cidades brasileiras. O Pentateuco e os livros históricos narram a aliança divina entre o povo de Deus e seu criador, que garantia o triunfo dos que obedeciam e o castigo aos que desacreditavam. Era uma autoridade que alardeava seu poder e ameaçava os desobedientes, como em Deuteronômio 32,41-42:

> Quando eu afiar minha espada fulgurante e minha mão agarrar o Direito, tomarei vingança do meu adversário e retribuirei àqueles que me odeiam. Embriagarei minhas flechas com sangue e minha espada devorará a carne, sangue dos mortos e cativos, das cabeças cabeludas do inimigo.

O trecho dialoga com um senso comum que no Brasil associa violência com a produção de ordem. Alguns episódios da fúria de Deus contra os que não fazem parte da aliança são especialmente chocantes, como a invasão de Jericó por Josué, quando Deus autoriza o assassinato de velhos e crianças para poder governar por intermédio de reis e profetas comprometidos com suas leis. Alguns levantamentos curiosos tentaram quantificar a dimensão dessa violência bíblica e chegaram a 25 milhões — sendo 20 milhões apenas no Dilúvio — de vítimas da fúria divina.[9]

No Novo Testamento, com o sacrifício de Jesus, que morre para salvar a humanidade de seus pecados, há uma mudança de foco. A ressurreição simboliza a possibilidade de renascimento para todos que abracem uma nova vida em Cristo. Eles serão redimidos e salvos, caso se arrependam dos pecados e sigam os mandamentos trazidos desde o Antigo Testamento. Do ponto de vista pessoal, os cristãos devem se comprometer com lutas permanentes para diminuir o risco de tentações. O demônio exerce influência no indivíduo, que precisa aprender a controlá-lo. Os escritos do apóstolo Paulo instruem os crentes a permanecer em estado de alerta contra o inimigo interno, dentro de nós mesmos, que nos afasta de Jesus. Para vencê-lo, é preciso se vestir com as "armaduras de Deus", que são espirituais. O crente, conforme uma das máximas da Assembleia de Deus, dever odiar o pecado, mas amar o pecador.

Na realidade competitiva e violenta das cidades brasileiras, contudo, o discurso da guerra se revelou mais popular, principalmente em tempos de redes sociais. O foco da batalha espiritual foi assumido por diversas denominações: o diabo estava no outro; a comunhão e a pregação de amor ao próximo ficaram de lado. O Deus bélico do Antigo Testamento assumiu o comando da luta, na defesa dos que se sujeitam aos seus mandamentos, contra pecadores ou infiéis que se recusam a se converter.

Para a vitória na batalha espiritual é preciso que o exército cresça. Isso pode ocorrer com o apoio dos canais de comunicação em massa, dos celulares e das redes, das igrejas grandes e das pequenas, espalhadas pelos bairros pobres. Mas a mensagem precisa ser contagiante, dar respostas convincentes e estimular atitudes práticas, transpassar as bolhas, chegar aos lugares em que as pessoas estão mais vulneráveis. A busca deve ser feita entre os que mais precisam, dentro dos presídios, asilos, hospitais; nas cracolândias, abrigos, favelas; entregando sopas, alimentos, cestas básicas, roupas, tudo na tentativa de estabelecer vínculos e promover transformações individuais e apontar caminhos.

Autoridade, ordem, propósito, redes de apoio; de repente, uma nova forma de poder definia a direção do futuro do Brasil. Quanto mais popular e abrangente, mais a mensagem se normaliza e passa a fazer parte da cultura. Pode ser vista no show sertanejo ou na final do campeonato de futebol, na celebração dos gols e das vitórias mais importantes, quando o crente aponta os dedos indicadores para cima, como se compartilhasse com Deus os sucessos de sua vida.

Contudo, se levado ao extremo, o espírito guerreiro e competitivo pode descambar para a ilegalidade, deslegitimar o estado de direito em benefício de um populismo canhestro e fundamentalista. Em 2021, o Complexo de Israel anexou outro bairro a seu pequeno império, Quitungo, em Brás de Pina, que, segundo investigações da polícia, era controlado por uma milícia. Como um diabo retornando das profundezas, uma das pessoas apontadas como líder dessa milícia era o sargento Zaqueu de Jesus Pereira Bueno, preso em 2014, acusado de ser autor dos disparos que levaram à morte da dona de casa Claudia Silvia Ferreira, mãe de oito filhos cujo corpo foi arrastado amarrado a uma viatura em Madureira, na zona norte.[10]

Aliança parecida já havia ocorrido no Morro do Dendê, em que o traficante Fernandinho Guarabu, também ligado ao TCP, se juntou aos milicianos vinculados ao Escritório do Crime, grupo de matadores especializado em assassinatos por encomenda. O pacto durou até junho de 2019, quando Guarabu foi morto pela polícia do Rio, assim como seu sócio, Eugênio de Souza Freitas, o Batoré, braço direito do capitão Adriano Magalhães da Nóbrega. Adriano ficou conhecido por suas ligações com um dos homens de confiança da família do ex-presidente Bolsonaro, o sargento Fabrício Queiroz, e por empregar suas parentes no escritório de Flávio Bolsonaro. Depois de ficar mais de um ano foragido enquanto era acusado de atividades com milícia, o capitão Adriano foi morto em fevereiro de 2020 em confronto com a polícia baiana.

As milícias se fortalecem com o descontrole das polícias e se aproveitam da pregação do pentecostalismo punitivista tolerante à violência fardada. Sempre haveria um versículo bíblico para justificar a ação violenta do policial contemporâneo, como explicam policiais influenciadores nas redes sociais com Êxodo 22,1: "Se um ladrão for surpreendido arrombando um muro, e sendo ferido morrer, quem o feriu não será culpado do sangue";

ou o Livro dos Provérbios 19,19: "O homem violento se expõe ao castigo; se tu o poupas, aumentarás o mal dele".

No Congresso Nacional, deputados da Bancada da Bala passaram a andar de mãos dadas com os representantes da Bancada da Bíblia, todos concentrados nos mesmos partidos do centrão. Réplicas gigantes de armas de fogo surgiram nas Marchas para Cristo e pastores adotaram gestos de arminhas nos púlpitos. Boa parte deles em apoio ao ex-presidente Jair Bolsonaro, que muitos enxergavam como comandante ungido dessa guerra santa. As bancadas da Bala e da Bíblia se completavam. Enquanto os da primeira ganhavam poder bradando contra o crime, os da segunda levantavam a bandeira contra a maldade, unidos em defesa da guerra. Foi nesse contexto que se juntaram para aprovar o aumento da venda de armas e munições. Em novembro de 2019, os evangélicos foram decisivos para a aprovação, na Câmara, do projeto de lei que flexibilizava o Estatuto do Desarmamento. Votaram a favor 112 deputados da Frente Parlamentar Evangélica, enquanto 28 se posicionaram contra.[11] Quando a polícia não pudesse cumprir seu papel, caberia ao cidadão defender a si próprio eliminando o bandido. Os pentecostais chegavam à política com o espírito armado, estimulados por lideranças que bradavam a fúria de um Deus vingativo. O Jesus fraterno e pacifista havia sido silenciado e cancelado.

4.
A epidemia do fim dos tempos

O sucesso dos pentecostais não se restringe aos bairros pobres das periferias urbanas e se revela na curva de conversões verificada nas últimas décadas. São raros os momentos na história que registraram um crescimento religioso como o verificado nos evangélicos no Brasil e na América Latina. Mudanças mais rápidas e intensas já aconteceram, mas seguiram outros caminhos: ou foram impostas de cima para baixo, como forma de dominação do Estado, ou refletiram o resultado de grandes ondas migratórias.[1] No Brasil, essa transformação emergiu de dentro, a partir de bases populares e de um pacote de crenças mais atraente do que os vigentes no mercado da fé. Elas se espalharam com velocidade para as elites, influenciando as decisões do andar de cima e garantindo a seus integrantes postos importantes de comando.

O pentecostalismo alcança pessoas de diferentes classes, raças, gêneros e idades. Alguns grupos, porém, estão mais bem representados entre os fiéis.[2] Os dados mostram que as mudanças no maior país católico do mundo começaram a ocorrer de forma acelerada a partir dos anos 1980. Até então, em todos os levantamentos, pelo menos nove em cada dez brasileiros se diziam católicos. Na década de 1980, pela primeira vez, o catolicismo ficou abaixo desse patamar, como a religião de 89% dos brasileiros, enquanto 5,6% eram evangélicos. A velocidade da mudança aumentou nas décadas seguintes, principalmente quanto ao número de pentecostais. No Censo de

2010, os católicos representavam 64,6% da população, ante 22,2% dos evangélicos. Isso significa que, ao longo de duas décadas, surgiram 4408 novos fiéis por dia, sendo 2124 de origem pentecostal e 1067 da Assembleia de Deus.[3] Em 2016, a fatia de evangélicos já havia alcançado 29% da população, de que 22% eram pentecostais.[4] Na pesquisa realizada em 2019, os evangélicos eram 31%.[5] O total de igrejas evangélicas também havia se multiplicado por seis em 42 anos, passando de 30,2 mil em 1990 para 178,5 mil em 2022.[6] Caso o grau de crescimento permaneça o mesmo, segundo estimativas, o Brasil terá mais evangélicos do que católicos em 2040.

O crescimento ocorreu em todos os cantos do país. Entre 1991 e 2010, atingiu 98,3% dos 4926 municípios pesquisados pelo Censo. Já os católicos cresceram em somente 1,7% das cidades brasileiras. Alguns estados foram mais afetados, e em 2010 seis deles tinham mais do que 30% de evangélicos em sua população: Rio de Janeiro e Espírito Santo, no Sudeste, e Rondônia, Roraima, Acre e Amazonas, no Norte. São Paulo registrava 25%, três pontos acima da média brasileira. Já os oito estados com menos de 20% de evangélicos estavam todos no Nordeste; a exceção era Pernambuco. A fotografia é interessante, considerando que, a partir da década de 1980, a região se caracterizou como um polo exportador de mão de obra para o resto do país, concentrando os estados de onde saíram as maiores levas de migrantes, que ajudaram a transformar a realidade e a cultura de cidades industriais do Sudeste e do entorno da Floresta Amazônica. Os laços entre os que ficaram em terras nordestinas, apesar de abalados, não precisaram ser refeitos na mesma dimensão que os de quem foi para os centros emergentes. Os suportes dos familiares, dos vizinhos, as formas de trabalho, o reconhecimento, tudo permanecia relativamente estável. Da mesma maneira, suas identidades não tinham que ser reinventadas e eles não sofriam as discriminações que viveram seus conterrâneos nos centros urbanos.

Também é possível identificar disparidades conforme outras categorias. Na pesquisa realizada em 2010, em relação ao gênero, por exemplo, as mulheres representam 58% dos fiéis (frente a 51% na população geral), bem acima da média de homens (42%). Os evangélicos têm, ainda, proporcionalmente, mais fiéis entre pardos e pretos do que os católicos (59% × 56%). A proporção de negros evangélicos fica acima, inclusive, das religiões afro-brasileiras (58%). Eles são mais jovens (cinco anos em média mais novos que os católicos) e quase a metade (48%) tem renda de até dois salários mínimos; 35% estudaram até o ensino fundamental e 49% estão no ensino médio. De forma geral, suas igrejas acabaram se tornando parte da paisagem das periferias brasileiras, tomando o lugar dos bares como o principal ponto de encontro dos integrantes das comunidades.

As pesquisas[7] também revelam que 44% dos evangélicos foram católicos antes de se converter, como se eles tivessem dado um upgrade no cristianismo anacrônico do Brasil rural, que não oferecia as respostas que precisavam depois de migrar. A rotina em torno da devoção também varia. Dos entrevistados que declararam alguma fé, 29% frequentam a igreja mais de uma vez por semana. Entre os evangélicos, o total sobe para 53%. Esse número foi ainda mais elevado na pesquisa feita em 2016, quando 65% tinham o costume de ir pelo menos duas vezes por semana aos cultos. A nova crença, portanto, além de mudar a consciência, cria uma nova rotina e comportamentos que permitem a ampliação de laços e a costura de uma rede de contatos e apoios mais forte.

Esses grandes números, que depois são transformados em curvas, gráficos e modelos estatísticos para que os pesquisadores investiguem suas causas, funcionam como fotos feitas por um drone, em sobrevoos que permitem olhar o quadro em toda a sua amplitude. A fotografia geral revela a força de uma ideia que cativou um público diverso em todo o Brasil, mas principalmente entre pobres, negros, moradores das periferias urbanas. A investigação, contudo, precisa se voltar para o chão, conectar-se aos grupos sobre os quais escreve, tentar calçar seus sapatos, colocar-se no lugar deles, para compreender quais são os aspectos mais sedutores desse pacote de crenças.

A tarefa é complicada. Muitos cientistas sociais, historiadores, filósofos e teólogos têm se debruçado sobre o tema, e suas reflexões servem como referência para esta investigação. Era preciso, no entanto, ir a campo e interagir. Ver com meus próprios olhos, desconstruir meus preconceitos. Além dos casos que eu vinha acompanhando, sobre conversões e a relação entre religião e crime, decidi centrar parte da minha reportagem nas especificidades da crença pentecostal, algo que eu conhecia apenas de longe. Por que essas doutrinas eram tão sedutoras? Quais as diferenças entre elas? Quais os elementos mais atraentes para o consumidor das crenças religiosas? Como elas surgiam e se espalhavam? Como ofereciam ordem e propósito de vida aos crentes?

Escolhi um caminho trabalhoso e escorregadio, mas certeiro e ao meu alcance: me matriculei num curso on-line para fiéis, pastores e missionários, que passei a frequentar ainda durante a pandemia. Concomitantemente às aulas, ingressei em diversos grupos de WhatsApp para discutir a Bíblia e outros temas, o que me fez participar de bolhas formadas por pessoas em uma sintonia mental diferente da minha, que enxergam o mundo com outras lentes, o que se refletia em seus valores, gostos, hábitos, gestos, gírias.

Meu primeiro curso foi o de pregador vocacionado, com aulas para aprender a fazer sermões. O objetivo do programa era dar aos alunos instrumentos para ganhar novas almas para

Cristo e orientar os crentes com as mensagens da Bíblia. O professor nos ensina a entender as necessidades dos ouvintes, escolher o tema da pregação, estruturar a fala, definir o título, separar os tópicos, incentivar práticas que sigam os ensinamentos bíblicos. Passei também pelo curso de jornada bíblica, em que se conhece os livros que compõem o texto sagrado, do Gênesis ao Apocalipse. Meu contato com trechos das Escrituras vinha de leituras esparsas e missas, quase sempre narradas no tom monocórdio dos padres. Também havia alguma resistência de minha parte; nunca perdi o chão nem precisei de ajuda espiritual. Aprendi a enxergar as coisas com ceticismo, desconfiando de verdades absolutas. Durante a juventude, na minha arrogância burguesa, via os religiosos com certa má vontade, como representantes de uma autoridade antiquada e conservadora que pretendia bloquear as transformações do mundo.

Alheio por tanto tempo, neófito nos temas bíblicos, tudo que aprendi no curso de aperfeiçoamento cristão era novidade para mim. A plataforma de ensino que contratei é uma espécie de Netflix; pago uma taxa mensal para ter aulas de disciplinas variadas, acessar apostilas e participar das redes de discussão. Pude fazer aulas focadas em temas específicos da Bíblia, como "Apóstolo Paulo — vida, obra e teologia"; ou "Desvendando os mistérios do Apocalipse". Frequentei algumas classes de hebraico bíblico para ver como os alunos aprendiam a traduzir os textos direto do original. Iniciei o curso de teologia básica, no qual se ensina, por exemplo, introdução à teologia sistemática, voltada a investigar temas da Bíblia em sua totalidade, como cristologia, sobre a doutrina de Cristo, harmatiologia, a doutrina do pecado, soteriologia, a doutrina da Salvação, e por aí vai.

Apesar de ser um aluno esforçado, eu tinha a sensação de que não daria conta de todo o conteúdo. Também sentia que era um dos alunos com menos bagagem da turma, vendo meus colegas sempre aptos a citar versículos para ilustrar seus argumentos, conhecendo personagens coadjuvantes dos quais eu nunca tinha ouvido falar. Eles também conseguiam se localizar bem nos mapas do Oriente Médio Antigo, eram conhecedores dos imperadores romanos, dos reis babilônicos e dos faraós do Egito. Existia, inclusive, um ranking dos estudantes mais assíduos. Eu tentava comparecer a pelo menos três aulas por semana, mas muitos tinham bem mais apetite.

A absoluta maioria dos meus colegas — para não dizer todos ou pelo menos todos aqueles que se manifestavam nos grupos — era evangélica, boa parte pentecostal, tinham as mensagens da Bíblia por sagradas e iam fundo no debate de seu significado. Muitos usavam a Bíblia como uma espécie de oráculo ou I Ching, cultivavam o hábito de abrir suas páginas aleatoriamente, em busca de resposta para dilemas cotidianos, como se assim conversassem direto com Deus. No curso, havia pastores de diferentes partes do Brasil. Muitos não dominavam a língua portuguesa padrão e cometiam erros básicos nas trocas de mensagens, o que não os impedia de discutir os temas das aulas em toda sua complexidade. Eu nunca tinha visto as palavras "hermenêutica" e "exegese" serem usadas tantas vezes como naqueles grupos; afinal, elas denominam conceitos que definitivamente não são triviais, nem mesmo a estudantes de ciências sociais ou direito, mas eram feijão com arroz nos debates de WhatsApp. Era raro eu me manifestar, porque, para minha frustração, não tinha respostas para perguntas tão complicadas. "É uma disciplina espiritual, não uma atividade acadêmica", foi uma das explicações que recebi.

Em uma discussão comum, um colega perguntava aos demais: "Me diga uma coisa, qual a possibilidade de Adão e Eva terem tido filhos e filhas dentro do Jardim do Éden, considerando que era a época da inocência?". Logo vinha uma mensagem, às vezes atravessada: "Como assim, varão? Não era época da inocência... era o Jardim da Inocência até eles comerem o fruto". O debate podia se estender por horas, e o número de mensagens explodia. Também apareciam perguntas sobre a atualidade e, durante um tempo, evitou-se polêmicas sobre as eleições e a política nacional. Israel era uma das obsessões. "O surgimento de Israel, em 1948, foi algo espiritual ou feito pelo homem? Um irmão me falou que foi feito pelo homem", dizia a mensagem. Novo debate, com intensa troca de textos e áudios. Quando a discussão pegava fogo, eram comuns os panos quentes: "Depende da hermenêutica usada para interpretar o texto", ponderava um irmão, explicando que as leituras variam conforme as congregações. Outra irmã sugeria a releitura do texto e a tentativa de ver o significado real das palavras: "Leia novamente o texto citado e faça uma nova exegese".

Esse exercício de exegese, a busca pelo significado real das palavras e das verdades nas Escrituras, pode até parecer conversa fiada, jogada para impressionar os colegas. Mas não era o caso, como constatei nas perguntas recorrentes sobre o sentido literal de determinados termos no hebraico, no grego e no aramaico, línguas originais dos textos bíblicos. Em dado momento, um aluno consultou os demais para saber quem tinha versões de dicionários hebraico-português. Em poucos instantes, mandaram diversas opções em PDF. Baixei um dicionário com mais de oitocentas páginas que faz a tradução literal do Antigo Testamento, linha por linha, intercalando aramaico e hebraico com português. Também baixei outro de quase mil páginas em que o Novo Testamento é traduzido do grego para o português. Acabei acumulando uma pequena biblioteca de estudos bíblicos em PDF, apenas a partir dos arquivos que recebia no grupo. Desde diferentes versões da Bíblia quanto à tradução ser mais fiel aos termos originais ou mais adaptada à linguagem contemporânea, até edições comentadas, ilustradas, aprofundadas em livros específicos, com sermões para pastores pentecostais, com contextualização da cultura da época etc. Todos esses livros tinham mais de quinhentas páginas.

A partir dessa imersão, entendi que a intensidade desse universo, em que pessoas debatem não somente a Bíblia, mas sentidos de existência, só pode ser percebida de dentro dele. Do lado de fora eu costumava ouvir que religião não se discutia, mas se respeitava. No mundo evangélico, porém, basta algo estar na Bíblia para ser alvo de profundos debates. Eles conversam sobre versículos, doutrinas, hermenêuticas e exegeses como se praticassem um exercício ativo e dialético para fortalecerem sua fé.

Em um debate, realizado em um programa cristão de rádio, perguntava-se aos participantes: "O Espírito Santo, ao se manifestar, pode derrubar as pessoas?". O formato me lembrou o das mesas-redondas de futebol, com suas polêmicas intermináveis para saber se o jogador que fez o gol estava ou não impedido. A conversa entre os dois pastores debatedores levou mais de uma hora. Eles faziam uma crítica cuidadosa dos seus pares neopentecostais mais expansivos, que transformam os cultos em verdadeiras micaretas, gritando e expulsando demônios. Como lembrou um dos dois, às vezes não é o Espírito Santo que derruba o crente, "mas o pastor, que aplica uma galopante", golpe de capoeira que consiste em bater na testa do opoente para ele cair para trás.

Conforme a eleição presidencial se aproximava, no final de 2022, algumas pessoas do grupo mandaram mensagens políticas favoráveis à candidatura do presidente Jair Bolsonaro. Decidi intervir quando divulgaram notícias falsas sobre os candidatos da oposição. Cobrei que checassem as mensagens antes de repassar e que parassem de discutir política em um grupo de religião. Uma colega foi crítica à candidatura de Bolsonaro, o que desencadeou uma enxurrada de ataques contra ela. Um dos que atacaram explicou a sua atitude em um áudio:

Eu a respeito e por isso decidi falar. Quando a gente vê um irmão na sarjeta, desviado, sendo manipulado pelo demônio, precisamos estender a mão e trazer o irmão de volta para o caminho de Deus. Não tenho nada contra ela. Pelo contrário. Apenas quero ajudá-la, estender a mão, ajudá-la a respeitar a vontade de Deus.

Eles estavam comprometidos com a verdade bolsonarista. Semanas depois, a conexão com o extremismo levaria muitos crentes a acampar em frente aos quartéis e a marchar contra as instituições em Brasília, no dia 8 de janeiro de 2023. Nessas ocasiões havia pessoas de diferentes religiões, mas a cultura que reavivou o espírito dos golpistas era gospel, com seus louvores, hinos e orações. Esse fato é assustador, mas ele não significa que no meio evangélico não exista muita diversidade e espaço para o debate. A discussão não para nunca, envolvendo representantes das correntes históricas, pentecostais e neopentecostais, cada qual com suas denominações e interpretações bíblicas. Se os 240 caracteres do Twitter já promovem distorções em interpretações de texto, imagine os mais de 3,5 milhões de caracteres bíblicos.

O empenho em debater religião não se limita aos estudantes de teologia; ele se reproduz em podcasts, livros, vídeos do YouTube e redes sociais cristãs, com seus diversos influenciadores. Encontrei programas muito bons. Um deles é o *BTCast*, o principal podcast de entrevistas evangélico, há mais de dez anos no ar; outro é o *Jesus Copy*, que se encontra entre os mais ouvidos do Spotify. Eles levam paleontólogos ateus para debater os dinossauros e a Bíblia, analisam as *Confissões de Santo Agostinho* em profundidade, criticam as igrejas tóxicas, falam da depressão entre crentes, discutem Calvino, Lutero, neopentecostais ou transtorno obsessivo-compulsivo de religiosos.

Muitos desses programas furam bolhas, cumprindo a função que alguns definem como a da teologia pública, discutindo os escritos com profundidade e de forma crítica. A intensificação do diálogo entre diferentes panelinhas também passou a ocorrer no universo acadêmico, mediada pelos artigos do Observatório Evangélico,[8] um site de notícias sobre assuntos ligados à Igreja, religiosidade, política e temas sociais, com abordagens críticas e reflexões sobre "os louvores dos evangélicos nos shopping centers e supermercados", "os pentecostais e os direitos humanos", o "diálogo entre a fé a razão", as "feministas cristãs" e o ataque de religiosos ao livro infantil escrito pelo rapper Emicida, que contém referências a religiões de matrizes africanas.[9]

Um dos intérpretes que mais me interessava era o pastor adventista Rodrigo Silva. A forma pela qual ouvi seu nome pela primeira vez dá uma ideia de sua disposição para conversar com os mais diferentes públicos. Foi no podcast *Mano a Mano*, do rapper Mano Brown, líder dos Racionais MCs, outro entusiasta dos estudos bíblicos. Mineiro, criado em uma família simples, ele se graduou em teologia e filosofia, fez doutorado em arqueologia clássica na USP e pós-doutorado em arqueologia bíblica na Andrews University, nos Estados Unidos. Rodrigo posta vídeos em que aparece sozinho e debates com convidados em seu canal no YouTube, que tem mais de 2 milhões de inscritos. Longe de ostentar seu currículo, ele fala com simplicidade tocante sobre diversos assuntos, defendendo com empenho e argumentos seu ponto de vista, mas aberto a visões contrárias às suas.

Um de seus vídeos de maior sucesso se chama *Evidências*, no qual Rodrigo tenta provar, por meio de achados arqueológicos, que o conteúdo da Bíblia é formado por acontecimentos históricos. Nas apresentações, costuma vestir um chapéu estilo Indiana Jones. Às vezes, eu me esquecia do tempo assistindo a vídeos seguidos no seu canal do YouTube. Em seu esforço para comprovar a veracidade das narrativas bíblicas, ele acumulou cerca de 3 mil peças, vindas da Terra Santa, para criar o primeiro Museu de Arqueologia Bíblica da América Latina na cidade paulista de Engenheiro Coelho.

Rodrigo defende que a fé deve ser exercida com ceticismo e escreveu um livro cujo título é *O ceticismo da fé: Deus, uma dúvida, uma certeza, uma distorção*, em que discute temas espinhosos, que vão da crueldade do Deus do Antigo Testamento à veracidade do criacionismo e da teoria do design inteligente.

Ele esbanja conhecimento sobre dinastias egípcias, a história dos povos assírios, da Mesopotâmia, dos impérios Persa e Romano, a formação de Israel, e cita filósofos, sociólogos e cientistas como Nietzsche, Kant, Weber, Durkheim e Stephen Hawking, com a mesma desenvoltura que defende a historicidade do mito de Adão e Eva.[10] Caso a história do Jardim do Éden não fosse verdadeira, ele argumenta, toda a narrativa bíblica ruiria. Sentencia em seu canal:

> A doutrina de Cristo foi edificada sobre o conteúdo do Antigo Testamento, que por sua vez se apoia inteiramente no relato do Gênesis. Ora, se a história do Éden não aconteceu de fato, então não houve a queda de Adão, e a humanidade não se encontra contaminada por nenhum tipo de pecado original.

Acompanhando as aulas e tentando me inteirar dos debates, defrontava-me com questões que estiveram afastadas das minhas preocupações do dia a dia. Temas que pareciam invisíveis, inofensivos, mas que eram essenciais e me rondavam feito assombrações. Eram perguntas que a todo instante eu me fazia, em algum lugar profundo da mente, mas sem prestar atenção, porque sabia que não tinha as respostas para elas. Qual o sentido da vida? Por que tanto esforço e sofrimento todos os dias? Por que rolamos a pedra diariamente até o topo do morro, se sabemos que ela vai descer e que teremos que repetir o exercício no dia seguinte? Por que que vivemos? Meus colegas que liam a Bíblia, que discutiam teologia e filosofia em livros, podcasts e no YouTube, travando debates cristãos, enfrentavam essas questões com coragem.

Eu achava que as discussões morais que brotavam a partir da Bíblia eram razoáveis. Os princípios gerais de amor ao próximo, no Antigo e no Novo Testamento, assim como os exercícios de orações e de jejum para controlar o ego e os desejos pessoais, na busca de uma vida em comunhão, me soavam um caminho seguro para a civilidade. Nas últimas décadas, contudo, houve uma invasão dessas crenças no debate público. Os dogmas passaram a ser usados para manipular e estigmatizar políticas públicas e seus defensores, interditando debates importantes, atacando a ciência e a objetividade. O debate em torno do aborto é um exemplo emblemático. Compreensivelmente, os religiosos trazem para a conversa a defesa da vida do feto e o problema da objetificação do sexo e da mulher. A escolha pelo aborto não é banal. Em compensação, não é aceitável fechar os olhos para a realidade e criminalizar as mulheres que fazem essa escolha difícil, política sustentada no Brasil pelo lobby religioso. O tabu em torno da descriminalização do aborto já vinha com os católicos, porém, a partir da popularização do pentecostalismo, o uso do sagrado se banalizou, mobilizado pelo discurso da guerra santa, demonizando adversários.

A popularização das redes sociais e a fragilização do jornalismo tiveram papel importante nesse processo. As pautas de interesse público, que costumavam ser filtradas por uma elite em tese comprometida com princípios republicanos — e na prática também com os interesses econômicos de seus financiadores —, foram esvaziadas pela diversidade de assuntos e interesses vindos de influenciadores, agrupados nas mais diversas bolhas. Havia aspectos positivos na novidade, que permitia uma comunicação mais descentralizada e democrática.

O modelo de negócio dos grandes conglomerados de tecnologia, contudo, ajudou a produzir efeitos colaterais importantes e a piorar a qualidade dos debates políticos. Os discursos mais radicais, que reforçam as crenças das bolhas, mesmo sem respaldo nos fatos, tornaram-se populares, mediados por algoritmos que os impulsionam. Eles seduzem não apenas por pregar o ódio a terceiros, mas por levar os participantes do grupo a acreditar que travam uma batalha decisiva, com propósitos definidos.[11] O novo contexto das redes sociais afetou o debate dos evangélicos e religiosos. Discursos alarmistas, que enxergam o demônio em todos os cantos, passaram a se sobressair às mensagens de comunhão e pacifismo de Jesus Cristo. Até pregação armamentista ganhou respaldo nos textos sagrados.

Uma das passagens mais citadas para associar Cristo à defesa das armas envolve o apóstolo Pedro, que no Evangelho de João é chamado de Simão Pedro. Trata-se do momento em que soldados chegam para prender Jesus no Jardim das Oliveiras, descrito em João 18,10: "Então, Simão Pedro, que trazia uma espada, tirou-a, feriu o servo do Sumo Sacerdote, a quem decepou, a orelha direita. O nome do servo era Malco". Em seguida Jesus apenas pede a Pedro que guarde a espada de volta na bainha.

> Nunca houve um estatuto do despadamento! Na verdade, em lugar algum da Bíblia o porte de armas é atacado, e de Gênesis ao Apocalipse vemos armas sendo portadas, inclusive por Jesus! Jesus não é um Deus afeminado que fica ofendidinho com uma arma. [...] Quer ter uma arma? Tenha uma boa! Cuide bem dela para ela ser usada para a Glória do Nome de Jesus!

escreveu o pastor Jackson Jacques, fundador da Igreja Vintage, uma denominação independente, no site cristão Fúria e Tradição, em um post ilustrado com a imagem de um revólver sobre a Bíblia.[12] "É impressionante como uma arma ofende os cristãos progressistas", ele escreve em um fórum de debates.

No mundo pentecostal, a urgência desse embate entre as forças das trevas e da luz ganha nova dimensão diante da visão escatológica do Livro do Apocalipse, escrito por João, no Novo Testamento. Conforme uma leitura popular entre os integrantes da Assembleia de Deus, Jesus vai voltar pela segunda vez à terra para arrebatar os crentes e a Igreja para o reino dos céus, antes de o mundo acabar. Por um lado, esse fatalismo incentiva o trabalho missionário, que aceita o desafio de conseguir a maior quantidade possível de almas para Jesus antes do fim do mundo. O amor ao próximo, nesse sentido, é voltado para o resgate da alma de homens e mulheres antes do dia do Juízo Final. É necessário passar a palavra, a verdade que liberta, para transformar e salvar da danação.

Por outro lado, a tendência dessa visão é dispensar os fiéis da responsabilidade política de consertar as engrenagens que estão destruindo o mundo. Esqueça o estilo de pregação reformista dos padres católicos da Teologia da Libertação, que nos anos 1970 buscavam conscientizar e articular os mais pobres para exigir ampliação de direitos junto a governos e grandes empresários. O catolicismo, nessa concepção, assumiu o lado dos pobres para eles não serem cooptados pelos comunistas. Os religiosos precisavam mudar o mundo para evitar que a tarefa fosse assumida pelos que pregavam a revolução socialista e o fim da Igreja.

Os pentecostais surgem para dar aos pobres um pacote de crenças que os faça vencer neste mundo que já está pronto e que um dia pode acabar. Não é uma luta meramente individual; para sobreviver é preciso criar redes e ganhar dinheiro, encarar a realidade sem depender de favores. Com o tempo, ocupar os espaços de poder se tornou parte da estratégia. Mandar conforme as regras de Deus, como diz a Bíblia em Deuteronômio 28,13: "Iahweh te colocará como cabeça, e não como cauda; estarás sempre por cima, e não por baixo, se ouvires os mandamentos de Iahweh teu Deus, que hoje te ordeno observar e pôr em prática". Uma vez no poder, a pauta dos pentecostais não é a salvação do planeta, nem a construção de estruturas que domestiquem o mercado ou preservem a vida, mas a expulsão do mal para que o bem impere. A competição e o acúmulo de riquezas, inclusive, devem seguir a todo vapor para a vitória dos mais fortes — que, nesse caso, contam com a proteção das armaduras de Deus.

Ainda que haja intenso debate sobre o significado bíblico do fim do mundo, com diversas exegeses e hermenêuticas, o fatalismo popular de parte dos crentes viralizou nas redes, em dobradinha com a mobilização para a batalha espiritual. Quando chegar a hora da verdade, a Igreja e os bons serão arrebatados para o céu, em uma forma de escapismo que me lembrava os planos de fuga dos endinheirados em uma nave espacial para o planeta Marte. Os que tentam reformar ou subverter o sistema passaram a ser estigmatizados, ganhando a pecha de simpatizantes do comunismo, como se fossem endemoniados.

A relevância dos temas escatológicos já estava presente nas quase duas décadas em que convivo com o pastor Edson Mendes. Assim como outros entrevistados, procurei o pastor em 2003 para saber mais sobre os crimes em São Paulo quando eu pesquisava homicídios, aproveitando sua condição de ex-bandido convertido. Edson havia sido traficante nos anos 1990 em um bairro pobre da zona oeste de São Paulo chamado Recanto dos Humildes, no distrito de Perus. O bairro surgiu de uma invasão nos arredores de conjuntos habitacionais feitos pela então prefeita Luíza Erundina. Além de liderar essa incursão, Edson havia atuado no mundo do crime como cobrador nas biqueiras e tinha o apelido de Tocha, porque atirava com uma pistola calibre 12mm que soltava faíscas. Depois que se converteu, abriu sua própria igreja no bairro, nomeando-a Assembleia de Deus das Missões Primitivas do Brasil, em um salão na casa que ele mesmo construíra.

Sua missão era converter drogados, traficantes, presidiários, integrantes do PCC, entre outras almas do submundo. Em 25 de janeiro de 2004, no aniversário de 450 anos da cidade de São Paulo, fui a um evento que ele organizou numa praça de Recanto dos Humildes para converter traficantes e criminosos. Havia um palco com música gospel tocando e a atração do dia era o testemunho do pastor Rosinei Marcos, que no crime tinha o apelido de Macoinha. Ele dizia ter sobrevivido a vinte tiros em um atentado que lhe custou uma perna e o levou a aceitar Jesus. Rosinei era expansivo, desses pastores que se esgoelam, fazem gestos, pulam e dançam no palco. No auge do depoimento, ele tirou a perna mecânica e se equilibrou sobre sua perna para mostrar o tamanho do milagre de Deus. Em agosto de 2018 Rosinei teve um infarto, enquanto pregava em uma igreja de Várzea Paulista, e faleceu. Quando o conheci, no Recanto dos Humildes, a praça estava lotada de moradores do bairro querendo ver sua participação na cruzada evangelística.

Durante os anos em que mantivemos contato, Edson passou por altos e baixos. Em 2007 chegou a sofrer uma queda espiritual, que o afastou de sua igreja, por causa de um casamento frustrado. Eu já sabia que ele queria se casar. Desde a conversão, Edson não tinha namorada porque achava que qualquer relacionamento com mulheres deveria ser oficializado para que ele não caísse em pecado. Finalmente, iniciou um romance com uma moradora do bairro e logo marcaram o casório. Ela estava feliz por se casar com um pastor. No dia da festa, porém, quando amigos e familiares estavam reunidos no salão, a noiva ficou possessa e se sentiu humilhada por um motivo prosaico: os refrigerantes da cerimônia eram de marca alternativa — Dolly em vez de Coca-Cola. Segundo o pastor, ela não aceitou a desfeita e fechou a cara durante o resto da cerimônia.

Depois da festa, os noivos foram passar a lua de mel em Santos. Ainda magoada por causa dos refrigerantes, a noiva se recusou a deitar com o pastor na primeira noite. "Eu não consumei o casamento", o pastor Edson me repetia, inconformado, quando eu o reencontrei alguns meses depois. Diante da negativa, o vulcão adormecido dentro dele, como me descreveu, ameaçava entrar em erupção. Quando estavam na praia, enquanto ela se banhava no mar, o pastor se remoía na areia, escutando o sopro do diabo falando em seu ouvido: "Mata essa mulher. Você não pode deixar que ela faça isso com você".

No quintal da casa em que estavam, "o demônio" tinha armado outro ardil, Edson conta: deixara uma pá e uma enxada encostadas no muro, sugerindo que ele cometesse o crime. Chorando, sem saber o que fazer, ele ligou para casa pedindo ajuda. Foi resgatado por um primo a tempo de não fazer nenhuma besteira. "Até hoje, meu maior medo é não conseguir controlar a mim mesmo. Todo homem é um pit bull e a qualquer momento sua origem pode ser ativada", ele me disse. Voltou da lua de mel se sentindo humilhado, sem coragem para encarar os fiéis, e passou sua igreja para outro pastor. "Eu só queria matar crente", confessa.

Com o tempo, porém, o pastor foi recuperando sua fé. Encorajado, conseguiu retomar sua igreja e, nesse processo, conheceu a mulher com quem iria se casar. Sua nova esposa era uma de suas ovelhas, que frequentava o culto com o antigo marido, um homem viciado em drogas que constantemente batia nela. Depois de uma dessas surras, Edson acolheu ela e o filho em sua casa, que compartilhava com a mãe. Enquanto isso, buscou, na Justiça, tirar o marido agressor da casa dela. Conseguiu o contato de uma promotora, que lhe passou um sermão dizendo que ele não tinha que se meter na relação do casal. Ele, então, precisou ser mais pragmático, porque mãe e filho já estavam ficando na sua casa havia dois meses, e pediu socorro aos irmãos do PCC, que logo resolveram a situação. Ouviram as partes envolvidas e apresentaram uma solução: "Olha, dona, seu marido vai sair de casa, fica tranquila. Mas se a senhora voltar pra ele, vai entrar no pau também". Depois que a novela foi resolvida, com o tempo, Edson e a futura esposa se aproximaram, casaram-se e formaram uma família que atualmente trabalha junto na obra da Igreja.

Nas últimas conversas que tivemos, o pastor estava entusiasmado com os cursos de capelania e teologia que ministrava a outros pastores do bairro. Seu enteado já havia crescido, era evangélico e o ajudava a organizar as aulas. A iminência do Apocalipse e a gravidade do momento espiritual do mundo eram os temas principais de sua missão evangelizadora. Edson me dizia que muitas igrejas tinham se afastado da verdadeira mensagem de Jesus e usavam o CNPJ apenas para ganhar dinheiro dos fiéis. Em suas aulas, pregava que Jesus era a única salvação, tendo em vista o fim dos tempos e sua segunda vinda à terra, que estava muito próxima, quem sabe em pleno andamento. Era necessária uma ofensiva para que a Igreja voltasse a pregar os mesmos valores do cristianismo da Igreja Primitiva, da época dos apóstolos. "A Igreja cresceu muito, mas desorganizadamente. Se você perguntar para um pastor o que é salvação, ele não sabe responder", lamentou.

Pedi que desenvolvesse o que ele entendia por salvação, e a conversa ganhou um tom de pregação.

Você não nasceu por acaso, não nasceu pela vontade da sua mãe nem do seu pai. Não nasceu do espermatozoide. Segundo a ciência, Deus teve que matar mais de 5 milhões de espermatozoides pra você nascer. Você não nasceu da explosão do Big Bang. Isaías já disse: "Antes que te formasse no ventre da tua mãe, eu te conheci". Deus já te conhecia, Bruno. Conheceu onde? Na eternidade. Na mente de Deus, você já existia. Na plenitude dos tempos. Sua mãe te concebeu pra que você estivesse aqui e agora.

Mas na tua vida, Bruno, nascer, crescer, envelhecer e morrer não terminam aqui. Você tem que voltar pra eternidade. A diferença é essa. Você vai se perder ou vai encontrar o caminho da salvação? A eternidade é um túnel. Você passa por ele e volta pra lá. A questão é saber se você vai pra perdição ou pra salvação eterna. Deus mandou o filho dele aqui pra que você não errasse o caminho. O pecado entrou no mundo por um homem, mas, pra corrigir essa injustiça, Deus mandou um justo pra morrer por mim, por você e por todos que creem Nele.

Eu o observava em silêncio respeitoso. Depois daquele discurso, caso eu abrisse a boca, teria que me manifestar sobre perdição ou salvação. Eu admirava sua narrativa e a forma como construía sentido para algumas das grandes questões existenciais que o motivavam. Como já acontecera com outros entrevistados, ele tentava ganhar minha alma. Eu ouvia agradecido, fingindo que não era comigo, para evitar debates. Das últimas vezes que nos encontramos, porém, o pastor Edson disse que havia motivos de sobra para eu me preocupar. Ele me listou as evidências do Apocalipse iminente, com indícios que estavam presentes nas notícias do dia a dia, como as epidemias e guerras que assolavam o mundo, justamente como previa a Bíblia.

Ele me contou a interpretação que fazia do Apocalipse, um dos livros mais complexos da Bíblia. É uma leitura densa, cheia de metáforas e imagens fantásticas, muito debatida no meio evangélico. E depois citou a parábola da figueira, presente em Mateus 24,32-35, em que Jesus fala sobre o fim do mundo:

Aprendei da figueira esta parábola: quando o seu ramo se torna tenro e as suas folhas começam a brotar, sabeis que o verão está próximo. Da mesma forma também vós, quando virdes todas essas coisas, sabei que ele está próximo, às portas.

Em verdade vos digo que esta geração não passará sem que tudo isso aconteça. Passarão o céu e a terra. Minhas palavras, porém, não passarão. Daquele dia e da hora, ninguém sabe, nem os anjos dos céus, nem o Filho, mas só o Pai.

O pastor Edson acredita, assim como uma corrente de assembleianos, que as folhas que nascem na figueira representam a criação do Estado de Israel, em 1948, já que a árvore é um dos símbolos do país. Jesus voltará durante a vida da geração que viu Israel ser criado. Alguns que compartilham dessa leitura chegam a calcular a data exata do retorno de Cristo.

A escatologia fatalista e conformista é uma leitura popular. Dialoga com a batalha espiritual que antecede o fim dos tempos, na qual o bem vai vencer o mal para que a Igreja e Jesus reinem durante a eternidade. Antes de o mundo acabar, porém, o diabo vai criar muita confusão, o que abre uma brecha para que o discurso do amor de Cristo seja direcionado ao confronto para amarrar o mal. O próprio Jesus alerta em Mateus 24,9 que, antes do retorno, os crentes serão perseguidos: "Nesse tempo, vos entregarão à tribulação e vos matarão, e sereis odiados de todos os povos por causa do meu nome".

Ao mesmo tempo que estimula o discurso do confronto, a leitura apocalíptica também incentiva teorias da conspiração, como se vilões, integrantes do exército do anticristo, estivessem disfarçados pelo mundo. Em sequência à fala sobre a salvação e a contagem regressiva para a hecatombe, o pastor passou com naturalidade para temas políticos, discutindo os planos conspiratórios de dominação do mundo pelas forças demoníacas. "Você conhece os *illuminati* e a Nova Ordem Global?", perguntou. Sim, eu conhecia. Desde o começo dos anos 2000, quando comecei a ler textos de Olavo de Carvalho, que se tornaria um dos gurus do bolsonarismo e exímio divulgador de teorias conspiratórias, entrei em contato com diversos complôs articulados planeta afora.

Os *illuminati* seriam os integrantes de uma seita, formada ainda no século XVII durante o Iluminismo, com planos antigos de dominação do mundo que sempre se renovam. Para alcançar esse objetivo, a elite globalista pretenderia acabar com as religiões, os Estados-nação, a família e o mercado. Atualmente, comandaria o mundo a partir da união de instituições globalistas, como a Organizações das Nações Unidas (ONU), o Fundo Monetário Internacional (FMI) e a Organização dos Tratados do Atlântico Norte (Otan), e de algumas famílias endinheiradas, como os Rockefeller, ou bilionários como Bill Gates e George Soros. No Brasil, ainda segundo essas crenças conspiratórias, contariam com a conivência dos Marinho, da Rede Globo. Pastor Edson me explicava que Bolsonaro era um incidente no percurso desses grupos, "um paredão para barrar o comunismo, colocado por Deus". Uma das evidências da interferência divina seria Bolsonaro ter sobrevivido à facada às vésperas da eleição de 2018. Mesmo sendo católico, Bolsonaro seria ungido, assim como Ciro, o rei persa e personagem bíblico que não seguia a religião de Moisés, mas libertou o povo judeu ao derrotar o Império Babilônico.

Durante os longos anos de convívio entre nós, eu não me lembro de até então termos tocado em assuntos relacionados a política. Nas eleições anteriores, Edson votara duas vezes em Lula e duas vezes em Dilma, sem a mesma devoção de agora. Bolsonaro era visto como alguém que não se deixava cooptar pela elite da Nova Ordem Mundial. Representava a resistência contra o marxismo, a ideologia de gênero e demais inimigos da família e do mercado em um mundo em que o diabo devia ser amarrado em todas as frentes de atuação. A mensagem era forte e produzia espírito guerreiro. "É a religião do capital", resumiu o teólogo Fernando Altemeyer Júnior, um entusiasta da Teologia da Libertação, usando seu linguajar marxista para definir a onda pentecostal e seu Jesus Cristo másculo, simpatizante da extrema direita.

5.
Ondas urbanas (A grande fuga)

Os pais de Marcelinho tinham três terrenos na cidade de Três Pontas, no sul de Minas Gerais. A vida não era fácil, mas o roçado garantia a comida para os três filhos. João Batista, o pai, alimentava um sonho. "Ele queria ficar rico em São Paulo", recorda-se Marcelinho. Mesmo sem educação formal, ele teve vontade e coragem suficiente para acionar alguns parentes que já haviam migrado. Em 1969, quando Marcelinho tinha nove anos, os pais venderam seus lotes, botaram o dinheiro numa mala e se mandaram com os filhos para Taboão da Serra, na Grande São Paulo. Vieram a mãe, Maria de Lourdes, Marcelinho, a irmã mais velha, Maria Aparecida, e a caçula, Nazaré de Fátima. Nos anos seguintes, eles seriam engolidos pela cidade grande.

Três Pontas era um município tranquilo que podia oferecer uma vida digna, ainda mais para pequenos proprietários de terras, como era o caso da família deles. Atualmente a cidade tem cerca de 50 mil habitantes, fica numa serra que no século XVIII abrigou quilombos e é cortada por belos rios e banhada pela represa de Furnas, que se formou durante as obras da usina hidroelétrica, inaugurada oficialmente em 1965. Mas, naqueles anos, as zonas rurais brasileiras viviam em alvoroço. As grandes cidades eram ímãs poderosos, capazes de atrair multidões. Havia boas oportunidades para trabalhar e ganhar dinheiro, mas São Paulo e Rio de Janeiro significavam, sobretudo, miragens, armadilhas e ilusões.

O dinheiro juntado pelos pais de Marcelinho não demorou para acabar. Eles moravam em um bairro pobre, numa casa de madeira, sem água, luz ou esgoto, na periferia da Grande São Paulo. O pai conseguiu alguns trabalhos temporários, mas não engrenou numa carreira estável. Um ano depois, por causa dos altos custos da cidade, a família se mudou para uma casa ainda mais simples, na divisa com o município de Embu. A mãe de Marcelinho não suportou o ambiente de miséria e solidão. Começou a beber e fugiu de casa com um namorado, levando a filha caçula. O pai, também entregue à bebida, ficou cuidando da filha mais velha. Marcelinho virou bicho solto, dormindo na casa de parentes e no lixão de Taboão. Era uma história fadada à tragédia, mas sua conversão, depois do atentado que sofreu em 1994, salvou sua vida. Não foi o que ocorreu com o pai, a mãe, o tio e a irmã mais velha; todos morreram assassinados. Muitos dos encontros que tive com Marcelinho foram no cemitério de Embu, onde ele ia para relaxar, já que lá estava a maior parte de sua família.

A realidade nas cidades era bem diferente das promessas que incitavam as pessoas a migrar. Todavia, a nova perspectiva era atraente, gerava esperança, o surgimento de um caminho que antes não podia ser trilhado ou nem existia. Palavras se juntavam à imagem, estimulando o devaneio e elaborando discursos que apontavam direções, o que encorajou um número crescente de pessoas a colocar seus parcos pertences em uma mala e subir em um pau de arara em direção ao Sudeste. A nova crença também se amparava em alguns fatos reais. No campo havia fome, períodos longos de seca e a economia agrária se encontrava em franca decadência, faltava perspectiva para os milhares de pessoas que viviam presas a perpetuar a história de miséria de seus antepassados. As metrópoles eram a brecha para romper esse muro, e a perspectiva de encontro com um novo mundo levou milhões de retirantes para as estradas.

Entre os corajosos sertanejos estava a mãe do pastor Edson, d. Luíza Mendes, que deixou a roça com o marido, José Tertulino, em Anadia, Alagoas, depois que a grande seca de 1958 atingiu a região e foi um problema de calamidade pública. Quando chegaram em São Paulo, ambos conseguiram trabalho nas promissoras lavouras do oeste, em Araçatuba, que diversificavam os produtos plantados para abastecer o mercado interno. Edson nasceu em 1959, já em terras paulistas. Abandonada pelo marido, a mãe se mudou com os dois filhos para Caieiras, na Grande São Paulo, para ficar mais perto de parentes, que ajudaram na criação dos meninos. D. Luíza trabalhou em olarias e em casas de família, como doméstica. Dormia no emprego, cuidava dos filhos dos patrões e só voltava para casa nos finais de semana, esgotada. O esforço não era suficiente para reduzir a pobreza dos meninos, situação que deixava Edson revoltado. Uma mistura de ódio e carência da mãe, ele suspeita em sua leitura mística do passado, foi aguçada pelo diabo e no futuro o levou para a vida no crime.

Vanderlino nasceu em Maraú, na Bahia, onde estão algumas das praias mais bonitas do Brasil. Era um paraíso, mas tanta beleza não lhe fazia a cabeça; ele queria mais, mesmo sem saber exatamente o quê. Chegou em São Paulo em 1964, quando tinha dezesseis anos, deixando para trás uma história de abandono que preferia esquecer. Seu pai, fazendeiro de cacau, tinha setenta anos quando ele nasceu. Casou-se com sua mãe, de apenas 24, mas o matrimônio não deu certo. O pai tinha problemas financeiros e sua mãe o deixou, fugindo com um funcionário da fazenda. Vanderlino foi carregado por ela e, logo depois, quando tinha apenas seis anos, sua mãe morreu. Ele se lembra de ter sido levado ao enterro. Contudo, quando acabou a cerimônia, ficou esquecido, em pé, sobre a tumba da mãe, aguardando que alguém o levasse para alguma casa. Essa cena de desamparo é das mais tristes que ouvi, a imagem da criança solitária sobre o túmulo da mãe, como uma foto em preto e branco, nunca mais saiu da minha cabeça.

Vanderlino acabou indo viver de favor na casa de parentes distantes na Bahia, até que um deles disse que iria para São Paulo e ele pediu para ir junto. Conseguiu três contos de réis, o suficiente para pagar os oito dias no pau de arara. Morou com uma meia-irmã, completou o ensino médio e trabalhou trinta anos em metalúrgicas, numa época em que sobrava emprego no Jardim Ângela, bairro pobre no qual morava na capital paulista.

Essa poderia ser uma história de superação, a jornada do herói com final feliz, mas o contexto de pobreza e de desordem podia causar sofrimentos insuportáveis, até mesmo para quem conseguia ter uma família e carreira estável. Uma das maiores tristezas de Vanderlino envolveu seu filho Sidney, conhecido como Chico, que nos anos 1990 participou de diversos homicídios no bairro com um grupo de amigos que formavam um dos bandos mais temidos do Jardim Ângela. Por causa das rixas, a casa da família foi metralhada em tentativas de matar o garoto. Foram tempos difíceis para Vanderlino, liderança comunitária que sempre se solidarizava com os pais dos jovens mortos aos montes na região. Ele comparecia a muitos enterros e ao chegar em alguns descobria que seu filho tinha sido o autor do assassinato. Apesar dos desgostos, Vanderlino lembrava de Chico com saudades. O filho trabalhou em uma metalúrgica e seu pai me disse que ele nunca tinha matado inocentes. Chico morreu em 1994, quando tentava fechar seu corpo em um terreiro. Estava desprevenido e foi esfaqueado por um inimigo.

Trajetórias cinematográficas são comuns na transição do Brasil rural para o urbano. Biografias cheias de emoção, dignas de livros. Histórias de pessoas que abandonaram tudo e partiram rumo a um futuro incerto e falsamente promissor, em que a miséria podia ser mais cruel do que na vida deixada para trás. Isso não impedia milhões de pessoas de tentarem a sorte, como se apostassem com o destino. Os dados eram lançados ao subir no pau de arara. Alguns ganhavam, outros perdiam, mas a maioria sentia na pele que, independentemente do lugar, a pobreza sempre tornava a vida muito mais dura. Nas cidades, sem as redes de proteção da família e dos vizinhos, era ainda pior: dinheiro se tornava tão necessário quanto oxigênio.

Os pais de Rosinei Marcos, assim como os de Marcelinho, também optaram por lançar os dados e tentar a sorte. Venderam o terreno onde moravam em Londrina, no Paraná, para embarcar com os três filhos para São Paulo em 1974. Foram viver em um barraco na favela, e o pai conseguiu um emprego numa construtora, mas o salário não era suficiente para alimentar a família. Os colegas sugeriram que ele internasse um dos filhos na Fundação Estadual do Bem-Estar do Menor (Febem). Até 1990, a instituição atendia crianças carentes e infratores. Os pais, que não entendiam direito o que a instituição representava, acharam a ideia boa e mandaram Rosinei, o caçula, que não aguentava passar fome por muito tempo.

Lá dentro, internado, o menino de dez anos se sentiu sozinho e acabou se envolvendo com outros garotos, que fugiam da Febem para morar nas ruas do centro, usando cola de sapateiro e outros tipos de droga. A carreira de Rosinei no crime começou com um grupo de amigos, que lhe dariam o apelido de Macoinha. A trajetória, repleta de episódios trágicos, só seria interrompida anos depois, quando ele levou mais de vinte tiros e perdeu as pernas. Rosinei sobreviveu para contar sua história, que se tornou um dos testemunhos mais populares e impressionantes do universo evangélico, sempre acompanhado de fotos das suas cirurgias e de suas pernas mecânicas, que ele costumava mostrar depois de narrar como sobreviveu.

Histórias como essas, de sonhos que viravam pesadelos, não foram eventos isolados, mas fizeram parte de uma epidemia iniciada nos anos 1930, que contagiou as mentes de um Brasil rural, que queria mudar e via essa possibilidade nos centros urbanos. Eles iniciaram um movimento que foi arrefecer somente ao longo da década de 1980.

Uma grande onda, representando a curva de migração interna entre 1930 e 1980, mostra a transformação do antigo país agrário em uma das nações mais urbanizadas do planeta. Partindo da fotografia aérea para o cotidiano em que essas mudanças ocorriam, existem histórias interessantes. Havia uma ideia nova que levava um número crescente de pessoas a abandonar suas raízes e terras, encantadas pela promessa de que a vida nas cidades oferecia mais oportunidades do que a no campo. A ideia de mudança surgia da falta de perspectivas da realidade agrária, que obrigava as pessoas a desbravar contextos desconhecidos para se reinventar, redefinindo propósitos, escolhas, comportamentos e discursos.

O mundo campestre, que ao longo de quatro séculos e meio havia sido a base da sociedade brasileira, não parecia mais capaz de proporcionar sentido para seus moradores e os expulsava para as metrópoles. O país iria ficar de cabeça para baixo em menos de cinquenta anos, com a maioria da população abandonando a vida agrária para se aglomerar nas cidades. No começo da década de 1940, a população urbana no Brasil correspondia a 31% do total do país, concentrada em cidades como Rio de Janeiro, Salvador, Recife, Belém e São Paulo. Mais de dois terços dos brasileiros, os 69% restantes, viviam nas zonas rurais. Na década de 1970, o percentual de moradores das cidades já correspondia a uma maioria de 56%, chegando a 84% em 2010.[1]

Se as zonas rurais repeliam, São Paulo era o principal polo de atração dessas massas. Quando os ventos da industrialização começaram a soprar, no final do século XIX, o estado paulista ainda tinha uma história para ser escrita, dada sua irrelevância política e econômica durante o período colonial e imperial. Já os estados do Nordeste carregavam um longo passado nas costas, o que fazia com que a divisão do poder e do dinheiro na elite local fosse mais assentada, estável, compondo uma situação resistente a mudanças. O Rio de Janeiro seguia como centro do poder e da cultura brasileira, onde se articulavam as decisões sobre o futuro do país, e concentrava uma visão mais cosmopolita. Apesar dos contrastes, Nordeste, Sudeste e a então capital brasileira eram transpassados pela principal instituição da história brasileira: a escravidão.[2]

Em 1872, a mão de obra escravizada correspondia a 15% da população brasileira, que era estimada em 10 milhões de habitantes, segundo dados do primeiro Censo da história do país.[3] Naquela década, parte desses trabalhadores foi comprada pelos fazendeiros de café e deixou a economia decadente da cana-de-açúcar. O Sudeste, pela primeira vez, ultrapassaria o Nordeste como a região com maior percentual de trabalhadores escravizados.

Uma transformação econômica profunda estava em curso. Incentivados pelo governo paulista, que representava os interesses da elite agrária do estado, a partir de 1880 os cafeicultores deixariam as terras esgotadas do Vale do Paraíba em direção ao sul e ao oeste de São Paulo. A modernização das técnicas agrícolas e a melhoria nos transportes, com a construção de ferrovias e o investimento nos portos, principalmente no de Santos, ampliaram as possibilidades de produção e o acesso aos mercados dentro e fora do país. Na década seguinte, uma nova etapa da economia rural se iniciou com o fim da escravidão e o florescimento de um setor agrícola mais moderno que negociava um produto com ampla demanda no mundo.

Inicialmente, o governo paulista financiou a vinda de trabalhadores de fora, influenciado pelas ideias eugenistas que pregavam o branqueamento da população. Entre 1870 e 1930, cerca de 4 milhões de europeus vieram morar no Brasil, sobretudo no Sudeste e no Sul, número semelhante ao total de escravizados que foram forçados a deixar a África e trazidos para o Brasil em 350 anos de tráfico negreiro.[4] Como incentivo oficial para a viagem, os migrantes europeus podiam usar parte da terra para cultivar seus próprios produtos. O volume de dinheiro, as novas relações de emprego no campo e um mercado interno mais integrado e dinâmico permitiram o crescimento de uma economia cada vez mais diversificada, liderada pela mesma elite que depois estaria à frente do processo de industrialização no estado.[5]

Os lucros do café fizeram o comando da economia brasileira mudar de mãos. O eixo de desenvolvimento geográfico do Brasil, que durante a colônia estava no Norte e no Nordeste, passou da parte de cima do mapa para a parte de baixo. A população paulista, que era de 1,3 milhão de pessoas em 1890, mais do que triplicou em trinta anos e passou para 4,5 milhões. Sua capital deixou para trás a imagem de cidade provinciana, com 65 mil habitantes, para tornar-se, nos anos 1920, a segunda mais populosa do Brasil, com 580 mil moradores, metade da do Distrito Federal. Apesar de a vanguarda cultural estar no Rio de Janeiro, um dos marcos desse futuro promissor ocorreu no Theatro Municipal de São Paulo, a Semana de Arte Moderna de 1922, e foi tão notável que resistiu por mais de um século no imaginário coletivo nacional, tendo sido objeto de incontáveis debates no ano de seu centenário.

No Brasil moderno dos artistas, a vanguarda deveria devorar o mundo tradicional para produzir uma nova civilização, amalgamando a cultura europeia, africana e indígena, com a pretensão de apontar caminhos para o resto do mundo. Esse sonho de criar uma coletividade que contemplasse o convívio das diferenças perdurou ao longo do século. A realidade, contudo, foi de intolerância e de conflitos entre dois mundos que passaram a conviver nas metrópoles. Um deles, formado por pessoas que precisavam aprender a sobreviver nas cidades, abandonadas à própria sorte. O outro, que tentava alçar o país à modernidade varrendo o passado para debaixo do tapete e apostando no desenvolvimento econômico como solução para a sociedade.

As ondas subsequentes ao processo de urbanização, que investigamos neste livro, seriam decorrência da tensão provocada pela mistura do passado brasileiro com a expectativa de futuro nas cidades. Diante dos desvalidos abandonados no meio do caminho por governos frágeis e ineficientes, a própria sociedade precisou descobrir maneiras de atenuar a miséria e sobreviver. Com o passar do tempo, duas soluções foram adotadas para organizar a vida caótica das cidades: a fé e o fuzil. Quanto à primeira, o fortalecimento da autoridade religiosa é representado pela curva do crescimento dos pentecostais, a partir dos anos 1950. Com relação à segunda, pelo aumento da violência policial e dos homicídios nos bairros urbanos pobres, a partir dos anos 1980, e pela disseminação das facções de base prisional e das milícias, a partir dos anos 1990 e 2000.

A formação do primeiro tsunami, o processo caótico de urbanização do Brasil, está associada à história rural do país, uma espécie de feudalismo empobrecido que antecede a modernização capenga que viria depois. Durante as primeiras décadas da República, os donos de engenhos e casas-grandes herdadas do período colonial e escravista se reinventaram para manter a influência dos coronéis no centro da política nacional. Apoiados pelos governadores da República, eles continuaram fortes com suas milícias formadas por capangas. Travavam disputas violentas com outras parentelas, donas de fazendas vizinhas, mantendo o poder como algo a ser sustentado à base das balas. As rixas transcendiam gerações em rivalidades movidas por ciclos de vingança que se perpetuavam na defesa da honra familiar.[6]

Nos arredores das fazendas, uma população miserável de trabalhadores sazonais sobrevivia vagando pelas grandes propriedades como parceiros, arrendatários ou agregados. Moradores de casas de taipa ou de palha, estavam sujeitos aos favores e à boa vontade dos poderosos numa relação de dependência com eles. Os vaqueiros e tropeiros formavam a chamada "civilização do couro", cuja renda também vinha dos donos de terra e de gado. A maioria das pessoas comia o que produzia em suas roças, como milho, mandioca e feijão. O dinheiro quase não circulava e as alternativas de trabalho eram restritas à terra. A monocultura, a elevada concentração de propriedade, as técnicas de produção ultrapassadas e o mercado incipiente tornavam a fome, a mortalidade infantil e a baixa expectativa de vida alguns dos problemas mais graves da região.

Existia, porém, um legado ainda mais cruel deixado pelo regime escravista: a deterioração do imaginário na relação entre patrão e empregado, entre classes e raças, que transformava o trabalhador braçal em mero objeto, propriedade para produzir riqueza. A cor da pele era um elemento importante na construção do estigma, assim como a baixa educação formal. O uso da violência se tornou sinônimo de autoridade nas relações de poder, como um instrumento para domesticar e criar obediência — quase sempre de pessoas pobres, parcamente alfabetizadas e negras.[7]

No universo agrário nordestino, o catolicismo mediava o duro convívio entre quem mandava e quem obedecia. Legitimava a autoridade dos poderosos, preservava a tradição, fortalecia os laços familiares e de vizinhança por meio dos seus sacramentos e festas. A Igreja viabilizava a caridade, aliviando a consciência dos cristãos que doavam, ao mesmo tempo que diminuía o desespero e criava um sentimento de gratidão dos que recebiam. A Igreja também ajudava o Estado, proporcionando educação nos colégios religiosos, saúde no atendimento das santas casas, ordem por meio da catequização indígena e dos registros de nascimento, batismo, casamentos e óbitos.

O poder girava em torno das paróquias e das fazendas, com os capelães se subordinando aos donos das terras, dependentes dos coronéis para realizar suas obras e festas. Os festejos católicos tinham um papel importante nessa acomodação cultural. Celebravam os santos, reunindo o povo nas praças, em procissões e novenas, como nas festas juninas de são João, são Pedro e santo Antônio, que persistiram como as mais populares do Nordeste. Os santos de devoção e as festas ainda podiam ser associados a entidades indígenas e africanas, resultado do sincretismo próprio do catolicismo nacional, como nas festas de Nosso Senhor do Bonfim e de Iemanjá, em Salvador.

Dessa forma, ao mesmo tempo que legitimava o status quo, paradoxalmente a religiosidade criava a sensação de pertencimento em uma sociedade marcada pelo abandono. Os santos e as entidades animistas tinham um papel importante na relação dos crentes com o sobrenatural. Eles e os fiéis formavam uma espécie de irmandade que se ajudava, com os primeiros prestando favores mágicos aos mais necessitados em troca de promessas, comidas, perfumes.[8] Era uma relação sem cerimônia, que podia ser acessada para resolver problemas como falta de chuva, de comida, cura de doenças, questões sentimentais. As novenas para são José, por exemplo, eram associadas à garantia de chuvas e bonança na lavoura; a imagem de santo Antônio servia para as mulheres arrumarem marido; e as benzedeiras, com suas plantas e rezas, supriam o papel dos agentes de saúde diante de um Estado inexistente.

A Revolução de 1930, liderada por Getúlio Vargas, romperia com as elites agrárias e daria início ao processo de industrialização nacional. Em 1940, durante a ditadura do Estado Novo, Vargas concedeu anistia a todos os cangaceiros que se entregassem, e diversos deles baixaram as armas. O banditismo rural dos cangaceiros contra a opressão do sistema coronelista durou cerca de meio século. Diante da decadência no campo, não havia mais motivos para seguir lutando. Corisco, sobrevivente do bando de Lampião, não quis se entregar e foi executado por uma volante em uma fazenda no município de Barra do Mendes, na Bahia. Era o último da espécie. Depois de sua morte, o cangaço desapareceu do mapa para se eternizar nos livros de história e nos cordéis. Com o fim dessa era, novas ideias começavam a ser sopradas nos ouvidos dos brasileiros, que as escutavam com atenção. A violência redentora e a rebeldia do cangaço, a imobilidade do mundo agrário, o poder das oligarquias e as barreiras para a ascensão social podiam ser deixadas para trás. Outros caminhos para a vida estavam irrompendo e prometiam superação. Bastava comprar um lugar no pau de arara e enfrentar as centenas de quilômetros que separavam o campo das cidades do Sul e Sudeste do Brasil. Surgia uma janela para escapar da jaula que aprisionava os moradores pobres da zona rural a um futuro fadado a ser miserável e violento.

A ideia de botar o pé na estrada, deixar a zona rural para trás e encarar a sorte nos grandes centros começou a influenciar cada vez mais gente a partir dos anos 1930. Além das questões históricas e econômicas, surgia uma nova tecnologia capaz de espalhar pelo ar novas filosofias de vida que seria fundamental para produzir o movimento de massas que aconteceria no Brasil. O desenvolvimento da urbanização, como aponta Sérgio Buarque de Holanda no clássico *Raízes do Brasil*, "não resulta unicamente do crescimento das cidades, mas também do crescimento dos meios de comunicação, atraindo vastas áreas rurais para a esfera de influência das cidades".[9] O rádio e a televisão proporcionariam outras maneiras de sentir e compreender o país, levando a realidade e a identidade urbana, assim como os desejos do mercado de consumo, para os rincões do Brasil.

A primeira transmissão de rádio no Brasil ocorreu em 7 de setembro de 1922, nas celebrações do Centenário da Independência, com um discurso do presidente Epitácio Pessoa. O rádio começou lentamente em grupos e sociedades de amigos que se juntavam nas cidades para ouvir programas vindos da Europa por ondas médias. Em dois anos, já havia clubes de rádio em centros urbanos, como Rio de Janeiro, Recife, Porto Alegre, Pelotas, São Paulo, Belo Horizonte e Belém. Foi somente depois da Revolução de 30, porém, quando Getúlio Vargas assumiu o poder, que o rádio ganhou papel estratégico no processo de integração nacional.[10] As 25 emissoras que existiam nos anos 1920 já tinham se multiplicado e agora eram contadas às centenas, e os políticos souberam aproveitá-las a seu favor. Em São Paulo, na Revolução Constitucionalista de 1932, o rádio já desempenhou um papel relevante na mobilização para a guerra. Em 1935, Vargas criou o programa que ficaria conhecido como *A Voz do Brasil* para ser transmitido em todo o país e que se tornaria obrigatório durante a ditadura do Estado Novo.

No Brasil, os aparelhos de rádio e a oportunidade de comunicação das massas contribuíam para a vigência da ditadura populista de Getúlio Vargas, que permaneceu quinze anos no poder. Também permitiu a disseminação de valores modernos, incentivados pelo governo e pelo mercado. A ideia de o trabalhador ter direitos apareceu com a criação da carteira profissional em 1932. Uma nova forma de nacionalismo também passou a ser valorizada, vinculada ao Estado e aos esportes. Nas Copas do Mundo de 1938 e 1950, a torcida se uniu para ouvir os jogos e torcer por intermédio das ondas de rádio, mesmo meio pelo qual acompanhou o desdobrar da Segunda Guerra Mundial e a participação brasileira ao lado dos aliados contra o nazismo.

Mudanças profundas também ocorreram quanto ao papel que o mercado de consumo cumpria no imaginário coletivo e na formação das identidades individuais. O título de nobreza e o sobrenome, assim como em outras partes do mundo, já não eram mais as únicas réguas que definiam a posição social das pessoas. O poder econômico e o status social passaram a ser medidos pelo poder de compra, que, por sua vez, estaria ao alcance das mãos conforme a disposição de cada um para o trabalho.

A inserção das propagandas de rádio celebrava os novos produtos lançados, atiçando os desejos que passaram a modelar os sonhos dos brasileiros, expostos nas prateleiras das lojas e dos supermercados. Geladeiras da General Electric, automóveis, liquidificadores, achocolatados, refrigerantes, creme dental, remédios, roupas da moda vendidas em lojas de departamentos, entre outros produtos que financiavam a popularização do rádio, também definiam as posições de cada um na pirâmide social.

Nos anos 1940 e 1950, o veículo atingiria sua era de ouro. A Rádio Nacional se tornou um fenômeno cultural, uma das rádios mais potentes do mundo, com antenas para diversas áreas do Brasil e do planeta. Inspirados pelo sucesso de Carmen Miranda na década anterior, surgiram cantores-celebridades que influenciariam comportamentos, como Dalva de Oliveira, Ary Barroso, Orlando Silva, Ângela Maria e Cauby Peixoto.[11] A primeira radionovela do Brasil foi produzida pela Rádio Nacional, com o nome *Em Busca da Felicidade*, em 1941. No mesmo ano e emissora, começou a ser transmitido o *Repórter Esso*, que se tornaria uma das marcas do jornalismo radiofônico nacional. Nos anos 1950, seria a vez de a cultura da televisão iniciar seu percurso vitorioso, seguindo o mesmo modelo de negócio financiado pela publicidade e provocando uma nova onda de mudanças culturais e de hábitos de consumo.

Mesmo numa casinha isolada da zona rural, os moradores passaram a conhecer outras possibilidades de vida e a sonhar com elas. A mensagem das propagandas, as oportunidades para os que estivessem dispostos a trabalhar e a suar a camisa sintonizaram as mentes e abalaram os corações. Uma única verdade parecia seduzir populações de norte a sul do Brasil. O eldorado estava no Sudeste, nas cidades com indústrias, empregos, dinheiro e mercadorias cujo consumo parecia ser sinônimo de felicidade.

A migração começou a se intensificar entre os anos 1930 e 1950, mas não com a mesma dimensão que alcançaria nas décadas seguintes. Em São Paulo, o governo a incentivou porque a agitação revolucionária dos anarquistas e comunistas europeus nas fábricas e nos sindicatos passou a preocupar. A solução foi subsidiar oficialmente as passagens dos migrantes de outros estados brasileiros, mesma estratégia usada anos antes para atrair europeus. Entre as décadas de 1940 e 1980, o fluxo de migração interno alcançou 90 milhões de pessoas.[12]

O crescimento do número de migrantes com destino aos grandes centros explodiu depois dos anos 1950, com o fim da Segunda Guerra Mundial, e se acentuou nos anos 1970. Aproveitando o período de reconstrução da Europa, o Estado brasileiro, presidido por Juscelino Kubitschek, investiu em infraestrutura e atraiu capital estrangeiro para acelerar o crescimento, construindo hidrelétricas, estradas, ampliando portos e ferrovias. O parque industrial se modernizou e passou a fabricar carros, eletrodomésticos, máquinas, equipamentos, produtos químicos, papel, borracha. A construção de novas estradas foi fundamental para a instalação da indústria automobilística, que se concentraria na região metropolitana de São Paulo. A Rio-Bahia, inaugurada oficialmente em 1949, facilitou o acesso rodoviário entre as partes de cima e de baixo do Brasil, em caminhões produzidos em larga escala no país. Paralelo ao crescimento da oferta de empregos e oportunidades no Sudeste, duas grandes secas atingiriam diversos estados nordestinos nos anos 1952 e 1958, ajudando a empurrar para fora os que ainda tinham dúvida em embarcar.

Essa esperança contagiante, cheia de ilusões reproduzidas nos meios de comunicação de massa, alcançou, entre milhões de pessoas, os familiares de Marcelinho, do pastor Edson, de Rosinei Marcos e de Vanderlino, que descobriram nas cidades o real significado de miséria e violência. Era preciso acender novas chamas dentro das pessoas que lutavam nos espaços urbanos para não sucumbirem à pobreza, à base de baixos salários ou sem emprego, morando em bairros pobres, morros, favelas e periferias. Tanto o avanço dos evangélicos pentecostais como o crescimento da violência e o surgimento das facções criminosas de base prisional são consequências das ondas desse novo Brasil urbano. Foram criados novos discursos que reorientaram o comportamento dos que compraram os pacotes de crenças, sagrados ou profanos, para que seus adeptos conseguissem saltar os obstáculos em seus caminhos. Autoridades se formaram à margem do Estado e produziram uma nova ordem fundamental para explicar a realidade brasileira.

6.
Exorcistas

O canadense Robert McAlister era uma pessoa cheia de qualidades. Arrojado, corajoso, cativante e compromissado com sua fé, tinha energia de sobra para comprar brigas, mas também sabia ser diplomático e pragmático em seus objetivos. Suas pregações definiriam o rumo de algumas das principais igrejas neopentecostais que surgiram depois da década de 1970, como a Universal do Reino de Deus, de Edir Macedo, a Internacional da Graça de Deus, de R. R. Soares, e a Cristo Vive, de Miguel Ângelo. Os três pastores foram formados nas fileiras da Igreja Nova Vida, que começou no Brasil em 1960, um ano depois de Robert se mudar para o país. Aprenderam com ele a valorizar o dinheiro nas pregações e a usar o rádio e a televisão para divulgar suas mensagens. Veio de Robert, também, uma ideia contundente: a de que o Brasil não progredia porque era dominado pelo mal, representado pelas entidades da religiosidade indígena e africana. Segundo denunciava, elas se tornaram dominantes em razão da condescendência da Igreja católica no Brasil. Eram os primeiros disparos de uma batalha espiritual para exorcizar dos brasileiros o espírito do atraso e colocar em seu lugar uma alma moderna e disciplinada.

Robert nasceu em 1931, na cidade de London, na província canadense de Ontário, dentro de uma família evangélica. Seu pai, pastor, havia sido superintendente das Assembleias Pentecostais do Canadá, fundadas por seu tio, um dos primeiros a ser batizado pelo poder do Espírito Santo no país, o que lhe conferia o dom de falar línguas estranhas durante o culto. Naquela época, começava a entrar em cena um tipo de manifestação religiosa que tornava a fé mais viva e emocional. Esse estilo de pregação se manifestou pela primeira vez em 1906, numa igreja da comunidade afro-americana de Los Angeles. Era uma alternativa à frieza e ao intelectualismo do protestantismo histórico. O movimento seria chamado de pentecostalismo.

O nome da doutrina faz referência a uma passagem do Novo Testamento, no livro Atos dos Apóstolos, que descreve o Dia de Pentecostes, celebrado pelos discípulos de Cristo poucos anos depois de sua morte. Durante os festejos, segundo a Bíblia, os apóstolos foram tocados pelo Espírito Santo, passando a falar as mensagens de Deus em línguas estranhas. Muitos moradores de Jerusalém vieram ouvi-los, pessoas de diferentes culturas e idiomas, mas todos compreenderam, como se ouvissem a pregação em suas línguas maternas. Era o início da Igreja Primitiva, que daria origem ao cristianismo, com sua mensagem inclusiva destinada a todos os povos e nações.

Convertido aos dezessete anos, Robert ajudaria a levar o pentecostalismo para além das fronteiras do Canadá. Deixou o trabalho burocrático em uma corretora de seguros para, no começo dos anos 1950, se juntar a um grupo de missionários que embarcou para Manila, nas Filipinas, onde pregou e aprimorou suas técnicas de exorcismos. Ele passou por diferentes países até que, em 1958, foi chamado para participar de uma Cruzada Nacional de Evangelização, no Maracanãzinho, no Rio de Janeiro.

O pentecostalismo estava longe de ser novidade no Brasil. O movimento havia se iniciado em São Paulo, liderado por um migrante italiano, Luigi Francescon, que criou a Congregação Cristã do Brasil, ainda em 1910. No ano seguinte, a Assembleia de Deus, fundada pelos migrantes suecos Gunnar Vingren e Daniel Berg, começou suas atividades em Belém do Pará, numa época em que a região ainda era um centro mundial exportador de látex e se beneficiava com o ciclo da borracha. As duas igrejas tinham regras de comportamentos restritivas em relação a roupas, cabelos, consumo de álcool e tabaco, bem como diversões em geral, em oposição à flexibilidade do catolicismo sincrético predominante no Brasil. Seus cultos eram emocionais e cheios de música, já influenciados pelo reavivamento em voga. Os participantes recebiam o Espírito Santo, que podia se manifestar entre os presentes fazendo o ungido falar em outras línguas, como se estivessem possuídos, o que acabava, mesmo que não intencionalmente, convergindo com a tradição de alguns rituais religiosos de matrizes africanas, que têm a presença de caboclos, pretos velhos e pombajiras entre cantorias e tambores.

Entre a primeira e a segunda metade do século, a Assembleia de Deus conseguiu alcançar dimensão nacional, passando de 13 mil integrantes, nos anos 1930, para 400 mil espalhados por todas as regiões, nos anos 1960. Ainda era minoritária, mas o ritmo de crescimento foi bem mais acelerado que o da Congregação Cristã, que também se expandiu, passando de 30 mil integrantes, nos anos 1930, para 200 mil nos anos 1960, boa parte deles concentrada na colônia italiana paulista.[1]

Algumas características das Assembleias colaboraram para sua rápida expansão. Seus fiéis acreditam na salvação individual pelo arrependimento dos pecados e pela escolha de uma vida cristã compromissada com as regras da Igreja. É preciso, antes de tudo, aceitar Jesus para se dar bem na eternidade. Além disso, os assembleianos creem que o fim do mundo está próximo. Por esse motivo, seus missionários precisam salvar o máximo de almas possível antes do Juízo Final. Essa corrida contra o relógio para converter acabou promovendo uma busca mais ativa de almas do que a dos crentes da Congregação Cristã. Com forte influência da teologia calvinista, estes acreditam na salvação como uma graça divina que recai sobre os predestinados; a pessoa já nasce salva e isso se manifesta ao longo da vida nas suas ações. Como os abençoados são escolhidos antes do berço, o sentido de urgência das conversões e dos trabalhos missionários não era o mesmo que o dos assembleianos. A Congregação também era mais resistente às pregações em rádio e tevê.

Aos poucos, contudo, as sementes do pentecostalismo começaram a ser lançadas em um terreno fértil: o ambiente caótico que surgia nas cidades do Sudeste. Depois que o ciclo da borracha entrou em decadência no Pará, nos anos 1920, muitos migrantes nordestinos voltaram para suas regiões de origem e abriram Assembleias em seus estados. Dez anos mais tarde, com a chegada de Getúlio Vargas ao poder e o começo do processo migratório do Nordeste para os centros urbanos do Sul, os assembleianos passaram a abrir igrejas no Rio de Janeiro e em São Paulo. Um dos nomes mais importantes para a popularização das Assembleias foi Paulo Leivas Macalão, filho de um militar gaúcho que se mudou para o Rio. Macalão foi ordenado pelos suecos em 1930, no Rio de Janeiro, e deu um novo perfil à Congregação a partir de uma igreja no bairro de Madureira. Fundada em 1933, ela marcaria um dos principais movimentos da Assembleia, o Ministério Madureira, que teria alcance nacional e ajudaria a popularizar a Igreja. Além de criar templos em diversas cidades do Rio, muitos deles tocados por migrantes nordestinos, Macalão seria um dos principais tradutores dos hinos evangélicos da Harpa Cristã, fundamentais para definir o estilo musical e popular dos cultos nos anos que viriam.

Os resultados apareciam, mas nada que fosse capaz de arranhar a hegemonia do catolicismo brasileiro, religião que ainda alcançava 93% da população nos anos 1960. Os evangélicos se restringiam a 4% da população, cabendo aos pentecostais uma fatia próxima de 1%. Os crentes eram sobretudo associados ao rigor dos costumes, principalmente em relação às mulheres, que não deviam se maquiar nem cortar o cabelo ou usar calças.

Os homens deviam se vestir com sobriedade, sempre de roupa social, carregando suas Bíblias para cima e para baixo. O contexto urbano, apesar de suas mazelas, abria espaço para novas propostas de vida. Com o progresso e o crescente acesso à educação, seria de esperar um aumento da fatia de agnósticos e sem-religião. De fato eles cresceram, mas, ao contrário do que se previa, o avivamento da fé foi ainda mais forte. No começo dos anos 1950, o pentecostalismo já entrava em nova fase, a chamada segunda onda.[2]

Dessa vez, as novidades partiram das capitais do Sudeste. O controle dos comportamentos e a valorização da tradição continuavam rígidos, a glossolalia seguia presente, mas o poder do Espírito Santo passou a ter uma função mais prática e cotidiana ao se revelar nas curas divinas dos pobres das cidades, que dependiam da frágil rede de saúde das metrópoles em formação. Além das curas, o exorcismo, as revelações e os milagres entrariam no foco das pregações. Esses movimentos chamavam a atenção da imprensa, impactada pelas multidões atraídas para os cultos que ocorriam em grandes tendas itinerantes. O surgimento da Igreja do Evangelho Quadrangular, em 1951, marcou o começo dessa fase.

As duas primeiras organizações pentecostais fundadas por brasileiros, egressos da Assembleia de Deus, ganharam destaque nos anos seguintes. Uma delas foi a Brasil para Cristo, criada em 1956 por Manoel de Mello, um pernambucano de Água Preta que tinha migrado aos dezoito anos para São Paulo, em 1947, para trabalhar como pedreiro e servir como diácono da Assembleia de Deus. Manoel mergulhou de cabeça na religião depois que sobreviveu a uma doença no intestino, que acreditava ser fatal. Mudou para a Evangelho Quadrangular e, em seguida, segundo ele, recebeu diretamente dos céus a tarefa de abrir uma nova igreja. Primeiro fez um programa de rádio pioneiro em 1956, chamado *A Voz do Brasil para Cristo*.

Ele centrava sua pregação na cura de doentes, missão que o levou a ser preso diversas vezes por charlatanismo e ao mesmo tempo o transformou em um dos líderes pentecostais mais populares do período.

Mello também foi pioneiro em lançar um olhar estratégico para a política ao identificar a necessidade de eleger membros da própria Igreja para conquistar poder e influência, o que só ganharia impulso com a retomada da democracia nos anos 1980. Os objetivos do estreitamento da relação com o poder, contudo, já começaram a ser traçados no fim da década de 1950. Mello tinha se aproximado do então prefeito Adhemar de Barros Filho e conseguiu um terreno da prefeitura para construir um templo para a Igreja. Em 1959, porém, depois de forte pressão de vereadores e dos católicos, o prédio foi demolido. Em contrapartida, ele lançou dois pastores da Igreja para disputar as duas eleições seguintes: foram eleitos Levy Gonçalves Tavares, deputado federal em 1963, e Geraldino dos Santos, deputado estadual em 1967, sendo ambos reeleitos ao final do mandato.

Já a Igreja Deus é Amor foi criada em 1962 por David Miranda, filho de agricultores que tinham migrado em 1957 de Reserva, no interior do Paraná. Ele chegou em São Paulo aos 21 anos e no ano seguinte converteu-se em uma pequena igreja para depois ingressar nas fileiras da Assembleia. A Deus é Amor também se popularizou via programa de rádio, com mensagens bíblicas e curas divinas, o *A Voz da Libertação*. O papel da cura e dos milagres era tamanho que o pastor realizava seus cultos usando um avental branco, como se fosse um médico.

Recém-chegado ao Brasil, percebendo o ambiente favorável aos pentecostais, Robert McAlister começou seus trabalhos na Igreja Nova Vida em agosto de 1960, pelas ondas da Rádio Copacabana, antes mesmo de aprender a falar bem português. Abrasileirou seu nome e passou a ser chamado de pastor Roberto. O sucesso do programa *Voz da Nova Vida* permitiu que ele alugasse uma sala na Associação Brasileira de Imprensa (ABI), no centro do Rio, para realizar cultos de curas milagrosas, libertação espiritual, encontrar pessoalmente os fiéis e pedir dinheiro.

Foi nesses encontros que Robert conheceu a ialorixá baiana Georgina Aragão dos Santos Franco, que se tornou a personagem principal de seu livro *Mãe de santo: História e testemunho de d. Georgina Aragão dos Santos Franco; a verdade sobre a umbanda e o candomblé*, publicado em 1968.[3] Georgina enfrentou momentos difíceis por causa de uma leucemia, doença que a levou a procurar os cultos da Vida Nova, incentivada por uma amiga que tinha sido curada de um glaucoma. Durante um ano ela esteve dividida, frequentando os cultos evangélicos e o terreiro, até que finalmente se converteu. Georgina demorou cinco anos para começar a dar seus testemunhos, tempo imposto por Robert para se certificar de que a cura da doença e sua conversão eram reais.

Georgina contaria sua história no livro já a partir do filtro pentecostal. Ela vinha de uma família tradicional do candomblé na Bahia e chegou ao mundo pelas mãos de uma parteira que, no mesmo instante, a marcou com escarificações no braço, definindo seu futuro: "Esta menina tem de ser mãe de santo. Não poderá fugir nunca a esse destino". Aos nove anos, Georgina começou seus contatos com o candomblé. Veio depois a iniciação e mais tarde a vida como mãe de santo e cartomante no Rio. Por muitos anos, segundo ela própria, viveu experiências inacreditáveis e até mesmo "repugnantes" impostas pelos guias. "Quão cega eu era, durante tantos anos, em pensar que estava servindo a Deus e ajudando o meu próximo, quando na verdade, estava fazendo o jogo que o diabo quis: escravizando-me à vontade dos orixás e fazendo serem escravos todos os que eu tentava ajudar."[4]

A publicação do livro ia muito além da história pessoal da conversão de Georgina. Robert, leitor de Jorge Amado, começava a estruturar o pensamento em que jogava a culpa dos males brasileiros nos demônios das religiões de matrizes africanas. Ele dizia ter descoberto que a presença desses diabos era justamente a causa da pobreza e do atraso brasileiro.

> [...] comecei a usar o nome de Jesus em oração para libertar os oprimidos desses caboclos e orixás que nada mais são do que os espíritos malignos e demoníacos. Hoje reconheço no Candomblé e na Umbanda a maior ameaça espiritual jamais enfrentada por um povo. [...] Que Deus salve o Brasil dessa praga, que Deus liberte o povo que merece bem mais do que estar sobre os laços, humanamente inquebrantável, do poder de satanás.[5]

Robert condenava a condescendência do catolicismo com essas religiões, que definia como "satânicas".

> O povo precisava de ajuda para resolver os seus problemas e a Igreja [católica] falhou. O povo precisava de cura e a Igreja negou. O povo precisava de conforto e a Igreja não tinha para dar. O povo queria uma crença que lhe satisfizesse a sede e fome de ver alguma coisa real e a Igreja só teve para o alimentar palavrório vazio e não o poder transformador do Evangelho. Sim, à Igreja cabe levar grande parte da culpa pelo crescimento fantástico do espiritismo no Brasil. Mas acima de tudo isso, eu vejo uma conspiração satânica a oprimir milhões de pessoas com os poderes do inferno. Depois de falar com centenas delas, vítimas dessas forças malignas, eu vejo em tudo isso a mão do diabo que ainda hoje vem para roubar, matar e destruir a humanidade.

Cabia aos pentecostais iniciar a purificação da alma do povo brasileiro pela conversão e pelo exorcismo.

A perseguição às religiões de matrizes africanas sempre fez parte da história do Brasil, apesar das acomodações e do sincretismo. A mistura de crenças no catolicismo popular foi uma forma diplomática que a maioria dos negros e indígenas encontrou para continuar adorando suas entidades sem confrontar diretamente as imposições da Igreja católica. Em 1890, contudo, depois da abolição da escravidão, o primeiro código penal republicano institucionalizou a perseguição a determinadas práticas ao proibir, no art. 157, "o espiritismo, a magia, o uso de talismãs e cartomancias para despertar sentimentos de ódio e amor, inculcar curas de moléstias curáveis e incuráveis". A liberdade religiosa, porém, era garantida no ambiente privado, e os terreiros continuavam fortes nas cidades. Era impossível barrar uma tradição de séculos pelas letras frias das leis republicanas, ameaça de violência ou punição autocrática. Mas a polícia bem que tentou, principalmente durante o Estado Novo, em que prendeu diversos religiosos durante cerimônias em seus terreiros.

Enquanto o Estado tentava bloquear a crença popular pelo uso da lei e da força, os pentecostais agiam de forma esperta e eficaz. Eles reprogramavam a crença dos brasileiros pela conversão, adequando os valores e costumes do povo ao contexto urbano, mas sem negar a tradição nem bater de frente com a moralidade do establishment. A transformação vinha do andar de baixo sem confrontar o de cima. Segundo Robert em suas pregações, a religiosidade popular tradicional, como a umbanda e o candomblé, devia ser reafirmada. Essas entidades espirituais existiam, mas a representação que ele fazia dos orixás, caboclos e guias se destacava por identificá-los com o mal. A ação do diabo não era meramente metafísica; ela também era prática: sua influência produzia doenças físicas e mentais, estimulava a perversão sexual, a maldade, a ambição, a violência, roubos, assassinatos, entre outros males que ameaçavam o convívio nos bairros em formação dos grandes centros urbanos.

A presença do diabo no mundo ajudava a explicar o caos das cidades, e os pentecostais indicavam os caminhos para livrar-se dele. O primeiro passo era ir a uma igreja em que se prega o Evangelho de Cristo, aceitar Jesus como salvador pessoal e nunca mais voltar a um centro ou terreiro. Em seguida, fazer amizade com outros integrantes de igrejas, comprar uma Bíblia, ler o livro com atenção, orar diariamente em conversas com Deus e espalhar o testemunho de sua transformação para os demais.

Nem tudo era proibição. A Igreja pentecostal começava a ficar cada vez mais aberta às maravilhas do mercado. O dinheiro devia ser valorizado, em vez de condenado. Próximo da classe média da zona sul do Rio, Robert criticava a teologia do sofrimento que marcava o pentecostalismo assembleiano, acusando-o de valorizar a pobreza e ansiar pela salvação e felicidade apenas na eternidade. A prosperidade, ele defendia, devia ocorrer durante a vida. O dinheiro era uma bênção, quando voltado para as obras de Deus, não uma maldição. Em sua Igreja, mulheres podiam usar maquiagem e vestir calças. Rádio e televisão também deixaram de ser proibidos. Mesmo sem abraçar a Teologia da Prosperidade, que já começava a ganhar força nos Estados Unidos, Robert tinha uma postura ativa quanto à arrecadação do dízimo para sua Igreja, fundamental para o crescimento do seu ministério.

Durante os cultos, ele pedia aos fiéis que entregassem o dízimo em suas mãos, em vez de delegar a missão aos diáconos. Robert desafiava os crentes do púlpito: "Quem pode doar mil? Quem pode doar quinhentos?", enquanto via as filas sendo formadas para entregar-lhe o dinheiro. Não ficava constrangido e justificava a cobrança com citações bíblicas. Ele desenvolveu uma teologia financeira que, anos depois, descreveria no livro *Dinheiro: Um assunto altamente espiritual*. Livre de culpa, misturando curas divinas, exorcismo e autoajuda, em 1967 ganhou

10 mil dólares de doação de uma seguidora norte-americana e com o dinheiro tornou-se o primeiro religioso a comprar uma emissora de rádio para divulgar suas pregações, a Rádio Relógio. Em 1973, criou o primeiro programa evangélico da televisão brasileira, transmitido pela TV Rio e apresentado pelo pastor Tito Oscar, iniciando o tele-evangelismo no Brasil, que cresceria durante a década de 1980.

Robert fazia sucesso, mas nada que o tornasse figura conhecida além dos círculos evangélicos. As pessoas bem-educadas da cidade não davam bola para seus exercícios de interpretação bíblica, que mais pareciam crendices exóticas, e ele também era criticado pelos protestantes históricos, que o acusavam de promover heresias. As chances de essas ideias se disseminarem em uma país majoritariamente católico pareciam nulas, mas ele havia encontrado uma chave de interpretação que, com o tempo, faria sentido para muita gente. O novo pensamento pentecostal estava crescendo, sendo difundido de boca em boca ao aplacar sentimentos confusos. Ele explicava os desejos e as revoltas individuais frente à miséria e à falta de oportunidades, culpando o diabo. Ao fazer isso, apontava caminhos para os pobres se aceitarem, se transformarem, ganharem dinheiro, tornarem-se consumidores e serem respeitados. O espírito amaldiçoado que havia sido herdado da tradição no campo deveria ser transformado pelo espírito moderno do cidadão de bem. O pobre precisava aprender a ter autocontrole, a ganhar dinheiro e pertencer a uma rede de apoio de iguais, porque o contexto urbano era implacável com os duros e solitários.

Durante os 21 anos da ditadura militar, entre 1964 e 1985, as principais denominações apoiaram o regime, com algumas exceções de evangélicos que participaram de grupos guerrilheiros e campanhas pela redemocratização. De forma geral, para esses grupos, as autoridades constituídas deviam ser obedecidas. Muitos pastores justificavam essa postura de subserviência através da Bíblia, citando Pedro 2,13-15, que diz: "Em atenção ao Senhor, submetam-se a toda instituição humana: seja ao rei como soberano, seja aos governadores como enviados deles para punir os malfeitores e premiar os que fazem o bem". Além disso, nessa época, a Igreja católica assumira a dianteira na influência e conscientização dos pobres por meio das Comunidades Eclesiais de Base e da Teologia da Libertação, que direcionavam a luta para a mobilização coletiva contra o autoritarismo do Estado e denunciavam o descaso governamental com as políticas sociais.[6]

Depois dos anos 1980, com a volta da democracia, as ideias bíblicas foram retrabalhadas por outros pastores, dando origem à chamada terceira onda. Era a vez do neopentecostalismo, que, voltado ao sucesso individual medido pela capacidade de consumir e de acumular dinheiro, teria enorme influência na formação de uma cultura gospel pop. Mesmo não tendo criado uma interpretação que viria a ser predominante, os neopentecostais influenciaram outras denominações que competiam no mercado de crenças. A ideia dos católicos de organizar o povo e cobrar os governos perdia força para uma fé que empoderava o crente na competição acirrada por dinheiro e sobrevivência nas cidades.

O bispo Edir Macedo e seu cunhado Ronildo R. Soares, dois dos fundadores da Universal, seguiram o bispo Robert McAlister entre os anos 1960 e 1975 e ajudaram a promover a explosão neopentecostal que tomaria o Brasil de assalto nos anos 1980. Macedo, um pastor altamente vocacionado, sabia dialogar com as massas e oferecer o que parte delas buscava. Seu estilo exaltado passava a impressão de que seu sucesso e o dos que o seguiam representava uma revanche, uma fúria que também era força, que ele fazia questão de exibir para todos.

Assim como a maioria dos líderes carismáticos, Macedo tinha origem simples. Teve uma vida dura, não do ponto de vista econômico, já que ele e seus seis irmãos não chegaram a passar fome, apesar de terem sido pobres. O pai deles, Henrique Francisco Bezerra, havia migrado de Penedo, no semiárido alagoano, para trabalhar em fazendas de café no Rio depois que Getúlio assumiu o poder. Aos 32 anos ele conheceu sua esposa, Eugênia, com dezesseis, em Rio das Flores, no interior do estado, onde criariam seus filhos. Henrique era inteligente, autodidata e exercia sua autoridade de maneira firme sobre as crias.[7]

O maior problema de Macedo era a baixa autoestima por conta de uma deficiência hereditária na mão esquerda; seu dedo indicador é fino, e o polegar, comprido demais, se movimenta mal. Na infância, a formação defeituosa lhe rendeu o cruel apelido de Dedinho. "Eu era o patinho feio da família. Tinha a sensação de que tudo o que eu fazia dava errado: era pipa cortada, eram os balões que pegavam fogo. Às vezes eu me sentia um estorvo", recorda.[8] Ele cresceu com forte complexo de inferioridade, mas sempre se interessou por temas espirituais. Era católico e chegou a frequentar centros espíritas três vezes por semana, onde tentou, sem sucesso, curar suas verrugas. A conversão pentecostal começou numa Semana Santa, na cerimônia de celebração do Cristo Morto, quando, ao ver a estátua de Jesus estendida no chão com devotos orando em volta, se perguntou: "Quem precisa mais de ajuda: ele ou eu?".

Macedo queria um Deus mais presente em seu dia a dia e passou a frequentar a Igreja Nova Vida depois que sua irmã mais velha, Elcy, contou ter sido curada da asma ao ouvir o programa da Igreja no rádio. Ele acompanhou a irmã e seguiu por doze anos frequentando os cultos do pastor Roberto. A decisão de iniciar seu ministério foi tomada em outra explosão de fúria, quando Viviane, sua segunda filha, nasceu em 1975 com lábio leporino. "Sua fisionomia era terrível. Eu imaginava o sofrimento que seria o crescimento dessa criança. Eu sabia o que era ser defeituoso. Imagine ela, então menina, certamente vaidosa... Não, não queria. Preferia sua morte." Ele se lembra de esmurrar a cama do hospital, chorar com a esposa e sentir queimar um fogo incontrolável dentro de si. Foi quando decidiu fazer uma promessa para si mesmo. "Determinei que a partir daquele momento iria deixar minha igreja e ajudar pessoas sofridas como eu."[9] Foi quando começou a surgir o comandante que lideraria a vingança dos humilhados contra o mundo.

A Universal foi criada em 1977, dois anos depois que Macedo e seu cunhado R. R. Soares deixaram a Vida Nova. Soares rompeu com Macedo em 1980 e abriu a Igreja Internacional da Graça, que também atraía muitos fiéis. Eles dobraram a aposta de Robert: deram asas à criatividade para combater as religiões de matrizes africanas e convencer seus seguidores a colaborarem com o financiamento de suas novas igrejas definindo um novo modelo de competição por clientes que acabaria agitando o mercado das crenças. Assim como nos ensinamentos de Robert, a Universal partia da cosmovisão das religiões de matrizes africanas, reconhecia suas entidades e mandingas. A proximidade da religiosidade popular promovia o trânsito entre o mundo tradicional e o moderno. No entanto, na Universal o sincretismo era assumido para dar sentido à guerra espiritual e combater tudo o que não era cristão.

Com Macedo e Soares, a batalha contra os demônios ganhava contornos épicos. Macedo combatia com a garra e a certeza dos humilhados. O mal estava à espreita, dentro e fora de cada um, nos indivíduos e no mundo, e era necessário bloquear os sentimentos que levavam as pessoas a pecar. A herança cultural do mundo rural era a culpada e precisava ser exorcizada; nesse sentido, os pentecostais usavam o preconceito vigente na sociedade a seu favor. Se a tradição popular brasileira e seus espíritos eram a causa dos tormentos individuais, Cristo era a cura. Uma mensagem direta e sedutora, capaz de transformar a mente e o comportamento dos crentes de diversas denominações, mesmo dos grupos iletrados e miseráveis que também sonhavam em ascender socialmente e ser reconhecidos no ambiente urbano. O renascimento em Cristo era o caminho e podia transformar vidas como as de Marcelinho e do pastor Edson, de ex-criminosos, ex-prostitutas, ex-viciados e ex-macumbeiros.

Funcionava como uma espécie de reeducação-relâmpago, como o próprio Macedo chegou a explicar em uma entrevista. "Não sou um líder religioso. Não fundei uma igreja, fundei uma escola, fundei uma universidade que ensina a vida, os caminhos da vida, os caminhos da salvação, da eternidade."[10] A pregação não ocorria somente pela palavra, mas também por encenações, como a dos rituais de exorcismo em que o diabo possuía o corpo dos fiéis durante os cultos e chegava a ser entrevistado pelos pastores. Havia magia de sobra nos ritos e ainda era possível se proteger do mal, retirar encostos, fechar o corpo e espantar mau-olhado com uma série de produtos oferecidos nas lojinhas, como sal do mar Morto, óleo do monte das Oliveiras, água do rio Jordão, espadas, cruzes, chaves e outros objetos que têm poderes mágicos para os que creem. Em rituais de descarrego, pastores usam galhos de arruda molhados em uma bacia de água fluidificada e sal. No Dia de Cosme e Damião são distribuídas balas ungidas para cortar o efeito dos doces dados nos terreiros. O acarajé, que no candomblé é uma oferenda a Iansã, é substituído por bolinhos de Jesus preparados por evangélicas convertidas.

Anos depois, em 1988, Macedo sistematizaria e colocaria no papel seus ataques às religiões de matrizes africanas no livro *Orixás, caboclos e guias: Deuses ou demônios?*, que se tornaria um fenômeno e venderia 4 milhões de exemplares. A resposta à pergunta do título está escancarada em todas as páginas do livro, que atualiza a guerra santa do livro de McAlister e torna a caça aos demônios uma tarefa cotidiana e central. Uma luta, sobretudo pessoal, do crente contra seus próprios desejos. Entre inúmeras pérolas, Macedo cita os sintomas da possessão demoníaca, que, se levados ao pé da letra, são reconhecíveis em quase toda a população. Segundo o autor, o diabo se manifesta por meio de nervosismo, dores de cabeça constantes, insônia, medo, desmaios ou ataques, desejo de suicídio, doenças de que os médicos não descobrem as causas, visões de vultos ou audição de vozes, vícios e depressão.[11]

Na obra, a presença do diabo na vida é comprovada por trechos da Bíblia que descrevem como ele pode operar através de terceiros: no Gênesis, na serpente que tenta Adão e Eva; em Isaías, no rei da Babilônia; ou em Ezequiel, no rei de Tiro. Na contemporaneidade, além de agir por intermédio de entidades, o diabo pode possuir animais e até mesmo vírus e bactérias para provocar doenças. O mundo é muito perigoso por culpa de satanás e, por isso, além da batalha pessoal contra os próprios desejos, a luta também descamba para o lado de fora. A cidade tem inúmeras armadilhas, e o crente precisa firmar um pacto com Deus para sagrar-se vitorioso, fazer alianças com o sagrado, como fizeram reis e profetas em diversas passagens do Velho Testamento, com um Deus que dava mas também exigia em troca. Em casos como o de Noé com sua arca e de Josué e as muralhas de Jericó, o escambo é evidente. O Deus poderoso assume o papel de pai, exercendo sua autoridade vertical, mas também age como parceiro, em uma relação horizontal, fazendo mágicas, curas e milagres financeiros. "A vida é uma guerra e só vence aquele que tem fé. Nessa vida, ou você mata ou você morre, ninguém vai pra guerra com um violino, ninguém leva debaixo do braço um violão. Na guerra ou você vence ou você é vencido", sentencia Macedo.[12]

Todavia, o sucesso, no conceito do pastor, dependia do dinheiro, sinônimo de poder. A Teologia da Prosperidade seria pregada de forma escancarada, usando o vil metal para mediar a relação entre os crentes e o sagrado. Quanto mais o fiel doava, mais recebia de volta dos céus. "A teologia da miséria é a teologia do diabo", resumiu Edir Macedo, que nunca se constrangeu em falar de dinheiro. "Com Deus, meu caro, essa é a nossa fé, ou você está com ele por toda eternidade, entrega sua vida, assume sua fé, ou desce para o inferno e não tem solução", justificou. Em resumo, como ele próprio disse, com Deus, "ou dá ou desce", ou mete a mão no bolso para dar o dízimo ou tchau, pode ir dar seu abraço no capeta.

Essas afirmações soavam ofensivas e oportunistas para uma elite urbana formada na tradição do catolicismo, do protestantismo histórico e até dos pentecostais. Na grande imprensa era relacionado a charlatanismo; os pastores eram acusados de manipuladores, como se os crentes fossem ignorantes indefesos que estavam sendo financeiramente lesados. O senso comum era arrogante e não escondia o menosprezo pela inteligência dos fiéis, o que diminuía a capacidade de enxergar a grandiosidade do que estava em curso: a formação de um novo tipo de ordem, vinda de dentro, emergindo do seio da sociedade civil, por uma autoridade que se respaldava no sagrado e não dependia do uso da força física para se legitimar.

A assertividade da Igreja Universal para apontar caminhos e acumular recursos fez com que batesse recordes de arrecadação, o que lhe permitiu comprar a segunda maior emissora de TV brasileira, a Rede Record, em 1989. Finalmente, tinha a chance de divulgar uma contranarrativa ao preconceito que vigorava na grande imprensa. Ela também passou a interferir diretamente na paisagem urbana, com a construção do Templo de Salomão, no ano de 2014, em pleno centro de São Paulo, uma igreja-ostentação para 10 mil pessoas, a um custo de quase 700 milhões de reais. A Igreja Universal se tornou uma potência com 17 mil pastores e mais de 12 mil igrejas no mundo, assumindo a terceira posição entre as maiores denominações evangélicas brasileiras, atrás da Assembleia de Deus e da Batista. As brigas de Macedo, contudo, causaram problemas para si próprio e sua organização. Ele chegou a ficar preso por onze dias em 1992, acusado de charlatanismo; a venda de seu livro sobre as religiões de matrizes africanas foi suspensa pela Justiça em 2005, mas depois liberada; ele foi alvo de denúncias por lavagem de dinheiro e formação de quadrilha, que não prosperaram. Seu radicalismo e sua livre interpretação dos ensinamentos bíblicos também o tornaram alvo de duras críticas no meio evangélico e fizeram com que sua Igreja perdesse fiéis nos últimos levantamentos censitários.

A Universal, no entanto, sacudiu o mercado da fé ao definir os termos da competição por fiéis, que ficaria cada vez mais acirrada: o sofrimento estava fora de moda. Mesmo criticada, construiu uma autoridade que se legitimou, enfrentou a resistência do Estado, da Justiça, da mídia, das grandes empresas, da Igreja católica e dos próprios pares, avançou sobre seus rebanhos e se tornou uma grande empresa de comunicação. A autoimagem brasileira, que mistura novelas da Globo, samba, futebol e catolicismo, ganhou um discurso concorrente, forjado pelos pobres em luta. A nova verdade, de tão exagerada e irreal, transmitia a mensagem de forma didática, contava com a credulidade dos que precisavam acreditar e se espalhava rapidamente, como um meme pré-internet.

7.
Exterminadores

Poucas imagens simbolizam tão bem as mudanças que aconteciam no Brasil dos anos 1950 e 1960 como o assassinato de José Miranda Rosa, o Mineirinho, morador do Morro da Mangueira. Famoso nos jornais do Rio de Janeiro, ele era acusado de diversos assaltos e homicídios, fugiu do manicômio judiciário e, caçado pelos policiais cariocas, foi executado com treze tiros em maio de 1962. Sua morte causou uma mistura de alívio e revolta.[1] A ex-capital do país vivia momentos agitados. Dois anos antes, em 1960, a cidade havia perdido o posto de distrito federal para Brasília, restando um imenso vazio que a obrigava a se reinventar. São Paulo era a principal economia do Brasil, e o Rio ainda continuava na vanguarda da cultura nacional. A Bossa Nova iniciava seu reinado ao juntar compositores dos morros a jovens de classe média influenciados pelo jazz, como se modelasse um futuro original. A chegada em massa dos migrantes e o crescimento das favelas, contudo, já provocavam tensões. As igrejas pentecostais recém começavam a descobrir alentos para os que chegavam. Tudo parecia acontecer em ritmo acelerado, sem planejamento, movido por improviso, medo e paixão.

O assassinato de Mineirinho foi uma tentativa de os policiais mostrarem que tinham pulso firme e podiam assumir as rédeas de uma sociedade sem rumo. Seu corpo frágil e negro, aos 28 anos, era a imagem de alguns dos medos que assombravam os moradores da cidade. Muitos, apavorados pelas manchetes dos jornais populares, temiam dar de cara com o facínora e seu bando pelas ruas do Rio, que, por sua vez, transbordava de pessoas parecidas com ele: a mesma cor de pele, sem educação nem perspectiva, morando nos morros, tentando sobreviver numa realidade que exige dinheiro para não deixar morrer. As notícias de roubos eram recorrentes na imprensa e estavam sempre associadas aos moradores das favelas. A imagem do malandro, figura que usa da esperteza para levar vantagem, estava sendo substituída pela do bandido, capaz de matar por dinheiro.[2] Em vez da lábia e do jogo de cintura, a violência.

A morte de Mineirinho foi um marco desse novo mundo em ebulição. Entrou para os anais da literatura brasileira pelas mãos da escritora Clarice Lispector, que intuiu no assassinato um sinal dos novos tempos. Em junho de 1962, indo contra a corrente dos que celebravam a execução, ela escreveu a crônica "Um grama de radium — Mineirinho", publicada na revista *Senhor*, em que narrou o horror que sentiu e o que pensou ao ler sobre o assassinato.

Mas há alguma coisa que, se me faz ouvir o primeiro e o segundo tiro com um alívio de segurança, no terceiro me deixa alerta, no quarto desassossegada, o quinto e o sexto me cobrem de vergonha, o sétimo e o oitavo eu ouço com o coração batendo de horror, no nono e no décimo minha boca está trêmula, no décimo primeiro digo em espanto o nome de Deus, no décimo segundo chamo meu irmão. O décimo terceiro tiro me assassina — porque eu sou o outro. Porque eu quero ser o outro.

Anos depois, em 1977, em sua última entrevista antes de morrer, Clarice diria que o texto sobre Mineirinho era o preferido entre todos que publicou. Ela depois explicou sua motivação e a indignação com o assassinato: "Foram treze balas, quando uma só bastava; ele era devoto de são Jorge, tinha namorada e me deu uma revolta enorme. Eu me transformei no Mineirinho, massacrado pela polícia. Qualquer que tenha sido o crime dele, uma bala bastava. O resto era vontade de matar. Era prepotência".[3] Olhando em perspectiva, os treze tiros em Mineirinho foram, de fato, um ponto de inflexão. Começava a se consolidar nas cidades em crescimento uma ideia forte, que iria contaminar as instituições e parte da população urbana: a de que a violência física podia ser um meio de produzir ordem e ensinar os desobedientes que chegavam a respeitar a lei. Consolidava-se a crença de que os homicídios serviam como um instrumento para lidar com o atraso brasileiro. Entravam em cena os esquadrões da morte.

Enquanto os religiosos apostavam na vida, a solução dos matadores era a morte. Os primeiros exorcizavam demônios ou reformatavam as mentes pecadoras. Os segundos agiam para limpar as ameaças da face da Terra, identificadas na figura dos bandidos. A fórmula parecia mágica: eliminar fisicamente o perigo do mapa tornava a cidade mais segura e, ao mesmo tempo, servia como lição de que era necessário respeitar as regras — caso contrário entraria em ação uma autoridade que mata desobedientes pobres. Numa prepotência diabólica, os matadores tomavam as leis em suas próprias mãos para diminuir o medo geral e proteger os que deviam se sentir seguros.

Nas sociedades democráticas, as polícias funcionam como o braço armado do Estado. São usadas para preservar direitos e garantir a vigência de um contrato coletivo que pretende promover solidariedade. A polícia e a Justiça servem para preservar a paz interna, não para promover guerra. No Rio de Mineirinho, porém, representantes da polícia assumiram o papel de soldados na defesa de uma parte da população em batalha contra a outra. Os inimigos estavam entre os que migravam carregando estigmas, de classe e de raça, suficientes para ser considerados suspeitos. Em vez de educar e integrar os novos moradores que chegavam, era mais fácil eliminar os que não se adaptavam.

O incômodo pelo convívio era visível na arquitetura das cidades, que ergueram muros nas escolas, nos shoppings, no transporte público, nos condomínios. Assim como ocorria no campo, os migrantes e seus descendentes, depois de se aventurarem na arriscada jornada em busca de seus sonhos, encontraram nas cidades as velhas barreiras de sempre, que os impede de ascender e sair da miséria, nubla seus horizontes, determina seus destinos, deixando-os fadados à humilhação, à gratidão subserviente ou à revolta individual e violenta pela carreira no crime.

Essa couraça invisível entre as classes, avessa à empatia, também foi captada por Clarice, que criaria uma segunda imagem nacional icônica em seu livro *A paixão segundo G. H.*, publicado dois anos depois da crônica sobre a morte de Mineirinho. Os trabalhos se completavam para revelar a alma de uma sociedade imatura e angustiada. A crise existencial da personagem G. H., uma artista de classe média alta do Rio de Janeiro, ocorre quando ela entra no quarto de Janair, a empregada doméstica que trabalhara durante seis meses em sua casa até pedir demissão. A protagonista esperava entrar em uma caverna escura, abafada, suja, mas encontra um quarto mais limpo do que sua própria casa. Na parede, desenhada, estava a figura de uma mulher, um homem e um cachorro, feita em carvão, como uma pintura rupestre. G. H. entendeu aquilo como um recado deixado pela doméstica. "Janair me odiara. Havia anos que eu só tinha sido julgada pelos meus pares e pelo meu próprio ambiente que eram, em suma, feitos de mim mesma e para mim mesma. Janair era a primeira pessoa realmente exterior de cujo olhar eu tomava consciência." A patroa se surpreende ao se dar conta da existência de alguém que até então ela não havia enxergado, nem reconhecido como igual. Janair era invisível, uma pessoa com quem ela não se relacionava por vê-la como um objeto a seu dispor. A vingança na parede e o ódio de Janair resgataram sua humanidade.

Enxergar o outro como objeto, extrair sua alma, foi condição para uma sociedade tolerar a escravidão e, depois, aceitar o assassinato de parte da população nas cidades. A ausência de empatia transpassava o ambiente urbano de forma imperceptível, mas generalizada. Em mim, assim como em G. H., ela também se revelou em um susto, que levei no começo dos anos 1990, quando estava na faculdade. Na infância, eu tinha sido criado com a ajuda de empregadas domésticas porque, além de fazer parte da classe média brasileira, minha mãe faleceu quando eu ainda era muito novo. Minha relação com elas sempre foi intensa, e doar minhas roupas e sapatos aos seus filhos fazia me sentir um benfeitor.

Até que passei a ouvir rap na Rádio Metropolitana, no programa *Rap Brasil*. O movimento hip-hop começava a se popularizar e suas músicas a tocar nas rádios comerciais, pedidas pelos jovens da minha idade, moradores das periferias de São Paulo. Pela primeira vez eu escutava seus desabafos, numa relação de igualdade. Em uma das letras, o MC canta sobre as roupas velhas que recebia dos patrões da mãe. Ele diz que sentia raiva, sentia-se humilhado com a doação vinda dos exploradores que o fazia crescer longe da própria mãe. Levei um susto. Havia um ódio afiado nas letras, uma subjetividade masculina e periférica que estava sendo inventada, e a verbalização da raiva me fez enxergar uma outra cidade formada por jovens rebeldes, indignados com pessoas da minha classe e cor. Assim como G. H., a agressividade me fez reconhecer uma humanidade que até então eu não via, porque me colocava, ainda que sem perceber, numa posição de superioridade.

Esse desconhecimento ajuda a entender como, a partir dos anos 1960, instalou-se uma guerra contra os moradores de morros, favelas e periferias. Uma guerra que parte da sociedade brasileira aprendeu a tolerar, contra os bairros que consideravam perigosos. Nas páginas de jornal e nos programas de rádio, policiais, esquadrões da morte, justiceiros e grupos de extermínio eram descritos como mocinhos, representantes do bem na luta contra criminosos. Ninguém se chocava com o aumento das mortes e a ação truculenta da polícia, que dispensavam investigações e punições como se as vítimas fossem culpadas do destino fatal.

Apesar da dificuldade de obter dados históricos sobre a cena de violência da época, ao longo das minhas pesquisas fiz um levantamento que remonta a um século de homicídios na cidade de São Paulo e esses números me permitiram identificar o instante em que o comportamento violento se tornou contagioso.[4] As tensões existiam desde que a cidade começou a crescer, com o aumento das exportações de café e a chegada dos migrantes da Europa. Na primeira metade do século passado, as agitações eram sobretudo políticas, ligadas às paralisações e greves anarquistas no começo do século e aos conflitos com o governo federal, como a revolta de 1924, que levou o presidente Arthur Bernardes a bombardear os bairros da Mooca, Belenzinho, Cambuci e Ipiranga com aviões.[5]

Em relação à segurança pública, porém, a situação era mais tranquila no período. Brigas de faca, assassinatos e crimes patrimoniais aconteciam, mas no geral as ruas eram tidas como um ambiente seguro. Do começo dos anos 1910 até os 1960, os homicídios rondavam em torno de cinco casos por 100 mil habitantes, o que era mais do que em países ricos, mas nada comparável ao que aconteceria no futuro. Os assassinatos envolviam, principalmente, tragédias pessoais de familiares e amigos dos assassinos, que matavam por ciúmes, inveja, ódio, em conflitos relacionados à defesa da honra pessoal ou familiar. O crime ainda não era uma carreira consolidada, com suas próprias regras e quadrilhas, voltada para uma classe disposta a se sujeitar a esses riscos.

As motivações desses crimes foram identificadas em levantamentos como o realizado pelo historiador Boris Fausto, em seu clássico *Crime e cotidiano*, no qual ele analisou 270 processos de homicídios em São Paulo entre os anos de 1880 e 1924. Em 32% dos casos a família era o eixo central dos assassinatos, e, em geral, os homicidas tinham relação próxima com as vítimas: eram parentes (14%), vizinhos (9,7%), parceiros de negócios (6,6%), amantes (5,4%), amigos (11,6%) ou namorados (2,7%). Como as motivações eram privadas, os corpos quase sempre estavam dentro das casas quando a polícia chegava.

Eram homicídios entre iguais, pessoas com origens culturais semelhantes, e, por isso, geravam enorme indignação e trauma. Homens que viam mulheres como objetos e as matavam por temer perder sua posse, o que, inclusive, era legalmente aceito se realizado como forma de defesa da própria honra. A investigação e a punição eram simples porque muitos homicídios tinham testemunhas, pessoas que sabiam dos rumores e das fofocas relacionadas aos conflitos. Os crimes não eram premeditados; costumavam ocorrer como efeito de explosões súbitas, e alguns se arrependiam deles imediatamente. De 74 feminicídios localizados na imprensa da época, 24 foram seguidos pela tentativa de suicídio do autor — destas, dezesseis foram bem-sucedidas. Os assassinos eram abominados socialmente, vistos como maldosos, pecadores, loucos, egoístas, inconsequentes, monstros, verdadeiros párias que deveriam mofar isolados por não conseguir conviver com o próximo.

A situação em São Paulo se transformou a partir dos anos 1960, quando os homicídios passaram a se multiplicar, como se fosse um comportamento contagioso. Os casos quase dobraram entre 1960 e 1970, indo de seis para dez casos por 100 mil habitantes. Chegaram a dezessete por 100 mil nos anos 1980, década em que explodiram, e alcançaram 45 por 100 mil em 1991. O ponto mais alto da curva é o ano de 1999, quando São Paulo bateu os 65 casos por 100 mil habitantes, posição que a colocou entre as cidades mais violentas do mundo. Entre 1960 e 1999, o aumento acumulado de homicídios ultrapassou 900%. Era uma mudança comportamental relevante, decorrente do convívio entre dois mundos que não dialogavam, que não se reconheciam em sua humanidade. A curva de homicídios revelava uma transformação moral, que tornara corriqueiro um dos grandes tabus das civilizações.

Os homicídios eram justificados e defendidos para determinadas circunstâncias e grupos porque eram considerados um instrumento de controle e de produção de ordem pública. Diante da inexistência de empatia e diálogo entre os mundos, a violência era usada como remédio amargo para proteger o mundo civilizado, em um momento em que a segurança pública se tornava um tema central para as populações urbanas. As ruas estavam perigosas e os homicídios eram vistos como uma maneira de diminuir os riscos nesse ambiente. Mas havia uma condição: que as vítimas fizessem parte do grupo cuja humanidade era suspeita. Dependendo de quem fossem as vítimas e dos motivos que levassem o assassino a matá-las, estes eram celebrados, em vez de punidos, e aquelas eram consideradas culpadas da própria morte.

Os primeiros registros de ações decorrentes dessa nova moralidade exterminadora dos anos 1960 são fartamente documentados nas páginas dos jornais. Os grupos de extermínio mais bem estruturados surgiram no Rio de Janeiro urbano e moderno, quando a cidade ainda era a sede da presidência de Juscelino Kubitschek, e os casos de roubos assustavam os cariocas e ganhavam destaque em jornais populares, como o *Última Hora*. Em 1958, o general Amaury Kruel, então chefe do Departamento Federal de Segurança Pública, criou um grupo denominado Diligências Especiais para atuar nos casos de grande repercussão. Como líder nomeou Milton Le Cocq, um policial destemido que iria conduzir, entre outras, a caçada que executou Mineirinho. Eram as primeiras sementes.

Haveria reações, mal-estares e indignações isoladas, como a de Clarice, mas nada forte o suficiente para estancar esse comportamento, que se espalharia em uma escalada de execuções. Um momento marcante ocorreu em 1964, quando o policial Le Cocq foi morto em um tiroteio no centro do Rio pelo criminoso Manuel Moreira, o Cara de Cavalo. A novela estava nos capítulos iniciais. O desejo de vingança e a intenção de ameaçar outros que desafiassem a polícia seria um combustível poderoso para a prática homicida. No mesmo ano seria instaurada a ditadura militar no país, que duraria até 1985 e ajudaria a silenciar as denúncias de ilegalidades cometidas pelo Estado na guerra contra o crime.

Eu já contei parte dessa história no livro *A república das milícias: Dos esquadrões da morte à era Bolsonaro*, em que descrevi as origens dos grupos criminosos milicianos, que passaram a dominar diversos bairros do Rio nos anos 2000. A tolerância da sociedade para com os assassinatos cometidos pela polícia empurrou muitos policiais para a carreira no crime. Depois da morte de Le Cocq, a sanha exterminadora se intensificaria. Cartas anônimas, declaradamente de policiais, foram publicadas em jornais da época prometendo que, a cada policial assassinado, dez bandidos seriam mortos. Ao longo de um mês, a polícia, acompanhada pela imprensa, perseguiu Cara de Cavalo. O bandido foi executado para se tornar um monumento à vingança. Segundo testemunhos, até jornalistas deram tiros em seu corpo. Dessa vez, treze tiros não foram o bastante para saciar os ânimos. Cara de Cavalo morreu com mais de cinquenta disparos.

A ideia da violência redentora, exercida para seguir em frente, precisava se estruturar dentro das polícias e fora dela, junto aos seus parceiros e a uma sociedade pusilânime. A forma de organização do extermínio variou com o tempo, de acordo com as circunstâncias. Depois da eliminação de Cara de Cavalo, em 1965, os policiais criaram uma irmandade formada por pessoas ligadas a polícia, governo, imprensa, Legislativo, Judiciário e membros da elite em geral, que foi batizada de Scuderie Le Cocq. A ideia começava a contagiar. Os tentáculos da irmandade se estenderam para outros estados, como São Paulo, Espírito Santo e Bahia, chegando a somar, no auge das atividades, 7 mil integrantes. O presidente era Euclides Nascimento, policial civil que se tornaria, anos depois, sócio da quadrilha de um oficial do Exército, capitão Ailton Guimarães, que deixaria as Forças Armadas para se tornar um dos principais bicheiros do Rio nos anos 1980. De acordo com essa moralidade, somente os favelados eram bandidos. Policiais e oficiais corruptos do Exército, mafiosos e exterminadores eram abraçados com euforia pelo sistema.

A desfaçatez dos membros da Scuderie era tamanha que eles usavam adesivos da irmandade, cujo símbolo era uma caveira com duas tíbias cruzadas, colados no vidro dos seus carros. Dentre outros, um dos objetivos era espantar os assaltantes. Contudo, Sérgio de Almeida Araújo, vulgo Sérgio Gordinho, integrante de uma quadrilha de carros, não deu bola para o alerta e furtou o automóvel de um dos membros da irmandade, o policial Mariel Mariscot. Pouco tempo depois, em maio de 1968, seu corpo apareceu amarrado em fios de nylon com um cartaz propagandeando a ação do Esquadrão da Morte, que ganharia destaque nos jornais da cidade e ares de personagem de novela, que preparava os acontecimentos dos próximos capítulos. Nomes de futuros alvos eram divulgados, criando uma expectativa macabra nos folhetins, e nem isso desabonava a fama e o prestígio de Mariscot, que namorava modelos e atrizes famosas e era um dos principais nomes da noite de Copacabana.

Em 1969, mesmo sendo um membro ativo do Esquadrão, ele foi chamado para integrar um grupo de elite da polícia para combater assaltos a taxistas, que ganhou o apelido da imprensa de Doze Homens de Ouro. Apesar disso, a ambição de Mariscot, que sonhava se tornar *capo* do jogo do bicho, o levou a enfrentar problemas com outras quadrilhas de policiais e a ser preso e morto em 1981 por capangas da jogatina. O jogo do bicho, aliás, era um tipo de crime tolerado, contava com a simpatia de policiais, de militares e de parte da população, vendendo esperança em bilhetes da sorte. Aparentemente não ameaçava ninguém, ao contrário dos criminosos comuns que ameaçavam a vida de terceiros para roubar. Os bicheiros resistiriam ao tempo e se reinventariam nos anos 2000, quando se tornaram uma das principais bases da corrupção e garantia de impunidade ao modelo de negócio dos milicianos.

Já o método de extermínio, mesmo sendo ineficaz para tornar a cidade mais segura, era convincente por prometer a mágica de eliminar o perigo na velocidade de alguns tiros, rendendo poder e dinheiro aos assassinos, que não viam riscos de punição. Por isso, a ideia rapidamente ganhou adeptos em outros estados brasileiros. Em novembro de 1968, integrantes da polícia civil paulista, que já vinham trocando figurinhas com policiais fluminenses, montaram um esquadrão da morte no estado seguindo o script dos cariocas numa espécie de imitação da narrativa histórica que havia sido encenada no Rio. O surgimento do grupo de São Paulo foi revelado durante o enterro de um investigador de polícia chamado Davi Paré, assassinado pelo traficante Carlos Eduardo da Silva. Conhecido como Saponga, ele foi caçado pelos policiais, com o acompanhamento de jornalistas, até ser executado em mais um ritual de vingança. O plágio dos métodos era explícito. Enquanto no Rio o Esquadrão tinha um relações-públicas apelidado de Rosa Vermelha, que avisava os jornalistas onde estavam os "presuntos"', em São Paulo o cargo foi assumido por um tal de "Lírio Branco".

O líder do Esquadrão paulista era o delegado Sérgio Paranhos Fleury. Ainda em novembro de 1968, na caçada a Saponga, ele foi fotografado na casa de uma das vítimas do grupo, Antônio de Souza Campos, ou Nego Sete, no dia de seu assassinato, em Guarulhos. A foto e o testemunho contra Fleury foram fornecidos pelo padre canadense Geraldo Mauzerol, que em seguida sofreu um atentado, ao qual sobreviveu, e fugiu para o Canadá. O padre contou que o autor da tentativa de homicídio, que o empurrou de cima da torre da igreja em que atuava, na Vila Fátima, foi o policial Ademar Augusto de Oliveira, conhecido como Fininho, braço direito de Fleury. Outro religioso seria decisivo para o processo contra os policiais do Esquadrão: o padre Agostinho, cujo nome de batismo era Marcelo Duarte de Oliveira. Na juventude, o padre Agostinho havia frequentado o mesmo colégio (Liceu Pasteur) e clube esportivo que Fleury. Em 1969, já convertido, foi prestar auxílio religioso aos detidos no presídio Tiradentes. Era de lá e do Departamento de Investigações Criminais (Deic) que Fleury e seu bando retiravam os presos para serem executados e jogados nas estradas com cartazes que identificavam a ação do Esquadrão.

Esse e outros casos envolvendo o grupo foram investigados pelo Ministério Público de São Paulo. Padre Agostinho foi figura decisiva na ofensiva encabeçada pelo procurador de Justiça Hélio Bicudo e pelo juiz corregedor dos presídios Nelson Fonseca. As investigações descobriram a ligação do Esquadrão com integrantes de quadrilhas de traficantes e criminosos. O extermínio que praticavam alegando defender a sociedade servia, na verdade, para favorecer as quadrilhas protegidas pelos policiais.

Apesar das acusações, em vez de ser punido, Fleury foi premiado e ascendeu na polícia, passando a trabalhar junto com as Forças Armadas durante a ditadura. Eram os anos de chumbo da ditadura militar. O Ato Institucional 5 (AI-5), decretado em 13 de dezembro de 1968, suspendeu uma série de direitos e garantias, e policiais e militares das três forças passaram a trabalhar juntos na Operação Bandeirantes, e depois no Destacamento de Operações de Informações do Centro de Operações de Defesa Interna (DOI-Codi), no combate à guerrilha urbana, entre 1969 e 1974.

Fleury atuou no Departamento de Ordem Política e Social (Dops), ensinando e aperfeiçoando suas técnicas de investigação e tortura — como a cadeira do dragão e o pau de arara — que seriam replicadas nos porões do DOI-Codi paulista por Carlos Brilhante Ustra. Fleury esteve à frente, em 1969, da emboscada que matou o líder da Ação Libertadora Nacional (ALN) Carlos Marighella, na alameda Casa Branca, no bairro dos Jardins, em São Paulo. Com a desarticulação e a desmobilização dos grupos guerrilheiros, em 1974, os policiais voltariam suas armas e técnicas para a guerra cotidiana contra o crime nas cidades, caracterizada pelo excesso de violência e pela ausência de inteligência e estratégia. No Rio de Janeiro e no Espírito Santo, a mistura de grupos de extermínio com Forças Armadas e polícia também abasteceu diversas quadrilhas durante o processo de redemocratização. Dois pilares dessa mistura foram o coronel Freddie Perdigão — um dos mentores do atentado a bomba no Rio Centro, ocorrido em 1981, que não teve sucesso e matou os militares que iriam detonar o explosivo — e o capitão Ailton Guimarães, que levaram o bicho e a Scuderie Le Cocq do Rio para o Espírito Santo, contribuindo para tornar o estado capixaba, ao longo dos anos 1980 e 1990, um dos mais violentos do Brasil ao lado de Rio e São Paulo.

A farsa iniciada pelos esquadrões da morte deixaria marcas profundas na segurança pública brasileira. No tempo em que atuaram, entre 1968 e 1971, esses grupos mataram cerca de oitocentas pessoas, segundo estimativa que consta em documentos de inteligência enviados ao Departamento de Estado do Governo dos Estados Unidos. As autoridades norte-americanas no país ainda indicavam a conivência e a participação de representantes das instituições brasileiras nas quadrilhas. Isso significa que, em apenas três anos, os policiais assassinaram quase o dobro do que as Forças Armadas e as polícias mataram em 21 anos de ditadura militar — segundo dados da Comissão da Verdade, 434 morreram ou desapareceram durante os anos de repressão. As vítimas dos esquadrões eram, em sua maioria, homens pobres, cujos "inquéritos [foram] encerrados antes mesmo de serem abertos", como descreveram as autoridades norte-americanas. Esses assassinatos, longe de causar indignação, comoção ou punição, eram engavetados, como se os crimes não tivessem importância. A impunidade de seus organizadores acabou assombrando o Brasil mesmo depois do fim do regime.

Ao longo do período democrático, apesar da criação de mecanismos institucionais para aumentar o controle sobre as polícias, o uso da violência pelas forças de segurança persistiu e ganhou outros formatos. Padre Agostinho conseguiu sobreviver às ameaças de morte feitas pelo Esquadrão nos anos 1970, ficando escondido no Palácio Episcopal, sob a guarida do arcebispo de São Paulo, d. Paulo Evaristo Arns, para não morrer. Anos depois, entre 1976 e 1982, o arcebispo indicou o padre para ser o coordenador nacional da Pastoral Carcerária.[6] Era preciso estar atento ao sistema de justiça e de segurança pública, cujo maior desafio era legitimar a democracia nascente e o estado de direito. A tarefa, contudo, não era fácil.

O discurso compromissado com os direitos humanos das autoridades que concorriam nas eleições diretas para presidente não conseguia controlar os conflitos letais e a ação violenta da Polícia Militar. O desenho de uma política de segurança pública nacional, traçado na ditadura, perduraria durante a democracia. As polícias militares estaduais, responsáveis por atuar ostensivamente nos territórios considerados perigosos, seriam vitaminadas. As polícias civis, encarregadas da investigação e responsáveis pela inteligência, perderiam poder e prestígio. O resultado se refletiu nos números dos homicídios e das prisões em flagrante, bem como no modelo de guerra ao crime que passou a mirar as favelas, os morros e as periferias.

O estado de São Paulo começava a respirar os ares da abertura democrática, com a eleição de André Franco Montoro para o governo, enquanto estava imerso numa grande crise social. Um termômetro dela foi a onda de saques ocorrida na capital paulista em abril de 1983, que durou três dias. A confusão começou quando cerca de 2 mil pessoas, que participavam de uma manifestação no largo Treze, em Santo Amaro, organizada pelo Movimento contra o Desemprego e a Carestia, entraram em confronto com a polícia. Os saques a supermercados se espalharam ao longo de setenta horas por diversos pontos da cidade, em bairros como Jardim Ângela, Monte Azul, Estrada de Itapecerica, Campo Limpo e Jardim São Luís, periferias da zona sul de São Paulo. As grades do Palácio do Governo chegaram a ser derrubadas pelos manifestantes, foram detidas mais de quinhentas pessoas e uma morreu atingida por um tiro.

A crise tinha intensificado o medo da desordem, que muitos habitantes das regiões centrais associavam aos moradores das periferias. Para proteger aqueles, os policiais passaram a travar batalhas constantes nessas regiões, levando ao aumento dos homicídios por parte da corporação numa escalada incontrolável. Em 1960, São Paulo só tinha registrado um homicídio praticado pela polícia. Cinco anos depois, dois.[7] Em 1970, no sexto ano de ditadura militar, foram 28 ocorrências, sem contar os centenas praticados pelos esquadrões da morte. Os registros oficiais saltaram para 59 em 1975, e os números começaram a crescer de forma acelerada nos anos 1980, puxados principalmente pelos homens das Rondas Ostensivas Tobias Aguiar (Rota), a tropa de elite da PM paulista. De janeiro a setembro de 1981, apenas os 720 policiais da Rota mataram 129 pessoas.

Os trezentos mortos pela polícia nesse ano de 1981 foram celebrados pelo governador Paulo Maluf, que se tornaria uma liderança popular na redemocratização, prometendo ser duro com o crime e colocar mais policiais da Rota na rua. Havia um sentimento ambíguo no ar. Mesmo saturada com o fracasso do regime militar e a supressão da participação popular nas eleições, parte dos habitantes apoiava a violência dos policiais contra o crime. Os defensores dos direitos humanos começavam a ganhar o estigma de proteger bandidos. Em 1984, o Cabo Bruno, o híbrido de policial militar e justiceiro, estava foragido e deu uma entrevista à revista *Afinal* falando sobre o tema.

Eu tenho muita bronca desse pessoal dos direitos humanos. Na realidade, esse Dom Paulo Evaristo é o responsável por tudo o que os direitos humanos fazem. Os bandidos podem fazer o que bem entendem, ele não critica, não. Em todos os debates que já vi na TV ele é sempre diferente dos outros. Também me dá raiva os advogados que põem contra mim, três, quatro para me acusar. Porque eles põem tantos advogados assim tentando me incriminar, se eu só matei marginais? Para eles não existem marginais. Dão ouvidos ao que as famílias dos marginais falam.

E então ele afirma que "se tiver oportunidade", matará o próprio d. Paulo.[8]

As polícias e as instituições de segurança haviam aprendido a dissimular seus atos de violência cometidos na democracia: os casos eram oficialmente registrados como legítima defesa sob a alegação de que a vítima havia disparado antes de morrer. Eram as chamadas "resistências seguidas de morte", em São Paulo, e os "autos de resistência", no Rio. Quase todas as ocorrências acabavam sendo arquivadas com base no depoimento do policial, sem qualquer investigação. Em São Paulo, no final do governo Montoro, o total de mortos pela polícia já havia alcançado 583. O ápice do descontrole ocorreu durante o governo de Antônio Fleury Filho, em 1992, no ano do Massacre do Carandiru, quando a polícia paulista matou 1470 pessoas, um recorde histórico que nunca mais foi ultrapassado. Entre 1981 e 2005, 14 216 civis foram mortos pela polícia paulista.

O espírito beligerante ajudou a flexibilizar o controle da violência nas corporações policiais brasileiras, que passaram a liderar o ranking das polícias mais letais do mundo, e desviou o rumo dos que ingressavam nas polícias com espírito público, que acabavam seduzidos por ideias tortas de fazer justiça com as próprias mãos. É o caso do tenente Pereira e de Florisvaldo de Oliveira, o Cabo Bruno, que precisaram atingir o fundo do poço para perceber o erro que cometeram. O descontrole das polícias e suas ações ilegais acendiam a chama interna da masculinidade rebelde, que se insurgia contra o sistema e sua política de extermínio. Levados pelo ódio, muitos cerraram fileiras no mundo do crime, que se tornou uma opção para os que recusavam baixar a cabeça. Eles responderiam na mesma moeda e tornariam as ruas dos centros urbanos brasileiros um inferno, lugares assombrados pelo medo, com espaço reduzido para a civilidade.

8.
Os libertadores

Era o ano de 1974. Vindo da Irlanda, o padre Jaime Crowe tinha chegado ao Brasil em 1969 e trabalhava nos bairros pobres de Embu, erguidos em loteamentos improvisados, sem infraestrutura, perto das indústrias da Grande São Paulo. A população da cidade, que era de 5 mil habitantes em 1960, vinha recebendo um fluxo intenso de migrantes pobres das zonas rurais brasileiras. Embu chegava aos anos 1970 cheia de problemas, com habitações irregulares, sem escola, sistema de saúde, serviço de água, luz, esgoto, e com mais de 20 mil habitantes, que se multiplicariam por cinco nas décadas seguintes e virariam 100 mil no início da de 1990. Em uma de suas visitas paroquiais, o padre Jaime foi à casa do operário João Cabral para rezar no enterro de sua esposa, d. Benedita, que morrera no parto de seu 11º filho. Uma vez lá, ele notou que não havia nenhum grão de feijão. Sem ter o que comer, d. Benedita não resistira ao nascimento do filho porque estava desnutrida, concluiu.

A realidade das periferias nascentes era dura e cruel. O salário de João Cabral, na empresa Fibra Caixa, estava atrasado havia dois meses. O proprietário da firma, ligado a movimentos católicos tradicionais, tentava convencer o padre a promover "encontros de casais com Cristo" na igreja da cidade. A intenção era boa, mas o padre não conseguia fechar os olhos para a incoerência que testemunhava. O mesmo empresário católico que atrasava os salários de João deu um carro importado de presente de dezoito anos ao filho.[1] Era mais uma evidência, para o padre, da necessidade de levar a fé e os valores fraternos do cristianismo para a política. Assim como outros religiosos católicos nesse período em São Paulo, padre Jaime era influenciado pela Teologia da Libertação, que defendia a organização política dos pobres para tornarem-se agentes transformadores de seu próprio destino. Segundo a Bíblia, Cristo dizia: "Viva a partilha". São palavras de incitação à ação concreta, em prol da luta contra as injustiças. Jesus não orientava as pessoas a se conformarem e apenas rezarem; elas deviam brigar pelos seus direitos e pela redução da desigualdade.

Padre Jaime, assim como outros religiosos católicos europeus, chegou ao país pouco tempo depois do início dos tempos sombrios da ditadura militar. Desde 1964, o Brasil havia entrado no modo guerra, as Forças Armadas governavam o país propondo uma nova ordem por meio de tanques e baionetas contra os comunistas. A política saía de cena para dar lugar ao conflito contra os opositores, que viravam inimigos.

Com a Revolução Cubana, liderada por Fidel Castro e Che Guevara, em 1959, o socialismo bateu às portas do continente americano. O povo se tornou uma ameaça em potencial, constantemente sujeito ao doutrinamento de líderes esquerdistas. Para as Forças Armadas, era preciso impedir a doutrinação socialista para evitar a revolução. Em Cuba, na Indochina e na Argélia, grandes exércitos tinham sido derrotados por pequenos grupos armados movidos pela ideologia marxista. O povo brasileiro não podia ser insuflado por essas mesmas ideias incendiárias. Para os líderes da ditadura, em vez de a população ser ouvida e determinar os rumos da nação, pelo voto, ela deveria ser tutelada. Para isso, o marxismo, capaz de reformatar as mentes, despertar crenças e paixões numa espécie de religiosidade laica, deveria ser proibido. Manifestações simpáticas na imprensa ou na arte deveriam ser censuradas. Escolas e universidades deveriam ser expurgadas.

O horror que as Forças Armadas tinham do potencial incendiário das utopias esquerdistas ficou patente na reação exagerada ao método de alfabetização criado pelo educador Paulo Freire, que pretendia erradicar o analfabetismo no Brasil, uma das grandes chagas nacionais. Freire estava longe de ser um radical. Assim como os padres progressistas, ele era, sobretudo, um reformista, não queria mudar o sistema, mas melhorá-lo. A maior parte de sua carreira como educador tinha sido feita no Serviço Social da Indústria (Sesi), auxiliando patrões a educar seus funcionários. Ele e sua esposa Elza integravam os movimentos sociais da Ação Católica, que desde os anos 1950 fomentava ideias inovadoras na Igreja, organizando a formação de pequenos grupos nas paróquias para elaborar um tipo de reflexão bíblica que ajudasse os pobres a transformar suas condições sem depender da caridade e do assistencialismo dos mais ricos. Anos depois, essas ideias religiosas seriam sistematizadas pelos padres progressistas na Teologia da Libertação.

O alicerce do modelo pedagógico de Paulo Freire estava na consideração de que a realidade vivida pelo estudante deveria ser o ponto de partida da construção de conhecimento. O professor deveria descer do pedestal de detentor exclusivo do conhecimento para ter contato com os elementos do cotidiano dos alunos e, por meio deles, estimulá-los a participar de forma ativa do processo de aprendizado. O aluno pedreiro poderia aprender a ler partindo de palavras próprias do universo da construção civil; a cozinheira, de expressões e lógicas de suas práticas e receitas; o comerciante, de suas técnicas de vendas; o pescador, de sua experiência nas águas e assim por diante. O pensamento crítico dos alunos em relação à sua própria realidade era capaz de despertar a curiosidade de aprender e de acelerar o processo. O conhecimento não era algo superior, inacessível, ensinado de cima para baixo, como se a mente do aprendiz fosse uma pedra bruta a ser esculpida pelo mestre. Aprender exigia interação, diálogo e participação ativa do estudante, caso contrário era mera doutrinação, irreal e inóspita.

O medo militar do potencial revolucionário do método freiriano começou a surgir às vésperas do golpe, quando o educador o aplicou no sistema público de educação na prefeitura do Recife, por intermédio dos programas de cultura liderados pelo progressista Miguel Arraes. Em seguida, em 1963, a preocupação aumentou. Paulo Freire foi convidado pelo governador do Rio Grande do Norte, Aluízio Alves, da União Democrática Nacional (UDN), para aplicar seu método na pequena cidade de Angicos. A expectativa era de que alfabetizasse 380 pessoas em um prazo de quarenta horas de aulas. Dois meses depois, encerrado o curso, ninguém menos do que o presidente João Goulart foi à cerimônia para entregar os certificados aos formandos. Percebendo o potencial e os efeitos políticos do programa, o presidente levou Paulo Freire a Brasília para replicar o modelo de alfabetização em todo o país. O objetivo era alfabetizar, ao longo de 1964, quase 2 milhões de adultos. Na época, analfabeto não podia votar, e os militares, que já achavam o presidente subversivo, intuíram que com a alfabetização da população ele se tornaria eleitoralmente imbatível. Logo em seguida ao golpe, Freire foi preso e forçado a partir para o exílio, de onde só voltaria quinze anos depois.

Nesse contexto, havia duas visões de mundo em disputa, associadas a projetos políticos opostos, que continuariam influentes no futuro do Brasil. Elas estavam vinculadas a concepções distintas de autoridade e de produção de obediência. A concepção democrática, que submergiria durante a ditadura, acreditava em um poder que representasse os interesses da coletividade, e, para isso, a autoridade precisava saber o que o povo queria para poder representá-lo, e o povo, por sua vez, precisava ter consciência da própria realidade para tomar decisões de forma racional. Nesse sentido, o sucesso da autoridade democrática depende de uma educação libertadora, crítica, que encoraje perguntas e apoie uma postura atenta, em busca permanente por respostas.

De outro lado, a concepção hierárquica de autoridade é vertical e associada a uma ordem subserviente, voltada para o funcionamento do sistema. Para ela o povo deveria obedecer às regras, trabalhar, dispor de uma educação voltada ao aumento da produtividade, consumir e criar suas famílias ordeiramente. Mesmo se não tivesse educação, casa, esgoto e comida, ele deveria obedecer. Caso contrário, se insistisse em subverter ou sabotar o sistema pela revolução ou pelo crime violento, corria o risco de ser preso, torturado ou morto pelas forças armadas, pela polícia ou por grupos de extermínio.

O pentecostalismo, que ainda começava a se popularizar e a se tornar politicamente influente, evitou se posicionar durante a ditadura militar. Para esse grupo de religiosos, as autoridades públicas, democráticas ou autoritárias deviam ser respeitadas e obedecidas. "Crente não se mete em política" era um dos jargões do período.[2] Tanto igrejas pentecostais mais tradicionais, Assembleias de Deus e a Congregação Cristã, como as denominações mais novas, como Deus é Amor, Evangelho Quadrangular e outras, evitavam misturar fé e política. Em suas ações, buscavam dar alento, propósito, autocontrole e curar a saúde de seus fiéis, que chegavam do campo e precisavam sobreviver na miséria das cidades, sem acesso a hospitais, desenraizados, tentando costurar novas redes de apoio.

O golpe dado pelos militares, com o apoio de parte dos civis, representava a vitória parcial do projeto vertical, que definiria os rumos nacionais de cima para baixo, apostando na garantia da ordem para promover o progresso. O Estado autocrático que emergiu durante a ditadura militar agiu como indutor do desenvolvimento industrial brasileiro para acabar com o atraso nacional. O consequente crescimento econômico geraria riqueza e colocaria o país lado a lado com as nações mais desenvolvidas do mundo, fazendo com que a ameaça comunista diminuísse. A salvação viria das elites, mas, para alcançar esse objetivo, era preciso fazer com que o sistema funcionasse.

Contudo, em São Paulo, apesar da grande quantidade de vagas oferecidas nas indústrias, para quem chegava de longe, e tinha que organizar a vida a partir do nada, o desafio era enorme. A cidade ficava cada vez mais disfuncional, crescendo de maneira improvisada, sem nenhum tipo de planejamento. Em 1930, por exemplo, os moradores pobres da São Paulo fabril — principalmente migrantes italianos, espanhóis e portugueses — se concentravam no entorno do centro, em cortiços e vilas populares do Brás, Barra Funda, Mooca e Belém. Pobres e ricos precisavam conviver e compartilhavam problemas comuns numa densa mancha urbana que alcançava 170 quilômetros quadrados. Quarenta anos depois, essa mancha havia se espraiado por toda a metrópole, multiplicando-se por dez, ocupando locais isolados, grandes descampados, terrenos baratos que exigiam amplo investimento do Estado.

Os novos bairros que surgiam ao longo dos rios Pinheiros, Tietê e seus afluentes, formavam as chamadas periferias, criadas a partir das oportunidades de trabalho nas regiões próximas às indústrias. Grandes terrenos, muitos deles em áreas de mananciais que alagavam com as chuvas de verão, nos arredores das represas que abastecem a cidade, eram fatiados em pequenos lotes por grileiros para multiplicar o lucro de seus proprietários e de intermediadores. Os moradores compravam suas áreas por meio de contratos de gaveta e construíam suas casas, não raro, em mutirões. Depois, iniciavam a pressão junto aos governos e parlamentares estaduais e municipais para a instalação de rede de fornecimento de energia elétrica, água, por saneamento básico, pela regulamentação dos lotes, pela chegada de escolas, postos de saúde e transporte público. A luta por serviços públicos passou a acontecer por meio de movimentos populares e sindicatos, boa parte liderada e organizada por padres, freiras e religiosos da Igreja católica, que haviam se tornado figuras centrais nessas mobilizações.

Uma nova cidade estava sendo criada para abrigar os que chegavam para trabalhar nas indústrias, e o mercado imobiliário informal de lotes nas periferias dava o rumo do crescimento. Em 1970, 69% da população economicamente ativa de São Paulo era formada por migrantes (31% deles estavam na cidade havia menos de dez anos).[3] Vinham para morar em bairros distantes, sem urbanização, em casas autoconstruídas e sujeitos a estigmas que dificultavam ainda mais a vida deles, já bastante sofrida. Nesses distritos vão atuar os religiosos católicos, como o padre Jaime Crown, para assumir o compromisso incondicional com os pobres feito por uma parte da Igreja de Roma depois dos anos 1960. O movimento religioso, que já vinha crescendo com os trabalhos da Ação Católica que influenciou Paulo Freire, iria empurrar o clero brasileiro para a esquerda. Uma esquerda não revolucionária, mas reformista. Era preciso impedir o avanço comunista e ateu no continente mais católico do mundo, o que implicava um profundo comprometimento com os excluídos.

As mudanças tinham sido intensas. Em 1964, a maior parte da Igreja católica brasileira apoiou o golpe militar, participando da organização da Marcha da Família com Deus pela Liberdade, liderada pelo grupo católico contrarrevolucionário Tradição, Família e Propriedade (TFP), e planejando debates internacionais que atacavam as reformas de base do governo João Goulart. Sua ala progressista, porém, se fortaleceu com o endurecimento do regime, conforme aumentava o número de mortes e torturas nos porões da ditadura, principalmente depois de 1968, com a instalação do AI-5.

Importantes transformações já vinham sendo sinalizadas pelo Vaticano na década de 1960. Para evitar a revolução, a Igreja católica devia assumir a existência de gargalos no capitalismo e se posicionar ao lado dos que mais sofrem as consequências da miséria. Em Roma, a transformação teve início no Concílio Vaticano II, ocorrido entre 1962 e 1965 pelo papa João XXIII para pensar os destinos da Igreja durante a Guerra Fria. O arcebispo de Olinda e do Recife, d. Hélder Câmara, teria participação importante nas articulações do concílio e traria seus debates para o clero brasileiro. O avanço do pentecostalismo também já era visto como um desafio para a Igreja da América Latina, assim como a perda da fé, que aumentava em todo o mundo.

O objetivo era descobrir como atrair as populações mais pobres, sujeitas ao populismo de políticos aventureiros da esquerda e da direita, para as fileiras da Igreja. Em 1968, o papa Paulo VI convocaria a II Conferência Geral do Episcopado Latino-Americano, em Medellín, na Colômbia, para discutir a aplicação das ideias do Vaticano II nas paróquias do continente. Era necessário educar e ao mesmo tempo despertar a consciência crítica entre os pobres, nos moldes do que era ensinado por Paulo Freire, e também dos ensinamentos de um Jesus Cristo libertador, defensor dos oprimidos que eles enxergavam na Bíblia.

A Teologia da Libertação foi a teoria que orientou a nova prática cotidiana de parte dos católicos, divulgada em livros como os do peruano Gustavo Gutierrez (*A Teologia da Libertação*, de 1971) e do brasileiro Leonardo Boff (*Jesus Cristo libertador*, de 1972). O mote da nova teologia era "ver, julgar e agir", o que implicava, inicialmente, entender o contexto de forma crítica usando ferramentas das ciências humanas e deixando as lendas e superstições de lado. O novo olhar devia usar os métodos de disciplinas modernas, como sociologia, antropologia e psicanálise, para proporcionar uma visão menos ingênua e mágica do mundo. Quais os mecanismos sociais que produziam a pobreza? Por que a sociedade era tão desigual? Para obter essas respostas, os religiosos da libertação usavam um instrumental marxista, materialista, histórico e dialético, que colocava a luta de classes em primeiro plano, como engrenagem das mudanças.

Em seguida, além de ver, para depois julgar e agir, havia a necessidade da mediação de uma nova leitura da Bíblia, que partisse do humano, da condição do pobre no mundo, para então chegar à divindade. A religião não era o ópio do povo, como dizia Karl Marx. Pelo contrário, os valores cristãos eram fundamentais para mediar a luta social, e um Jesus libertador dos pobres entrava em cena para garantir a salvação dos excluídos. Para se engajar na luta coletiva, era preciso se livrar dos desejos egoístas que o mercado e o capitalismo imprimiam, pois a agressividade competitiva prejudicava a comunhão entre os iguais. A libertação dos desejos e a conexão com o próximo dava um sentido à luta por direitos.

A pedagogia de Paulo Freire continuava sendo um elemento fundante ao propor que os pobres fossem os sujeitos da libertação e que os homens só rompem a corrente que os escraviza em comunhão com o próximo. Nesse sentido, estavam superadas as disputas com outros credos, estabelecendo uma era de fraternidade e diálogo ecumênico com todas as confissões religiosas. A nova teologia pregava uma Igreja aberta a outras culturas, voltada a ajudar os pobres e os doentes, sem deixar ninguém para trás. Em vez de benzê-los ou de rezar por eles, os religiosos conversavam sobre suas condições de vida e usavam a Bíblia para provocar o compromisso com a luta coletiva.

Para organizar a ação, foram criadas duas frentes. Nas paróquias dos bairros pobres das periferias brasileiras, espalharam-se as Comunidades Eclesiais de Base (CEBs), que organizavam os círculos bíblicos para refletir sobre a realidade e o cotidiano dos participantes. As CEBs se dividiam nos territórios pobres em células apoiadas pelas dioceses, que em São Paulo foram ocupadas por bispos simpáticos à nova teologia, lideradas pelo cardeal arcebispo d. Paulo Evaristo Arns, que se tornaria um dos nomes mais importantes na resistência contra a ditadura militar. Essas células de bairro eram interligadas por pastorais temáticas — de trabalho, direitos humanos, moradia, educação, saúde, juventude etc. — voltadas a pensar políticas públicas para pressionar os poderes estatais e de mercado pela ampliação de direitos. Nas cúrias, por sua vez, foram criadas as Comissões de Justiça e Paz, que tinham atuação decisiva na luta pelos direitos humanos durante a ditadura, dando apoio e salvando a vida de perseguidos políticos pelo regime.

D. Paulo estruturou uma rede de juristas e advogados para uma cruzada aberta contra a tortura, as mortes e os desaparecimentos, que passavam a vitimar até mesmo os integrantes da Igreja, como foi o caso da freira Maurina Borges, da Ordem Franciscana Secular, que era diretora de um orfanato em Ribeirão Preto. A detenção ocorreu porque irmã Maurina cedera uma sala de seu orfanato para reuniões de estudantes ligados ao grupo Forças Armadas de Libertação Nacional (FALN). De nada adiantou ela dizer que não sabia que os jovens atuavam na guerrilha. Foi torturada por cinco meses e depois de solta ficou quinze anos no exílio.

O caso dos frades dominicanos — freis Betto, Fernando de Brito, Tito de Alencar, Ivo Lesbaupin e Roberto Romano — também mexeu com os brios do cardeal. Os religiosos foram presos e torturados, acusados de dar apoio à ALN, grupo guerrilheiro ligado a Carlos Marighella. As torturas levaram ao suicídio de frei Tito em 1974. Antes disso, Roberto Romano, que depois deixaria a batina e se tornaria professor de filosofia na Universidade de Campinas, sobreviveu a uma tentativa de suicídio e recebeu a visita de d. Paulo quando ainda estava no quarto de hospital, com palavras de incentivo e apoio. A partir do calvário dos seus pares, o cardeal percebeu a urgência de assumir o lado dos mais fracos.

No caso das CEBs, era ainda necessário suprir a falta de padres nas periferias de São Paulo e do Brasil. As atividades desses grupos também podiam ser lideradas por leigos, apoiados pelos religiosos vindos principalmente da Europa e dos Estados Unidos, entusiasmados com as ideias reformistas que incendiavam os católicos da América Latina, os padres *fidei donum*. Diocesanos, foram enviados para trabalhar nas paróquias mais necessitadas do mundo e acabaram moldando o perfil do clero brasileiro no período, que tinha 41% dos padres vindos de outros países.[4]

Muitos deles atuaram na região da Amazônia com os pequenos agricultores na organização da resistência à grilagem de terra e a diversos crimes ambientais. Ajudaram na formação de lideranças que defendiam a ecologia, como a do seringueiro e sindicalista dos trabalhadores rurais Chico Mendes, e de Marina Silva, que também trabalhou em seringais quando criança, formou-se em história e ajudou na criação da Central Única dos Trabalhadores (CUT) no Acre. Mendes se tornaria, em 1988, um dos mártires da luta em defesa do meio ambiente, da mesma forma que a freira norte-americana Dorothy Stang, da Congregação das Irmãs de Notre Dame de Namur, assassinada em 2005 na defesa da floresta e dos pequenos agricultores na cidade de Anapu, no Pará.

Padre Jaime veio nessa leva para São Paulo, em 1969. Nascido e criado na roça, em uma família de dez irmãos, ele chegou ao Brasil com 24 anos. Sua congregação na Irlanda, a Sociedade Missionária São Patrício, atendeu aos apelos do papa João XXIII para enviar sacerdotes para a América Latina e evitar os riscos do comunismo. Embu fazia fronteira com a periferia sul da capital, que estava em expansão. Tinha um centro histórico charmoso, em que moravam escultores, pintores e artesãos rodeados por sítios e chácaras, que foram loteados e ficaram superpovoados ao longo dos anos 1970 e 1980. Em sua missão de resistência, padre Jaime dividia as tarefas com o conterrâneo padre Eduardo José McGettrick, que chegou a Embu cinco anos depois, em 1974. Torcer para o Corinthians e jogar futebol ajudaram o padre a se aproximar dos meninos que, com o tempo, formariam uma geração dizimada pela violência armada.

A comunicadora Maria Isabel Lopes Correa e seu futuro marido, o jornalista Wagner Silva Correa, ainda eram crianças quando padre Jaime chegou à cidade. As famílias de ambos tinham se mudado para o Jardim Santo Eduardo, vindas de bairros mais centrais de São Paulo, fugindo dos aluguéis caros. Não havia asfalto, o ponto de ônibus mais próximo ficava a quase três quilômetros de distância e obrigava os moradores a usar a criatividade para não sujar a roupa e os sapatos nos dias de chuva, vestindo sacos plásticos nos pés. A água vinha de poços e a luz era puxada dos poucos postes instalados nos arredores. Não havia creches, as escolas eram fracas e raras, assim como os postos de saúde, e apesar das péssimas condições de vida, a violência só viria a aumentar a partir da década de 1980.

As primeiras atas de abertura das CEBs em Embu datam de 1972. Padre Jaime ainda apanhava no português, mas já circulava pelos bairros para tomar café e conhecer os moradores de perto. Paralelo às missas, havia nas CEBs estudos bíblicos, chamados de Escolas da Fé, com discussões sobre o cotidiano. O tom era sempre contestador: "Por que você está desempregado? É por que Deus quer? Deus não quer que você esteja desempregado". Com o passar do tempo, as freiras usariam esses núcleos para cuidar das crianças sem creches e suprir a tarefa das Unidades Básicas de Saúde (UBS) com o voluntariado de uma irmã formada em enfermagem. A partir de 1973, as comunidades cresceriam em ritmo acelerado em toda região metropolitana. D. Paulo Evaristo Arns, nomeado cardeal arcebispo de São Paulo, vendeu o Palácio Episcopal Pio XII, em que viviam os bispos, por 5 milhões de dólares, o que permitiu à Igreja comprar cerca de 1200 terrenos para construir novos núcleos, formando uma base política e popular inigualável, em plena ditadura militar.

Além da ofensiva nos territórios, o ano de 1973 seria marcado pelo enfrentamento da Igreja aos torturadores e assassinos dos porões da ditadura. O embate direto contra o regime começou depois do assassinato de Alexandre Vannucchi Leme, aos 22 anos, estudante do quarto ano de geologia da USP. O homicídio ocorreu depois de uma longa sessão de tortura aplicada por agentes da repressão nas dependências do DOI-Codi, comandado pelo major Carlos Brilhante Ustra. De família católica, Vannucchi era sobrinho do padre e professor Aldo Vannucchi, fundador da Universidade de Sorocaba. Tinha passado em primeiro lugar no vestibular e, uma vez na universidade, começou a integrar os quadros da ALN. Foi preso na sala de aula. Depois de sua morte, os militares colocaram o corpo embaixo de um caminhão em movimento para simular um atropelamento. No dia 30 de março, d. Paulo celebrou uma missa para Alexandre Vannucchi na Catedral da Sé, com cerca de 5 mil pessoas desafiando os militares. Foi o primeiro grande ato de resistência depois do AI-5.

Além dos atos públicos, de grande visibilidade, o cardeal invadia presídios e delegacias na tentativa de interromper sessões de tortura e evitar assassinatos. Adriano Diogo, que também era estudante de geologia da USP, foi umas das pessoas salvas pelo cardeal. Na faculdade, ele atuava como articulador cultural e ajudou a esconder alguns colegas que fugiam dos militares, mas não sabia nada da luta armada. Foi preso logo depois do assassinato de Vannucchi e ficou noventa dias em uma cela do DOI-Codi, seminu, sendo torturado. Durante os interrogatórios, percebeu que seus algozes não tinham ideia de que ele não participava da luta armada, fazendo perguntas sobre pessoas que não conhecia. Adriano foi transferido, ainda muito machucado, para o presídio Hipódromo e achou que seus dias estavam contados. Mas d. Paulo, acompanhado do procurador Hélio Bicudo, da Comissão Justiça e Paz, conseguiu entrar no presídio para conversar com ele e pressionar os militares para soltá-lo. Adriano iria repetir para sempre que continuava vivo graças a d. Paulo.

Depois de solto, ele seguiria o rumo de muitos políticos e lideranças sociais que passariam a orbitar no entorno da Igreja. Na primeira conversa com d. Paulo depois da liberdade, o arcebispo sugeriu que ele procurasse o bispo d. Luciano Mendes de Almeida, na região do Belém, no centro da capital, para atuar como voluntário nos trabalhos da igreja. Adriano pesquisava sobre os cortiços da região e atuava com Waldemar Rossi na Pastoral Operária. Uma ampla costura passava a ser feita, unindo forças em torno de um objetivo comum: a luta por direitos e pela democracia.

Rossi, por exemplo, era um católico fervoroso que iniciou sua militância na Juventude Operária Católica. Nos anos 1970, engajou-se no movimento de oposição sindical, que disputaria as eleições do Sindicato dos Metalúrgicos de São Paulo, em oposição aos pelegos que faziam o jogo do regime. Atuava com Rossi o metalúrgico Santo Dias da Silva, que também participou da oposição sindical e da coordenação da Pastoral Operária, tornando-se um importante militante nas causas dos trabalhadores e dos movimentos sociais na Vila Remo, como o Movimento do Custo de Vida, liderado por mulheres que atuavam nos Clubes das Mães da Zona Sul, ligados às CEBs. Santo Dias, um dos principais líderes sindicais da época, ganharia a aura de mártir ao ser assassinado pela polícia, em outubro de 1979, quando liderava um piquete em frente a uma fábrica na periferia sul de São Paulo.

Em São Miguel Paulista, na zona leste, cerca de quarenta padres atuaram sob a liderança do bispo auxiliar d. Angélico Sândalo Bernardino, nome fundamental do período. São Miguel fica a cerca de trinta quilômetros da praça da Sé, e nos anos 1970 tinha bairros sem asfalto, iluminação pública, rede de esgoto, raros equipamentos de educação e de saúde, bem como enorme dificuldade de transporte público. Para protestar contra a falta de segurança no transporte ferroviário, que causava atropelamentos e vítimas fatais na região, o bispo rezou missas sobre a linha do trem. Um de seus discípulos, padre Antonio Luiz Marchioni, conhecido como padre Ticão, de Ermelino Matarazzo, atuou junto aos movimentos de moradia ao longo de décadas até conseguir a construção de 35 mil habitações populares na região.

A articulação política da Igreja, os holofotes jogados nos porões, a análise crítica sobre a economia e a sociedade, a presença nas periferias e nas favelas e a defesa dos pobres das cidades formavam um poderoso projeto político de oposição, que dialogava fortemente com os anseios da época. Pregava a esperança, o diálogo e a ação coletiva contra os poderes políticos e econômicos que produziam opressão e miséria. Apostava-se na queda dos militares, na restituição da democracia para mediar o imenso potencial do sistema de mercado e adequá-lo à necessidade das pessoas. Caso o povo se articulasse na luta política e cobrasse seus direitos das autoridades públicas e dos empresários, era possível criar uma sociedade mais justa, reduzir as injustiças e a miséria. As referências social-democratas da Europa, com seus poderosos modelos de proteção social, apontavam para uma utopia que garantisse igualdade e liberdade.

Muitos, no entanto, ainda iriam ruir na luta política em defesa da democracia. Em 1975, aconteceu o homicídio que vitimou o jornalista Vladimir Herzog; no ano seguinte, foi assassinado o metalúrgico Manoel Fiel Filho. Ambos foram presos apontados como suspeitos de ter ligações com o PCB e morreram sob tortura. Nas duas ocasiões, os militares tentaram simular um suicídio. Foram realizados novos protestos, grandes missas na Catedral da Sé acompanhadas por milhares de pessoas, atos ecumênicos e comoção popular. A resistência persistia. O regime demoraria anos para cair, mas a imagem dos militares e de seus comparsas no governo e nas empresas começava a degradar aceleradamente. Ganhariam a merecida pecha de vilões, sendo associados à covardia, à incompetência e ao mal que deveria ser expurgado para o país voltar a crescer e a progredir.

A esquerda virava a portadora dos sonhos e utopias urbanos, potencializados pelo carisma da narrativa que apresentava um Jesus Cristo rebelde e progressista. A democracia prometia o aumento da participação popular e um mundo mais justo. Estava sendo posto em prática um projeto consistente, que gerava engajamento, contribuía para unir as forças de oposição e contava com a participação de uma elite intelectual e urbana formada nas universidades e nos movimentos sociais pronta para reassumir as rédeas do país. O discurso dos católicos e de sua rede de oposição era sedutor porque oferecia saídas para um contexto de crise. Havia culpados a serem apontados — os militares e o regime que crescia, mas não distribuía — e um projeto alternativo de mundo vinculado a uma maior participação popular.

A autoridade deveria representar o interesse coletivo, o que exigia escuta e diálogo. O Brasil não precisava ser reinventado, mas transformado e reformado a partir da justiça social, com a participação dos oprimidos. A educação libertadora de Paulo Freire, assim como a Teologia da Libertação, representavam esse caminho e podiam ser aplicadas nas zonas rurais e urbanas. O futuro do Brasil dependia da educação e da integração dos excluídos, e os movimentos sociais, como o dos Sem Terra e os sindicatos, tinham que estar na vanguarda das decisões. A cultura tradicional devia ser abraçada em vez de negada. Os iletrados que viviam no campo ou que tinham migrado para as cidades não deveriam ser temidos, exterminados ou exorcizados, mas transformados, em uma troca permanente feita com afeto e diálogo. Era um projeto racional, reformista, democrático, que apostava suas fichas no potencial da população brasileira. Bem diferente do imposto pelos autocratas, que acreditavam saber o que o povo precisava e o mantinha em rédeas curtas.

A participação da Igreja católica na formação do PT foi decisiva e começou a ganhar forma no final dos anos 1970, depois da aprovação da Lei da Anistia. A oposição começava a se estruturar. Nomes fundamentais e populares da esquerda voltavam depois de anos de exílio, como Leonel Brizola, Almino Afonso, Miguel Arraes, Darcy Ribeiro e Luís Carlos Prestes. O Movimento Democrático Brasileiro (MDB), partido oficial da oposição ao regime, representado pelo Arena, atuava como guarda-chuva de diversos grupos da resistência, incluindo as três organizações comunistas: PCB, Partido Comunista do Brasil (PCdoB) e MR-8. Essas lideranças históricas tinham condições de liderar a oposição democrática, mas precisavam articular com a Igreja, uma novidade no leque progressista. Os religiosos, contudo, com sua estrutura horizontal e descentralizada, viam com desconfiança o personalismo de nomes como o de Brizola, que se articulara internacionalmente para assumir o papel de liderança popular durante a abertura.

Os religiosos apostavam em um partido estruturado a partir das bases populares e dos movimentos sociais que vinham sendo formados na sociedade civil organizada em torno das CEBs e dos sindicatos. A força política e a capacidade de mobilização desses grupos começaram a se revelar entre 1978 e 1980, na sequência de greves operárias que chacoalharam o Brasil.

O epicentro do terremoto estava em São Paulo, mais precisamente na região do ABC, e daria origem ao Novo Sindicalismo. Mais uma vez, a Igreja católica tinha papel estratégico no movimento. O bispo d. Cláudio Hummes, que havia sido nomeado pelo papa Paulo VI, em 1975, assumiu a Diocese de Santo André e ajudou na construção da oposição sindical, que liderou o movimento grevista a partir de São Bernardo. Em paralelo, surgia no cenário político nacional um operário cheio de carisma, que sabia falar a língua dos trabalhadores e tinha uma história pessoal única. Luiz Inácio da Silva, conhecido como Lula, era o presidente do Sindicato dos Metalúrgicos de São Bernardo e Diadema, com o apoio da Igreja.

As primeiras greves pretendiam conquistar a reposição das perdas salariais. O movimento se espalhou por outras cidades do interior de São Paulo e do Brasil. Além dos metalúrgicos, categorias profissionais como bancários, professores e petroleiros ingressaram na luta e formaram novas lideranças. O discurso de Lula já chamava a atenção dos grupos de oposição. Os futuros, respectivamente, vereador de São Paulo e deputado federal, Gilberto Natalini e Jamil Murad, que atuavam pelo PCdoB, receberam a missão de recrutar o metalúrgico para fazer parte dos quadros do partido. Outros grupos de esquerda, como o PCB em que estava filiado José Ferreira da Silva, frei Chico, seu irmão que o levou ao sindicalismo, também tentaram arregimentá-lo, sem sucesso. Lula achava que a clandestinidade afastava os militantes de suas bases populares. A corrida foi vencida por d. Claudio Hummes, que acompanhado de Frei Betto, Waldemar Rossi e Gilberto Carvalho, integrantes da Pastoral Operária, conseguiram recrutá-lo para atuar nos movimentos sociais da Igreja. "A Igreja era um partido, pelo menos era essa a nossa avaliação política. Lula havia sido recrutado pelo 'Partido da Igreja', que ainda não existia, mas que já começava a ganhar forma", recorda-se Natalini.

O futuro político brasileiro começava a ser desenhado. O PT seria fundado no dia 10 de fevereiro de 1980, registrando 26 mil filiados. No ano seguinte já eram mais de 200 mil. Em 1982, o partido lançaria Lula candidato ao governo do estado e elegeria oito deputados federais (seis em São Paulo), doze deputados estaduais (nove em São Paulo), 118 vereadores (78 nas cidades paulistas) e um prefeito na cidade de Diadema, o metalúrgico Gilson Menezes, um dos líderes das greves na Scania, de 1978. Era um partido paulista, formado a partir da dinâmica social e política de São Paulo, cuja força se repetia com mais ou menos intensidade em outras unidades da federação, conforme a influência política de religiosos, sindicatos, intelectuais e militantes de esquerda de volta nas disputas eleitorais. Núcleos horizontais foram montados em estados do Nordeste, Norte e Sul do Brasil e o PT se nacionalizou. Em alguns estados, sua influência foi menor, como no Rio de Janeiro, que se tornou o principal núcleo do brizolismo no Brasil.

O Rio, que tinha perdido o posto de capital federal para Brasília e deixou de ser o centro do poder e da burocracia nacional, enfrentava desafios sociais semelhantes aos dos paulistas, recebendo grande quantidade de migrantes, mas não contava com a mesma infraestrutura econômica e de empregos na agricultura e na indústria. Os morros, as favelas e os subúrbios cresciam de forma desordenada. A Igreja católica fluminense não se envolveu de forma direta nas lutas sociais nem teceu uma rede horizontal e popular para pressionar os governos, como em São Paulo. O cardeal arcebispo do Rio, d. Eugênio Sales, era mais conservador do que d. Paulo, mesmo tendo sido indicado em 1971 pelo papa d. Paulo VI, o mesmo que colocou o cardeal Arns em São Paulo.

D. Eugênio era voltado para o social. Na Bahia, onde foi arcebispo de Salvador e primaz do Brasil, ajudou a fundar as CEBs e se destacou ao liderar a Campanha da Fraternidade. Em compensação, depois do golpe, evitava bater de frente com o novo regime e se tornou um opositor ferrenho da Teologia da Libertação. Via as ideias dos religiosos progressistas como resultado de uma teologia de má qualidade, que interpretava a Bíblia de forma equivocada e rachava os católicos. D. Eugênio acreditava que a mensagem da liberdade era a força do Evangelho, especialmente entre os que enfrentam a miséria, mas que a libertação dependia de uma luta espiritual contra o pecado, o que implicava uma abnegação dos próprios desejos para a vida em comunhão e de amor ao próximo. Ele criticava a análise marxista dos teólogos dessa corrente e defendia que a luta não era política e nem contra os poderes terrenos, mas moral e espiritual. No Rio, as CEBs e as pastorais não se tornaram células políticas nem tiveram o papel articulador de movimentos sociais, políticos de esquerda e sindicatos.

Enquanto isso, a Federação das Associações de Favelas do Rio de Janeiro (Faferj) se tornou central na movimentação política e social dos pobres durante a redemocratização no Rio. Suas demandas, contudo, não se articulavam em torno de grandes temas, mas das urgências em seus próprios territórios referentes a problemas como instalação de luz, fornecimento de água, serviços de saúde, educação e infraestrutura urbana, negociados no varejo. Isso acabou por estabelecer uma relação clientelista entre a entidade e seus integrantes, legitimando o personalismo de seus governantes. Os políticos concediam as benfeitorias em troca de apoio e votos.

Dessa maneira, a política carioca se fragmentou em torno de benefícios paroquiais. Os bairros ganhavam autonomia, com suas lideranças locais, ao mesmo tempo que a força política dos pobres se dividia e se fragilizava. Enquanto a luta em São Paulo partia das bases, era horizontal, o Rio nunca conseguiu se livrar dos políticos personalistas, adeptos da chamada "política da bica d'água", das pequenas benfeitorias. Foi o lugar ideal para a liderança de Leonel Brizola, que assumiu a esquerda fluminense como sucessor político de Getúlio Vargas, ainda venerado na antiga capital federal.

Do ponto de vista político, portanto, a nível nacional, a esquerda e os grupos de oposição ao regime ganharam força e pareciam ter um longo futuro com a volta da democracia. A Nova República fez surgir novos partidos, o jornalismo floresceu e os militares retornaram para o quartel. A sociedade civil voltava a debater soluções e políticas públicas para consertar erros históricos. A Constituição democrática foi aprovada em 1988; criaram-se as bases para o SUS, com ampla participação popular; a mortalidade infantil despencou; ampliaram-se as vagas nas escolas, entre outras conquistas.

O maior de todos os desafios, porém, continuava a ser o enfrentamento da desigualdade e da miséria nas cidades, que se desdobraria na crise da segurança pública. Para sobreviver sem as redes de proteção que existiam no campo, a população dos centros urbanos brasileiros precisava ter dinheiro e propriedades, caso contrário, teria que morar na rua, passar fome, perder a família, entre tantas tragédias possíveis. Diante dessa condição, o crime patrimonial cresceu e o medo dos criminosos também, o que gerou a ação de grupos de extermínio, que por sua vez provocava reações que iniciavam os círculos de vingança. Existia muita revolta e raiva no ar. A mobilização política e a organização popular não impediam o crescimento do crime e da violência, atingindo em cheio lugares que haviam sido os berços dos movimentos sociais paulistas, como Jardim Ângela, Embu, Diadema, Itaim Paulista e São Mateus.

No bairro de São Mateus, na periferia leste da cidade, o filósofo e teólogo Fernando Altemeyer era padre na paróquia e precisava lidar com o drama da violência, que começava a devastar a região depois dos anos 1980. As CEBs eram atuantes na zona leste, lideradas por d. Angélico. Certa vez, o padre Fernando precisou ajudar a resolver um problema sério: um garoto do bairro assassinou outro durante uma tentativa de assalto para roubar um tênis da marca Nike, que, por sinal, era falsificado e havia sido comprado no Paraguai. O pai da vítima organizou um grupo de voluntários para se vingar e executar o assaltante. Sua esposa era integrante do CEB do bairro, e Fernando preparou uma celebração no local em que o sangue do menino tinha sido derramado. Na missa, Fernando pediu um ponto-final, a violência não podia prosseguir, o assassinato era revoltante, mas um tênis não podia valer o mesmo que duas vidas. O pai estava presente; emocionou-se ao ouvir o sermão e recuperou o juízo. Pediu o microfone e clamou que não houvesse mais a vingança, que ninguém matasse em seu nome ou no de seu filho. Mesmo sem conseguir perdoar o assassino, o pai da vítima não queria se tornar um matador e causar a mesma dor que estava sentindo nos pais de outra pessoa. Altemeyer concluiu essa história citando uma reflexão inspirada em Paulo Freire: "Quando a educação não é libertadora, pode criar opressores".

Apesar da articulação comunitária e do fortalecimento dos movimentos sociais, a tirania armada se impunha aos poucos, protagonizada por homens que buscavam um caminho individual na competição selvagem que se retroalimentava. Em 1987, os padres Jaime e Eduardo se mudaram de Embu para o Jardim Ângela, na zona sul de São Paulo, onde iniciaram os trabalhos na paróquia Santos Mártires. Permaneceram lá pelos 32 anos seguintes e testemunharam o crescimento da violência que, nos anos 1990, levou o bairro para as manchetes como o mais violento do mundo. Eram tempos de redemocratização, crise econômica, desemprego e medo. Os homicídios não paravam de aumentar, assim como a violência policial. No dia 10 de dezembro daquele ano — Dia Internacional dos Direitos Humanos —, recém-instalado, padre Jaime recebeu uma visita inusitada. Um homem desconhecido pediu para dormir em sua igreja. Ele suspeitou da postura e não autorizou.

No dia seguinte, soube que o visitante misterioso era o justiceiro Florisvaldo de Oliveira, conhecido como Cabo Bruno, um dos principais assassinos da polícia paulista. Ele estava no bairro para tentar matar Pirulito, filho de uma liderança do bairro, que havia testemunhado, três anos antes, uma chacina praticada por policiais. Pirulito estava para prestar depoimento na Justiça quando foi atacado pelo justiceiro. O pedido para dormir na igreja na véspera do atentado talvez fosse um recado, mas ele nunca entendeu ao certo por que aquilo aconteceu. Quinze dias depois, na noite de Natal, ele viu a notícia de que o Cabo Bruno havia fugido do Presídio Romão Gomes. Como poderia ter fugido se duas semanas atrás já estava solto tentando matar Pirulito? A conivência das autoridades com a violência policial se revelava explícita, incontornável, bem diante de seus olhos.

Nos 1980, o Cabo Bruno ainda estava no meio de seu calvário. A própria religiosidade seria reinventada, e o justiceiro aproveitaria a oportunidade para se transformar, antes de ser assassinado. Em 1996, mesmo sem o apoio político de antigamente, padre Jaime organizou uma caminhada em defesa da vida no Jardim Ângela para responder às elevadas taxas de violência, saindo da paróquia Santos Mártires e chegando ao cemitério São Luís, com parentes de vítimas em celebração da memória dos mortos. A caminhada se repete até hoje, todo dia 2 de novembro, Dia de Finados, e é finalizada com um culto ecumênico em que falam padres, pastores e babalorixás.

Os padres progressistas, contudo, perderam prestígio e espaço, assim como os partidos de esquerda e as causas sociais. Os pentecostais ascenderam à elite econômica e à política nacional. O crime se organizou. O mercado passou a ser visto como a única forma de prosperar, e a vontade pessoal como mais eficaz do que os serviços públicos oferecidos pelo Estado.

A esperança deu lugar ao cinismo. Em 2022, o padre Jaime voltou para a Irlanda, depois de cinquenta anos no Brasil. As sementes que questionavam o sistema tinham sido plantadas e fariam parte dos debates políticos futuros, influenciados por formas diferentes de interpretar a Bíblia, ver a religião e a luta política. O padre Jaime faleceu no dia 20 de fevereiro de 2023. Na sua nota de despedida consta um de seus provérbios favoritos, que resume suas convicções: "Gente simples, fazendo coisas simples em lugares de pouca importância geram grandes transformações".

9.
Os guerreiros do caos

"Primeiramente, que esta carta possa encontrá-lo cheio de saúde, paz, harmonia junto a todos que estão ao seu redor e que o Senhor Nosso Deus possa estar te abençoando, com as ricas bênçãos lá do céu. Amém." Era assim, com algumas variações, que costumavam começar as cartas que Alexandre Rodrigues me mandava da prisão desde maio de 2008. Ele foi uma pessoa muito importante para mim por permitir que eu me aproximasse dele e por compartilhar comigo suas reflexões sobre os erros e os descaminhos em sua trajetória. São temas íntimos e constrangedores, que a maioria prefere evitar ou, quando muito, só dividir em um divã de psicanálise. Alexandre se mostrava convicto de que não era mais o mesmo de antes. Ele havia tomado consciência dos seus graves tropeços, se arrependeu, se sentiu perdoado pelos mais próximos e, por isso, não se incomodava — e até se empenhava — em investigar o próprio passado.

Com a colaboração de homens como ele, eu tentava desvendar como uma sociedade conseguia produzir crenças e propagar discursos a favor de certas práticas homicidas e, depois, desconstruir tudo e colocar outras crenças e discursos no lugar. Aconteceu em São Paulo, e tanto os evangélicos como o PCC, cada qual à sua maneira, contribuíram com essa transformação.

Alexandre foi preso em 1998 e testemunhou os dois momentos do crime em São Paulo: o da desordem, antes dos anos 2000, e o da nova ordem, nas décadas seguintes. Nos primeiros anos de detenção, ele ficou no Complexo do Carandiru, na capital. Em 2002, foi transferido para outras unidades no interior até chegar ao presídio de Paraguaçu Paulista, a quase oito horas de ônibus da praça da Sé. Em Paraguaçu, condenado a 58 anos de prisão, ele se converteu ao Evangelho e passou a frequentar a cela dos crentes, seguindo os ensinamentos da Congregação Cristã do Brasil. Nas horas vagas, que eram muitas, Alexandre atuava como rábula, apresentando pedidos na Vara de Execução Penal para agilizar a progressão da própria pena e as dos seus colegas.

A situação do sistema penitenciário era um dos temas presentes nas cartas que me mandava. Ele assistiu de perto à modificação gradativa das regras internas dos presídios pelo PCC, enquanto a facção passava a se legitimar entre os presos. Quando começou a cumprir pena, no Carandiru, a comercialização de camas e de vagas em celas menos lotadas favorecia a exploração dos presos mais fracos pelos mais fortes e influentes, e muitas brigas ocorriam por desentendimentos importados das ruas. Ambas as práticas foram proibidas pela facção, assim como os assassinatos no interior do sistema e os estupros. Alexandre viu a epidemia de crack nos presídios acabar da noite para o dia, por determinação do PCC.

O Carandiru seria desativado em 2002 e implodido em 2005. Para receber os presos da capital, o governo de São Paulo criou unidades menores no interior, que sempre estavam superlotadas. Muita gente estava sendo presa. Avanços tecnológicos da Polícia Militar — sobretudo na comunicação de rádio entre viaturas — levaram a corporação a fazer mais prisões em flagrante. Apesar disso, os crimes, e, consequentemente, o medo da população só aumentavam; o endurecimento das punições não era suficiente para fazer com que as regras sociais fossem obedecidas.

"Foram construídos 26 novos presídios, com capacidade para oitocentos presos, mas que estão sempre com 1300 a 1500 detentos. Mesmo com tantas unidades, nenhuma Vara de Execução Penal foi feita", escrevia Alexandre. O sistema prendia, mas não soltava nem respeitava as regras que garantem a progressão da pena. "A Lei de Execução Penal tem 204 artigos. Nem metade deles é cumprida. O governo cria seus próprios monstros", ele sentenciava.

Alexandre era uma das chaves para eu entrar numa realidade da qual não fazia parte. Nascido em 1974, ele era de uma geração específica de homens criados nas periferias da Grande São Paulo. Parcela dela foi dizimada antes dos 25 anos, em conflitos travados nas ruas dos bairros em que viviam. Uma geração rodeada por assassinatos e armadilhas nos anos mais violentos da história da cidade. Em termos cronológicos, é a mesma geração que a minha, que nasci em 1971. Mas um abismo separa nossos mundos, apesar dos poucos quilômetros de distância entre nossas casas.

As informações sobre esse universo chegavam a mim, que trabalhava na grande imprensa, na forma de estatísticas ou, quando muito, filtradas pela descrição dos inquéritos policiais. Eu não gostava de reportagens policiais, preferia evitar o tema para que a vida seguisse suportável. Via como algo de mau gosto, abordado como entretenimento mórbido pelos programas sensacionalistas, e mantinha distância. Era uma defesa mental em uma profissão já estressante.

Comecei a me embrenhar nessa realidade ao ouvir pessoas que viviam e protagonizavam a violência na cidade. Identifiquei um universo que eu não conhecia porque ele costumava ser descrito exclusivamente a partir de estereótipos, o que fazia com que os relatos quase sempre desinformassem, em vez de auxiliar na compreensão da realidade urbana. Descobrir aquele mundo que eu até então fingia ser invisível despertou minha curiosidade porque, inclusive, fez eu me conhecer melhor, sendo morador de São Paulo. Como jornalista, pensei que devia compartilhar essa apuração incômoda com outras pessoas e tratar dos assuntos que a maioria prefere manter nas sombras.

O urbanismo em São Paulo, em comparação ao do Rio, foi bem-sucedido em segregar as classes média e alta. As periferias ficavam distantes do centro urbanizado, separadas pelos rios Pinheiros e Tietê, enquanto no Rio de Janeiro bairros ricos e pobres estão misturados. Em ambas as capitais, contudo, surgiu uma espécie de arquitetura do medo, de prédios e condomínios com muros altos, grades, cercas elétricas, shopping centers, segurança privada e milhões de carros, que tornam o transporte público praticamente exclusivo das classes populares.[1] Sem falar das imensas barreiras invisíveis que levam certos grupos a se enxergarem como espécies humanas distintas. Dessa maneira, mesmo antes das redes sociais, a cidade criou bolhas analógicas que dificultam o convívio entre representantes de classes, territórios e cores diferentes. Quando a mistura ocorre em contexto profissional, é mediada por uma hierarquia rígida na qual os periféricos trabalham em empregos subalternos e braçais, o que mantém a relação desigual e distante.

Eu vinha do mundo segregado de classe média, do mesmo universo de G. H. Estudei em colégios particulares, fiz universidade pública, convivi e trabalhei com pessoas do mesmo perfil que o meu. Faço parte de numa geração mais acomodada, que veio depois das guerras mundiais e dos movimentos de contracultura de 1968. No Brasil, não precisamos lutar contra a ditadura militar e crescemos durante a abertura democrática, com amplo acesso à cultura pop internacional que emergiu com o rock e depois com a música eletrônica. Somos a geração Coca-Cola dos "burgueses sem religião", marcados pelo hedonismo e sem culpa por celebrar o prazer. O uso recreativo de drogas era aceito com naturalidade. Álcool, maconha, cigarro e cocaína sempre foram combustíveis das festas, inspiravam a arte e a música. As raves eram movidas a ácido e ecstasy.

Medo de violência era medo de ser assaltado, e eu não perdi nenhum amigo da juventude assassinado, o que é bem diferente entre os homens das periferias da mesma geração que a minha. Quando comecei a pesquisar o tema, pedia aos entrevistados que estimassem as perdas em seus círculos de amizade. Era comum ouvir "mais de dez", "mais de vinte", "perdi a conta", "não dá pra calcular". A presença sufocante dos homicídios é cruel por sua enorme capacidade de transformar destinos, o que só compreendi depois de conversar com pessoas que viveram esse contexto, eliminando qualquer julgamento a respeito desses comportamentos destrutivos. Muitas dessas histórias, que inicialmente pareciam não se encaixar, como peças isoladas de um quebra-cabeças, com o tempo se juntaram para formar um quadro mais compreensível.

Alexandre foi um dos meus guias nessa caminhada. Seus pais também eram migrantes e, como os de boa parte de seus contemporâneos periféricos, chegaram de Iguaí, pequeno povoado da Bahia, ainda nos anos 1960. Foram morar no Jardim Planalto, quando as ruas eram de terra e rodeadas de mato, e, aos poucos, seu pai construiu a casa da família, um sobrado de três andares, vizinho ao de seu irmão gêmeo. Ambos criaram famílias grandes, formadas por diversos meninos. A maioria acabou presa ou assassinada.

Segundo mais velho de cinco irmãos, Alexandre conseguiu se desvencilhar das armadilhas do destino. Seu irmão mais velho, Bia, colecionava armas e as negociava para a prática de crimes. Foi o primeiro a ser preso. Nenga, o terceiro da família, foi preso no mesmo ano que Alexandre, 1998, acusado de envolvimento em conflitos com uma gangue rival. Valdemir, o quarto na escadinha, era o único que trabalhava desde jovem. Ele queria distância do crime, mas acabou assassinado ao ser confundido com Nenga, que estava jurado de morte. O caçula, Vando, tinha treze anos quando testemunhou o assassinato de Valdemir, e o trauma o fez desistir do projeto de carreira no crime.

Os primos de Alexandre, filhos do irmão gêmeo de seu pai, tiveram destino ainda mais trágico. Claudio foi assassinado em 1993; Agnaldo, em 1995; José Carlos, em 1997. Todos morreram em ciclos de rixas estúpidas, as chamadas "tretas", a principal motivação das mortes no período. Tragédias familiares como essa não eram incomuns. Sun, outro amigo da geração de Alexandre, tinha onze irmãos, dos quais cinco homens morreram assassinados, incluindo ele. Em 1984, Edmilson, o irmão mais velho da família, que trabalhava como taxista, foi morto por policiais da Rota. Em 1987, Ednaldo foi assassinado por um amigo. Ailton, outro dos irmãos, morreu em 1988, em um escadão do bairro. Adilson, que era trabalhador, foi assassinado com o primo Fofão, por causa dos conflitos das gangues, assim como Sun. Foi Edneusa, uma das irmãs, que me contou a história dos parentes finados. Ela teve dois filhos e dois netos e, quando conversamos, na segunda década dos anos 2000, os dois filhos já estavam presos. A cada quinze dias Edneusa gastava 120 reais para mandar roupas e comida para eles, nos chamados jumbos, e assim suprir a péssima qualidade das refeições do sistema penitenciário. O crime ainda assombrava a vida familiar, como uma maldição.

Quem fez a ponte entre mim e Alexandre foi uma ex-professora dele do ensino fundamental, Jucileide Mauger, conhecida como Tia Ju, que se tornou diretora da Escola Oliveira Vianna, no Jardim Ângela. Ela me deu o endereço de Alexandre na prisão e eu lhe enviei a primeira correspondência, perguntando se ele topava conversar. Cheguei a visitá-lo no presídio em Paraguaçu Paulista, na nossa primeira conversa olho no olho, e depois, quando ele entrou no regime aberto, continuamos a nos encontrar. Alexandre estudou no Oliveira Vianna até a quarta série, mas repetiu diversas vezes e saiu da escola na adolescência. Seus irmãos e primos também frequentaram o Oliveira nos anos mais dramáticos da violência no bairro. Jucileide me contou que, entre os anos 1980 e 1990, quando dava aulas na escola, perdeu mais de cem alunos assassinados. Alexandre era um sobrevivente e, depois de virar evangélico, se correspondia com ela da prisão.

Nas conversas com Alexandre era difícil identificar as causas que o tinham levado para a vida do crime, ainda adolescente. Quando pequeno, ele sentia medo dos bandidos do bairro e até evitava passar na frente da casa deles. Mas arriscava algumas explicações. Segundo ele, tinha a ver com uma raiva que precisava extravasar, possivelmente causada pelo comportamento violento do pai, que dava surras nos filhos, sobretudo depois de beber, e que entrava em brigas com a esposa que, com frequência, envolviam facas. "Isso mexe com o psicológico", ele me dizia. Também podia ser relacionada aos espancamentos que sofreu, adolescente, de policiais. Um, em especial, o marcou, quando foi falsamente acusado de assalto à casa de uma vizinha, passou dias apanhando na delegacia e por fim foi internado na Febem. Desse episódio, adquiriu um problema no estômago do qual nunca mais se livrou. Ele ainda arrisca uma explicação sobrenatural, por causa da sua antiga relação com o candomblé. Ele sentia tanta raiva que às vezes mastigava um copo de vidro sem nem machucar a boca.

Nessa geração das periferias havia um vazio a ser preenchido que a colocaria em choque com a geração dos seus pais e avós. Os valores desses jovens nascidos em São Paulo não eram os mesmos dos migrantes que vieram para a capital acreditando nas oportunidades das cidades. A esperança forjada no ambiente rural não fazia mais a cabeça de Alexandre e de seus amigos, nascidos na realidade opressora e violenta das periferias. Eles negavam a cultura dos seus ancestrais. De que adiantava conhecer a terra, o clima, os ciclos das plantações, as tradições e as festas dos santos em São Paulo? Os hábitos e costumes rurais eram menosprezados, considerados anacrônicos. O estigma pesava sobre os nordestinos no Sudeste. "Baiano" e "paraíba", respectivamente em São Paulo e no Rio, eram adjetivos associados à ignorância e ao atraso.

Os descendentes dos migrantes nordestinos, nascidos nas periferias, tinham o desafio de inventar para si uma nova identidade urbana em meio a uma sociedade violenta, implacável com quem não tinha dinheiro para sobreviver, uma verdadeira máquina de humilhação de pobres. O crime ofereceu um caminho para a criação dessa identidade masculina urbana e periférica. Permitia extravasar a raiva, responder com violência, na mesma moeda, à perversidade do sistema, e recusar ser atacado na honra e masculinidade, ainda que pagando com a vida e a liberdade. Eles morriam de cabeça erguida, ao contrário dos seus antepassados, que aceitavam as regras do jogo, sendo humilhados por pessoas que não reconheciam sequer sua humanidade.

O crime também era uma afronta ao sistema por oferecer um atalho para a aquisição de bens materiais aparentemente inacessíveis e prestígio social. Usando a violência, os criminosos podiam participar da sociedade de consumo, mesmo que por alguns instantes. Essa possibilidade se conectava aos valores hedonistas da sociedade burguesa sem religião; era um hedonismo violento, que não se preocupava com o que seus desejos podiam provocar nas vítimas de seus crimes.

A crise da religiosidade ajudava a aumentar o cinismo: se Deus não existe e o sistema pretende exterminar os pobres, por que não dar o troco? Sem as amarras religiosas, o que impediria alguém de roubar, trapacear, assaltar e se vingar da violência no mundo? Essa leitura da realidade e das leis, estimulada pelo ódio e pela cultura do crime, liberava moralmente muitos jovens para buscar o prazer em carros e motos potentes, roupas chiques, sexo e drogas, o que dificilmente conseguiriam com um emprego comum. O canto da sereia atraiu Alexandre e seus amigos. Para seguir esse caminho era preciso negar a humanidade do outro, o que era mais fácil para quem sentia a própria humanidade negada. Assim cresceram os adeptos da "vida louca", os "bichos soltos", sem remorso, que preferiam viver dez anos a mil em vez de mil anos a dez.

Quando o crime começou a crescer, principalmente depois da crise econômica dos anos 1980, houve um choque entre essas duas gerações: os migrantes, que chegaram do campo, e seus descendentes, nascidos nas periferias. Em São Paulo esse conflito foi representado por dois personagens: os justiceiros, que carregavam os valores dos primeiros; e os bandidos, que simbolizavam a revolta antissistema dos segundos. A absoluta maioria dos justiceiros era formada por pessoas vindas da zona rural, que diante do crescimento do crime organizaram-se para limpar seus bairros dos jovens que roubavam a vizinhança. Durante os anos 1980, segundo estimativas, os justiceiros chegaram a mais de mil, atuando em todos os cantos da metrópole. Matavam para defender o trabalhador e organizar seus bairros, varrendo quem não respeitava as regras.

Rivadávia Serafim da Silva liderou na zona norte um grupo suspeito de cometer duzentos homicídios entre 1983 e 1987. Nascido em Pena Forte, no Ceará, tinha 1,60 metro e pesava cinquenta quilos. Jonas Félix da Silva, que matava no Jardim Ângela e em outros bairros da zona sul, era de Limoeiro, em Pernambuco. Também eram pernambucanos Gilvam Brás da Silva e Francisco Alves de Souza, que atuavam em Guarulhos, e Ivanildo Gomes de Freitas, o Zoreia, que exterminava em Osasco. Francisco Vital da Silva, o Chico Pé de Pato, era de Campo Alegre de Lourdes, no sertão da Bahia. Recebeu o apelido porque andava com os pés abertos e ganhou status de herói ao dar entrevistas no programa de rádio de Afanásio Jazadji, que chegou a bater a marca de 1 milhão de ouvintes. Sua popularidade nos anos 1980 era tanta que o termo "pé de pato" se tornou sinônimo de justiceiro.

Muitas vezes havia protestos em frente aos fóruns ou delegacias quando eles eram presos, e, não raro, policiais e justiceiros faziam dobradinhas. Dizia-se que os pés de pato sabiam diferenciar os bandidos dos trabalhadores por morarem todos no mesmo bairro, o que evitava que os policiais, que associavam pobreza com a bandidagem e não sabiam diferenciar bandido de trabalhador, assassinassem inocentes. Também havia uma diferença entre a lógica de extermínio de policiais matadores e de justiceiros. Os homicídios da polícia eram em defesa de uma classe. Já os justiceiros defendiam os valores de sua geração, ligados ao trabalho duro. O inimigo de ambos, contudo, estava sintetizado no estigma do bandido.

Quem viveu de perto a tensão desse período foi Laércio Soares, um vereador de Diadema que conheci nos anos 2000, quando acompanhei sua luta para a aprovação da lei que obrigava os bares a fechar às 23 horas, na tentativa de reduzir os homicídios. Laércio testemunhou a escalada de conflitos fatais em Diadema, um dos berços do sindicalismo e dos movimentos sociais, que nos anos 1990 se tornaria uma das cidades mais violentas do mundo, em um processo de transição semelhante ao ocorrido no Jardim Ângela.

Laércio chegou em Diadema em 1973, vindo de Governador Valadares, Minas Gerais. Foi morar na Vila Nogueira, um loteamento informal que "fatiou" terras baratas e as vendeu formando um bairro, como outros em São Paulo, sem asfalto, água encanada, esgoto ou luz elétrica. A violência, porém, ainda não preocupava. Como a população do novo distrito não parava de crescer, ele aproveitou a oportunidade para entrar no ramo comercial: comprava produtos próximos ao vencimento, e portanto mais baratos que o comum, em mercados atacadistas para vendê-los rapidamente. Dessa forma montou uma avícola, uma padaria e uma lanchonete, que depois revendeu para instalar outros comércios, e assim sucessivamente. Ele organizava campeonatos de várzea e foi o primeiro a ter telefone no bairro, para o qual os parentes dos moradores ligavam para deixar recados, e um dos primeiros a ter carro, no qual levava os vizinhos ao hospital. Tornou-se uma liderança.

Segundo Laércio, naquela época os laços entre os moradores eram mais fortes e a sensação era de relativa confiança. Leite e pão eram deixados nas portas dos clientes de madrugada. Depois de 1982, contudo, os bandidos começaram a despontar com assaltos crescentes. As armas se espalharam, assim como a ousadia dos criminosos, e o choque entre as gerações começou a ter efeitos danosos. Os comerciantes do bairro, assustados, contrataram um grupo de vigilantes para executar os ladrões, do qual Vitão foi o mais famoso, o principal justiceiro da região a partir de 1985. Mas em pouco tempo os próprios comerciantes perceberam o erro da solução violenta, porque outros grupos se formaram para matar o xerife da vez, numa disputa sangrenta pelo poder que elevaria o número de assassinatos. Nessa época, Laércio comparecia aos jogos de várzea com duas armas na cintura. O extermínio, em vez de garantir a paz, criara mais violência.

O mercado das drogas foi um complicador da cena masculina autodestruidora nas cidades. A maconha quebrou barreiras e se popularizou no Brasil e no mundo a partir dos anos 1960, pegando carona nos movimentos da contracultura ligados ao rock e ao pacifismo dos hippies. No início, o comércio de maconha era quase artesanal, com lucros moderados que não chegavam a preocupar os agentes de segurança pública tanto quanto os roubos. A situação mudou com a entrada da cocaína, nos anos 1980. Os cartéis de Medellín e de Cali, na Colômbia, foram os responsáveis pela produção e exportação em larga escala, bem como a consequente modernização e internacionalização do processo.

O Brasil era um dos corredores pelos quais a droga escoava dos Andes para Europa, África e Ásia, mas parte ficava no mercado brasileiro. Ao dar uma sobrecarga de dopamina para o cérebro, a cocaína produz um falso sentimento de euforia que aumenta a autoestima: era a felicidade artificial que ludibriava parte da geração dos anos 1980. O usuário consegue ficar acordado na balada ou no trabalho por mais tempo, ampliando, assim, seu prazer e produtividade, com uma sensação de potência inigualável.

O mercado da cocaína é muito lucrativo. Um quilo da droga pode custar cem vezes mais que a mesma quantidade de maconha. Por causa do seu efeito concentrado, ela dura pouco tempo e pede sempre mais, gerando compulsão. Esse mercado vigoroso ofereceu oportunidades para empreendedores dispostos a se arriscar no ramo, normalmente jovens com poucas esperanças de futuro. Muitos garotos pobres optaram por trocar a perspectiva de uma identidade sem glamour pelas ofertas simbólicas da carreira do crime financiada pelo negócio das drogas. O consumo, as armas e os conflitos traziam um propósito a masculinidades que se sentiam desrespeitadas.

A comercialização aconteceu de forma diferente em São Paulo e no Rio, criando dinâmicas distintas de violência e poder territorial. No Rio, o crescimento da venda de cocaína se deu na mesma época em que o crime local criou um novo modelo de gestão, a partir do interior dos presídios, em Ilha Grande. A Falange Vermelha — que depois se chamaria Comando Vermelho — foi fundada pelos presos em 1979 com o objetivo de autoproteção. Logo os integrantes da facção perceberam que a venda de cocaína era uma maneira lucrativa de financiar sua organização e seus chefes.

Do lado de fora, passaram a controlar principalmente os morros e comunidades das zonas sul e norte e do centro, com pontos de venda próximos aos mercados consumidores de classes média e alta. Junto ao CV, no mesmo presídio de Ilha Grande, surgiu o Terceiro Comando, espécie de empresa concorrente com artifícios semelhantes de autofinanciamento.[2] O resultado foi uma disputa intensa por mercados e territórios, que marcaria o cotidiano da cidade nos anos que viriam. Esse controle territorial fortaleceu a existência de autoridades criminais armadas, rotuladas de "donos dos morros", que passaram a exercer um tipo de domínio sobre a comunidade que fragilizava ainda mais as políticas públicas e a vida dos moradores desses bairros.

Em São Paulo, o controle territorial não fazia parte da estratégia dos traficantes. A enorme distância entre as periferias e os bairros de classe média e alta, nos anos 1980, exigia que a venda fosse feita nos bairros dos próprios consumidores, perto das boates, bares e escritórios. Então não era necessário dominar os bairros periféricos para garantir o movimento de pontos varejistas. Também não existia nenhuma facção organizando as ações, centralizando o capital e a compra de mercadoria e armas. O cenário paulista era, portanto, atomizado, uma rede horizontal de ladrões, puxadores de carro, contrabandistas e comerciantes de droga, com microtraficantes comprando dos pequenos, pequenos comprando dos médios e assim por diante.

Havia liberdade para empreender, desde que não atravessassem os negócios e mercados uns dos outros. Cada indivíduo ou rede de aliados, contudo, precisava fazer valer esse respeito, o que acontecia à base de bala. Era nesse contexto de pequenos empreendedores criminais armados, atuando em um mercado sem regulação, que os homicídios paulistas ocorriam. Demorou para que uma facção relevante despontasse. O Primeiro Comando da Capital só surgiria dentro dos presídios em 1993 — catorze anos depois das facções fluminenses — e levaria quase uma década para começar a atuar no tráfico de drogas. Sua força e longevidade viriam justamente do fato dos seus líderes compreenderem a importância de a facção desempenhar o papel de agência reguladora do mercado atomizado do crime paulista.

Antes disso, ao longo dos anos 1980 e 1990, a cena criminal em São Paulo, formada por indivíduos e pequenos grupos que defendiam sua honra a qualquer custo e não toleravam ser desafiados, multiplicava seus focos de conflitos. Os policiais, responsáveis por apagar o incêndio, jogavam gasolina no fogo, assim como os comerciantes locais, que financiavam os justiceiros. Cada morte podia gerar vinganças e rivalidades que duravam anos. Nesse contexto caótico, a raiva de Alexandre e de seus amigos era canalizada nas disputas da sua geração. Para quem não acredita no futuro, envolver-se nesses ciclos de conflitos cria um propósito ligado à luta pela própria sobrevivência. Muitos matadores, comprometidos com essas guerras territoriais, me descreviam com empolgação as batalhas que travavam, como se lutassem por uma causa.

Chico, amigo de Alexandre e filho de Vanderlino, o metalúrgico baiano que veio de Maraú citado no capítulo 5, era liderança de uma das bancas do Jardim Planalto. Tinha dezoito anos no fim da década de 1980, enquanto Alexandre e os demais eram mais novos, com idades entre catorze e dezesseis anos. Ele era respeitado porque já trabalhava como metalúrgico, por indicação do pai, mas queria mais. Talvez ser respeitado a partir de valores da sua própria geração, e não de seus antepassados. Ser trabalhador assalariado, seguir o mesmo caminho paterno, ganhar pouco e estar sujeito a ser humilhado por criminosos e policiais não bastava. Assim, juntou seu grupo para matar um ladrão que tinha tentado roubar o carro de um membro da sua banca. Foi um dos primeiros homicídios do grupo de adolescentes do Jardim Planalto.

Depois os meninos fizeram uma lista de assaltantes que agiam nos arredores para matá-los. Tornaram-se poderosos ao ultrapassar a barreira sagrada da decisão de quem merecia morrer. Não se identificavam como justiceiros porque não recebiam dinheiro para matar, apenas defendiam o território contra a ação dos malfeitores e a honra do grupo e de seus integrantes. Pelo menos era nisso que acreditavam. Com o tempo, foram criando conflitos com as bancas vizinhas.

O primeiro assassinato iniciava uma trilha sem volta, despertava o desejo de vingança e criava a necessidade de mais assassinatos em defesa de eventuais contra-ataques. Novas tretas não paravam de brotar. Uma vez, por exemplo, meninos do bairro do Imbé roubaram armas de estudantes da Escola Oliveira Vianna, e por isso as gangues dessas vizinhanças passaram a brigar. Chico e seu grupo também se desentenderam em uma festa com Dionísio, conhecido como Baianão, um ladrão das antigas. Os conflitos fatais aumentavam a fama dos matadores e despertavam mais rivalidades, com quadrilhas de bairros vizinhos no Kagohara, Jardim Nakamura e no próprio Planalto. Quando um grupo se sobressaía, tinha que ficar atento para evitar o bote. Os parentes tentavam demover os meninos do crime, mas os empregos que lhes ofereciam, como servente de pedreiro ou atendente em padaria, não se encaixavam nas ambições deles. Alexandre, por exemplo, abandonou trabalhos como esses e passou a roubar carros fora do bairro em que morava para se sustentar. Pitty, outro integrante do grupo, tinha algumas bocas de fumo. Mesmo atuando em ramos diversificados, eles se juntavam para proteger os integrantes da banca do Jardim Planalto.

Os inimigos ganhavam outra humanidade; a eles eram associados estigmas e defeitos que justificavam sua eliminação. Eram os sangue-ruim, os vermes, os atrasa-lado, os vacilões e por aí vai. No meio dessa confusão, conforme os membros de um grupo eram presos ou assassinados, as outras bancas se fortaleciam e seus integrantes se tornavam os chefetes da vez. A liderança do grupo de Chico, Nenga e Alexandre durou pouco.

Alexandre, por exemplo, foi acusado pelos jornais de ter atirado em um policial — algo que ele sempre negou — e passou a ser visado pelas forças de segurança, chegando a escapar de uma operação policial com centenas de homens em seu rastro, que contou até com um helicóptero sobrevoando as casinhas do bairro, com transmissão na TV. No mesmo dia ele fugiu para a Paraíba, onde viveu escondido por dois anos. Chico já havia sido assassinado, assim como Sun e outros do grupo.

Diante do vácuo de poder, a autodenominada Gangue dos Ninjas ganhou fama e acumulou assassinatos no bairro. Era formada por parentes e amigos de uma antiga geração de ladrões que cresceu nos anos 1980 no Jardim Tupi, ao lado do Jardim Planalto. Parte dela já havia morrido ou sido presa, e foi sucedida pelos mais jovens, com poucos anos de diferença. Os Ninjas pichavam o nome da gangue nos muros das redondezas para alardear seu poder e inicialmente matavam encapuzados com balaclavas. Belo era um dos membros mais temidos porque não pensava duas vezes antes de matar. Quando foi detido, aos dezesseis anos, a tranquilidade com que confessou cinco assassinatos assombrou os policiais. Ele disse ter matado Paletó em companhia de Luisinho, parceiro na gangue. A vítima tinha cerca de vinte anos e frequentava o Jardim Santa Lucia. Em algum momento no passado, Paletó roubara a bombeta de Belo, que, ao assumir a identidade de matador, decidiu executá-lo. Não pelo boné, claro, mas pela ousadia de Paletó desafiá-lo. Ele "desacreditou", expressão que ouvi muitas vezes no contexto violento de homicídios recorrentes e que significava que alguém tinha desrespeitado a honra alheia. No dia do crime, os dois assassinos esperaram, atrás de um muro da região, Paletó passar de moto com Fofo, um amigo, na garupa. Quando a moto parou, eles saíram atirando. Belo, com seu revólver .38 comprado de um traficante por 250 reais, e Luisinho, com uma pistola 765 e outro .38.

Os homicídios dos anos 1980 e 1990 tinham esse padrão. Os autores executavam a vítima indefesa, evitando qualquer chance de reação. O poder de um ladrão experiente e respeitado não significava nada diante de um jovem com apetite, como era o caso de Belo e de seus amigos. Na delegacia, ele também assumiu o homicídio de Leonício, quando tinha apenas quinze anos. Justificou dizendo que a vítima bebia cachaça, fumava crack e depois tornava-se valente. O menino ficou dois meses na Febem e fugiu. Dois dias depois matou Adi, que havia lhe roubado uma pipa. Zé Cafeira, em 1998, morreu porque era viciado em crack e roubava as casas do bairro, segundo Belo.

Integrantes dos Ninjas também eram assassinados, e seus membros buscavam se vingar dos autores do crime. Na noite de Natal de 1997, os Ninjas invadiram uma casa e fizeram uma chacina com sete vítimas, das quais depois soube-se que nenhuma era a pessoa procurada pelo grupo. Foi um engano. José Carlos, um dos primos de Alexandre, e Adilson, um dos quatro irmãos de Sun, morreram na mão dos Ninjas. Valdemir, o irmão trabalhador de Alexandre, também, na frente da mãe, d. Carmelina, e do irmão mais novo, Vando. Quinze dias depois, Alexandre e Nenga foram presos. Belo também não demorou para morrer. O Ministério Público de São Paulo na região identificou o efeito bola de neve de um homicídio em 1993 que cinco anos depois tinha se desdobrado em outros conflitos com 156 mortos.

Essa imensa desordem tornava a vida imprevisível. Os homens viviam acuados, prontos para atacar diante do risco permanente de serem mortos. Um olhar torto podia ser interpretado como uma ameaça, estimulando uma agressão preemptiva. A regra era matar para seguir vivo. Entre os matadores, não era incomum que aliados se tornassem rivais, sobretudo depois da chegada do crack na região, no começo dos anos 1990, quando a situação da violência descambou e a curva de assassinatos explodiu em São Paulo. A receita foi importada dos Estados Unidos: basta cozinhar o cloridato da cocaína (o pó) em bicarbonato de sódio ou amônia. A droga é barata, mas altamente viciante, e sua produção era simples para quem já comercializava cocaína, o que fazia com que financeiramente valesse a pena.

O resultado são casquinhas e pedras que podem ser fumadas. A fumaça chega aos pulmões e logo alcança a corrente sanguínea, dando um barato intenso e imediato. Alguns comparam a primeira pipada a uma explosão na mente, tamanho o impacto. Depois que o efeito passa, vem o desejo por mais, a chamada fissura, que no crack é mais intensa do que a de outras drogas da época. A casquinha ou a pedra têm preço baixo por causa da menor concentração de cloridato de cocaína, mas o usuário pode gastar mais dinheiro por comprar diversas doses, às vezes, por dias seguidos. Em São Paulo, os traficantes perceberam o potencial do novo produto. Marcelinho, pastor Edson e Rodney Marcos, por exemplo, que apresentei nos primeiros capítulos, foram alguns dos pioneiros na venda das pedras. Eles faziam vendas casadas com maconha para introduzir a nova droga aos usuários, que rapidamente se tornavam dependentes. Com o crack no mercado, cresceu o número de bocas nas periferias e os conflitos se intensificaram ainda mais.

Em conjunto com o aumento dos homicídios também explodiram as chacinas, ocorrências em que mais de duas pessoas morrem, como foi o caso das sete vítimas dos Ninjas e das doze que morreram com a mãe de Marcelinho em Taboão da Serra, citadas no primeiro capítulo. As chacinas ganhavam destaque na imprensa paulista na década de 1990 e os casos eram contabilizados e investigados por uma delegacia especializada em múltiplos homicídios. Em 1994, foram registradas 34 ocorrências em toda a região metropolitana. No ano seguinte, 49, número que se manteve relativamente estável até 1998, quando saltou para 89, que se repetiu em 1999. O recorde de 95 ocorrências foi registrado no ano 2000.

Foi nessa época que comecei a investigar mais de perto os homicídios em São Paulo. Era o ano de 1999, e eu trabalhava na revista *Veja*, em que fui pautado para fazer uma matéria sobre chacinas. Entrevistando os matadores, compreendi que os assassinatos que eles praticavam não estavam associados meramente a ignorância, falta de autocontrole, maldade, loucura ou algum tipo de perversidade. A motivação para suas ações vinha de uma crença e um discurso que tinham sido formados no caos, na ausência de leis, no abandono institucional, no excesso de armas, e já tinham sido assumidos por pessoas que deixaram o mundo do trabalho para buscar o sustento no crime, apropriando-se de uma identidade marginal. Ademais, em um meio repleto de homicidas, matar era visto como uma ação necessária e legítima, e mesmo a vingança era entendida como uma maneira de impor respeito. Essa lógica tinha um efeito multiplicador implícito que vinha fazendo os assassinatos crescerem havia quarenta anos. Mais uma vez, foi preciso ouvi-los de igual para igual, escutá-los com atenção, levar em conta suas explicações para enxergar sua humanidade.

As longas conversas que tive com diversos matadores mostraram, para minha surpresa, que pessoas comuns, como Alexandre, Marcelinho, Edson e tantos outros, embarcavam nesses caminhos acreditando no propósito e no sentido de suas escolhas. Os autores de chacinas — alguns diziam ter perdido a conta de quantos mataram — também justificavam seus crimes a partir de uma ética local: como matadores rivais e criminosos nos arredores faziam o mesmo, não havia escapatória, eles precisavam entrar no conflito. Matar era a maneira mais eficiente de não morrer, e eles não matavam inocentes, apenas os que mereciam. A vida passava a girar em torno dessas disputas fatais das quais eles não conseguiam sair, como jovens guerreiros se autodestruindo na desordem.

Quando comecei as entrevistas, eu não esperava encontrar tamanha convicção em pessoas com tantos assassinatos nas costas. Eles acreditavam na justeza de seus atos. Numa conversa especialmente reveladora, pedi que o entrevistado informasse o apelido pelo qual gostaria de ser identificado, já que seu nome não poderia ser mencionado. Ele sugeriu "Wolverine", o super-herói membro do grupo X-Men, criado e publicado pela Marvel, uma ficção darwinista sobre mutantes que ganham diferentes tipos de superpoderes no processo de evolução natural. O Wolverine da minha reportagem se chamava César, o que só descobri anos depois, quando ele já havia sido assassinado. Em 1999, o ano da entrevista, ele tinha 25 anos, morava no Grajaú, na periferia sul de São Paulo, e tinha iniciado sua vida de assassinatos no começo daquela década. Seus pais eram atenciosos, ele havia concluído o ensino médio e trabalhava com transporte alternativo. Era um jovem bonito, bem-vestido, vaidoso, que usava um brinco de brilhante na orelha.

César cometeu o primeiro homicídio para se vingar da morte de seu melhor amigo durante um jogo de futebol de várzea. Inconformado com a covardia no campo, acompanhou seus colegas matadores no justiçamento do assassino, mas precisou continuar no grupo para se proteger dos adversários e logo cometeu o segundo homicídio. Novas tretas e vinganças surgiram, e ele nunca mais parou. Nove anos depois, era incapaz de dizer quantos já tinha matado, inclusive em inúmeras chacinas. Com o tempo, percebi que os X-Men eram uma metáfora que ajudava a entender como esses matadores enxergavam o mundo. A disposição para matar era um superpoder que eles adquiriam, uma evolução que os tornava quase divinos. Os revólveres e as balas eram uma extensão do seu corpo, capazes de torná-los imbatíveis, como as garras e a força do Wolverine da ficção. Ao se transformar em matador, eles viravam ex-humanos, cuja vida passava a girar em torno da disputa com outros superpoderosos, também dispostos a matar. Era uma guerra entre ex-humanos mutantes.[3] O resto da humanidade, os que precisavam conviver com eles em seus bairros, eram chamados de zé-povinho.

Essa relação provocou novas perguntas que levaram às investigações e leituras que definiram a minha linha de investigação. Seria possível desconstruir as crenças e discursos que respaldavam as trajetórias de vida de assassinatos e criar novos que acusassem o absurdo da situação? Programar novas ideias que condenassem e interrompessem essa autodestruição? Meu foco se voltou para entender como essas crenças e comportamentos homicidas eram produzidos, como a sociedade e as instituições estimulavam a formação delas.

Algumas respostas apareceram com o tempo. Discursos e crenças homicidas como aquelas apareciam na desordem. A convicção desses guerreiros do caos surgia em um meio sem agências mediadoras capazes de garantir previsibilidade, o que costumava acontecer em um mercado ilegal, cheio de armas e altamente competitivo. Quanto à tolerância velada de parte da sociedade e das instituições a esses assassinatos, apareceram novas perguntas: Como reverter o quadro? Será que apenas o sistema de justiça e a punição dos homicidas poderia mudar essa situação? Seria possível produzir outras verdades, capazes de reprogramar as mentes e mudar os comportamentos homicidas? Por que as políticas de segurança pública e o sistema de justiça não estavam funcionando? Haveria espaço para mudar comportamentos a partir da construção de um discurso que convencesse os matadores a pararem de se matar? Um novo pacto era verdadeiramente viável ou mera ingenuidade utópica? Eu achava que essas perguntas levariam muito tempo para ser respondidas e fui para a academia, onde eu poderia pesquisar com o prazo menos apertado do que o de um jornal. Só não esperava ver as crenças mudarem e os assassinatos caírem enquanto eu pesquisava. Eu me sentia dentro de um laboratório gigante.

A transformação começou lentamente no ano 2000, com o registro das primeiras quedas nas taxas de homicídios no estado de São Paulo. Como podiam ser residuais, então era preciso aguardar mais. No ano seguinte, entrei no mestrado para estudar o crescimento da violência nos quarenta anos anteriores. Os homicídios paulistas, porém, não pararam mais de cair. Testemunhei o surgimento e o fortalecimento do PCC, que proibiu a vingança e criou formas de as regras do crime serem obedecidas. Ao mesmo tempo, assisti aos pentecostais crescerem mais do que nunca, promovendo milhares de conversões no mundo do crime. As metanoias me impressionaram justamente por apresentar novos propósitos e narrativas que eram aceitas e reproduzidas nas rádios e igrejas. A violência deixava de ser uma opção natural.

Tanto o PCC como as igrejas pentecostais são instituições criadas pelos pobres, para os pobres, que produziam novos discursos capazes de reprogramar as mentes. O novo Brasil pobre e urbano começava a inventar formas de se governar. Elas nasciam da miséria, nas ruas esburacadas das periferias, nas igrejas evangélicas e nas prisões, e eram maneiras alternativas de gerar ordem e propósito, que, nas décadas seguintes, ajudariam a definir o futuro brasileiro.

10.
Empreendedorismo transcendental

A conversão de Alexandre dentro da prisão aconteceu depois de um sonho; o mergulho nas profundezas do inconsciente trouxe à tona a cura para as angústias de seu espírito. Ele já estava preso havia quatro anos e a vida que tinha lá não era das piores. Era respeitado, diariamente fazia exercícios físicos no pátio, jogava dominó e baralho, assistia TV e frequentava sessões de candomblé. Mas de leve, sem perceber, ele já tinha embarcado em um processo de mudança interno, sem clareza de onde iria chegar. O ódio continuava a remoer suas entranhas, o que causava, dentre outras coisas, uma constante dor de estômago, até que um dia visitou um culto da Congregação Cristã, sem compromisso. Ele não admitia a conversão e não queria ir para a cela dos crentes porque teria que parar de praticar esporte, ver televisão e vestir bermudas; seria obrigado a vestir calça comprida, camisa social e conviver com o olhar desconfiado dos que viam os convertidos como presos que se escondem atrás da Bíblia. Porém, nas breves visitas aos cultos, Alexandre sentiu uma paz inédita.

Ele já tinha ido a três cultos quando teve o sonho transformador. Nele havia um castelo com uma porta grande. Alexandre passou por ela e subiu uma escada bonita em cujo topo encontrou, pendurada na parede direita, uma espada, e, presa por uma corrente na parede esquerda, uma lamparina acesa. Sob a luz da lamparina havia um alçapão que, ao ser aberto, revelou guardar um fosso com um bicho enorme e feio, parecido com um dinossauro. A fera estava brava, rosnava e o encarava com olhos esbugalhados. Ainda no sonho, Alexandre se deu conta de que a lamparina o ligava ao monstro e que, para cortar esse vínculo, ele deveria pegar a espada, arrebentar a corrente e deixar a lamparina cair dentro do buraco para incendiar e matar o bicho. Foi o que ele fez. Mas não funcionou: o monstro devolvia a lamparina, e mesmo que Alexandre a jogasse de novo, ele voltava a devolvê-la. Até que sentiu a presença de anjos o orientando a matar o monstro, o que ele achava que não seria capaz de fazer. Tentou furá-lo com a espada, mas o couro do bicho era duro demais e não se deixava perfurar. Então Alexandre espetou o grande olho amarelo do monstro, que finalmente explodiu.

Ao acordar, Alexandre sentiu uma imensa paz no coração, que carregou consigo até o fim do cumprimento da pena. Ele interpretou que, ao matar o bicho, cortou a ligação com o demônio que o dominava, o que lhe indicava a libertação que o transformou. Ele nunca mais foi o mesmo. Parou de ser consumido pelo ódio que queimava o estômago. "Saiu tudo", explicava. "Passei a sentir coisas positivas, amor." Eu ainda ficava impactado ao ouvir uma pessoa que tinha sido perigosa dizer que passou a sentir mais amor pelo mundo. Ele me explicava o que tinha acontecido e eu acreditava na sinceridade de suas crenças.

As guerras de antigamente não significavam mais nada. Em algum lugar do passado os conflitos tinham sido importantes para a formação de sua identidade de homem honrado, valente, ameaçado, que não aceitava ser subjugado e era capaz de morrer para sustentar a imagem que havia criado de si mesmo. Contudo, essa personagem não existia mais, havia sido uma grande ilusão, o canto de uma sereia que quase o matou afogado. Na prisão, ele podia enxergar o passado em perspectiva. Seus amigos, parentes e vizinhos, que estavam mortos ou presos, tinham sido levados a acreditar nas mesmas miragens. Caíram numa armadilha do sistema, que os fazia destruir uns aos outros. Ele não tinha orgulho do que havia feito e refletia que seus amigos tinham morrido por nada, sem deixar legado. Alexandre passou a valorizar o amor e o respeito da mãe, da esposa e dos filhos, que choravam ao deixar a prisão nos dias de visita. Aquele amor era verdadeiro, concreto e a única coisa que realmente importava. Seu sonho revelara seus desejos mais profundos.

Alexandre reativou seu lado sentimental e passou a chorar à toa. A nova crença permitiu que ele desse sentido ao turbilhão de sentimentos e percepções sobre sua vida. Seu renascimento, portanto, não era nenhuma imposição ou lavagem cerebral, mas vinha ao encontro das novas verdades e expectativas que formava. O pentecostalismo dava explicações e nomes ao que ele vivera.

De resto, conforme se alinhava às normas da Congregação Cristã, sua vida andou para a frente. Alexandre se mudou para a cela dos crentes, casou-se com a mãe de seus dois filhos, batizou-se e, seis meses depois, tornou-se dirigente de uma igreja do presídio. Ele não queria, porque ainda não conhecia a palavra como outros integrantes mais antigos, mas aceitou o desafio, pois fora considerado o mais indicado para o cargo. Alexandre também conseguiu completar o ensino médio e fazer a prova do Exame Nacional do Ensino Médio (Enem) na prisão. Em 2009, seu direito à progressão para o regime semiaberto foi reconhecido e ele visitou o Jardim Planalto, dezesseis anos depois de ter estado em seu bairro de infância pela última vez. Quando finalmente terminou de cumprir a pena de catorze anos à qual fora condenado, aos 35 anos de idade, foi trabalhar com o irmão caçula, Vando, em reformas de casas, especializando-se em *drywall*.

A igreja também tinha sido a saída encontrada por Vando depois que ele testemunhou, em 1998, ao lado da mãe, o assassinato de Valdemir, o irmão trabalhador, que havia se empenhado em caminhar pelo lado certo. Vando tinha treze anos, e o episódio desestruturou sua mente adolescente, que já começava a ser programada pelos valores do crime. Até então ele já tinha testemunhado treze assassinatos e via a violência com naturalidade, acreditando que ela só tornava vítima quem merecesse. O primeiro homicídio assistiu de cima da laje, quando, aos nove anos, empinava pipa com um colega. Eram três horas da tarde e eles ouviram tiros que pareciam rojões, depois vieram os gritos, e, ao olhar para baixo, viu um menino caído na rua. Os matadores, impassíveis, foram embora sem pressa, dentre eles Sun, amigo de seus irmãos.

Em seguida aos assassinatos, circulavam informações esparsas sobre o que tinha acontecido. No caso da laje, por exemplo, Vando soube que a vítima também era do crime e que ao ser presa havia "caguetado" seus futuros algozes. As mortes eram tema de conversa na escola, e Vando narrava tudo em detalhes aos amigos. Eram cenas que faziam parte da rotina da comunidade e que ele conhecia de dentro. Quando as taxas de homicídios no território são altas, ver corpos nas ruas, notar pessoas andando armadas, testemunhar assassinatos, frequentar velórios e perder amigos são situações corriqueiras. Em 1996, o Jardim Ângela era campeão mundial de homicídios, com 116 homicídios por 100 mil habitantes.[1] Vando olhava tudo do lado de dentro.

Nesse contexto, sua família temia o dia em que receberiam a notícia do assassinato de um de seus três irmãos "envolvidos": Bia, Xande e Nenga. Fazia parte do jogo. Todavia, quando os Ninjas mataram Valdemir, tudo virou de ponta-cabeça. Pelas regras do crime, a violência não podia atingir os familiares dos bandidos, era proibido; inocentes não deviam morrer. Vando se sentiu perdido, traído, sem referências, e ele e a mãe tiveram que passar um tempo fora do bairro. Voltaram poucas semanas depois, mas Vando ainda estava desestruturado, com síndrome do pânico, e vivia trancado. Até que uma pequena igreja abriu bem em frente à sua casa, bastava atravessar a rua, e Vando teve coragem para conhecê-la. Assim que entrou, sentiu a paz interior que buscava, o medo ficou do lado de fora, e lá dentro ele até conseguia sentar de costas para a rua, algo que evitava fazer em seu bairro. Foi incentivado pela família e passou a conviver com os crentes. Com o tempo, encontrou um rumo profissional para fugir do futuro no crime, os três Cs que todos os homens das periferias sabem de cor: cadeia, caixão ou cadeira de rodas.

Os evangélicos pentecostais ofereciam algo que outras estruturas de poder seculares, criadas para produzir controle e ordem, não conseguiam. Isso ocorria, em primeiro lugar, pela força de suas mensagens. As pessoas as obedeciam porque acreditavam nas explicações e seguiam suas regras e mudavam de comportamento porque queriam ser recompensadas por isso. Alexandre, por exemplo, conforme a narrativa religiosa, entrou para o crime apadrinhado pelo diabo, mas sua fé o resgatou e ele renasceu ao lado de Jesus. Caso continuasse ao lado de Deus, o que significava obedecê-Lo, seria salvo e viveria eternamente sob Suas graças, ou seja, os crentes ainda recebiam um empurrão divino: a parceria com Deus era um superpoder que os ajudava a vencer, ganhar dinheiro, se curar, sem precisar trapacear ou usar a violência.

O vínculo se estabelece a partir de uma relação amorosa. Os crentes precisam amar a Deus, que os ama em troca e se vincula a eles. A nova posição de aliado gera confiança, autoestima e amor-próprio, mercadorias valiosas numa sociedade altamente competitiva. Além disso, dá a sensação de pertencer a um grupo que compartilha dos mesmos sentimentos e objetivos de vida. Foi assim, acreditando em seu potencial vitaminado pela parceria com Jesus, que Vando empreendeu e se tornou um pequeno empresário de sucesso na construção civil. Reaprender a viver em um mundo novo, pautado e hierarquizado por valores do mercado de consumo, é uma excelente maneira para se integrar e participar de uma rede de apoio. Obedecer, mais do que uma imposição, é um favor que os convertidos fazem a si próprios; uma prova do compromisso com Cristo e com o sistema.

A ordem e as regras religiosas serviam como bússola em meio ao caos e ao desconhecido para quem não tinha referências nas cidades. Os migrantes e seus descendentes não podiam nem deviam contar com os conhecimentos herdados de seus antepassados das zonas rurais. A educação formal e secular podia ser um caminho necessário, mas não era suficiente para prosperar, pois de má qualidade se comparada à de seus concorrentes dos colégios privados. Muitos não se iludiam com as promessas de ascensão a partir do mercado de trabalho e da organização política. As cidades dos anos 1980 enfrentavam uma crise econômica profunda, com inflação crescente e queda no nível de emprego. Governos fragilizados, sem dinheiro nem propostas destinadas a melhorar a vida dos pobres, apelavam para a violência policial e o encarceramento massivo. Como a competição com os mais ricos era inglória, o crime surgia como opção para os revoltados e cínicos. Já a crença em um poder divino podia favorecer o amor-próprio e trazer satisfação pessoal.

Os pentecostais também conseguiram criar uma poderosa estrutura de comunicação para propagar sua visão de mundo. A palavra podia ser espalhada tanto pelos veículos de massa, como rádio e televisão, como individualmente, no tête-à-tête, de forma horizontal e descentralizada em milhares de templos, com o trabalho de obreiros, pastores, diáconos e fiéis. Quanto maior o alcance da mensagem, menos exótica ela se tornava, e conforme deixava de ser estranha ao senso comum, mais normalizada e aceita ficava e mais adeptos conquistava.

Tanto os católicos como os protestantes históricos usavam os meios de comunicação em massa para evangelizar. A primeira concessão de rádio católica no Brasil ocorreu em 1941, em Salvador, dez anos depois da inauguração da Rádio Vaticano, pelo papa Pio XI.[2] Os primeiros programas protestantes, por sua vez, são de 1938, como é o caso de *A Voz Evangélica do Brasil*, criado por representantes das igrejas Batista, Metodista, Presbiteriana e Presbiteriana Independente. Esses desbravadores, contudo, não alcançaram o mesmo sucesso dos pentecostais. Além dos custos altos e das dificuldades técnicas, suas pregações eram longas, previsíveis e reproduziam as liturgias de suas igrejas históricas, alcançando uma audiência pequena.[3] Estavam amarradas ao passado.

A revolução viria na segunda onda pentecostal, nos anos 1950, quando os pastores passaram a usar suas rádios para curar os ouvintes e promover milagres. A Igreja do Evangelho Quadrangular foi pioneira, seguida pelos missionários brasileiros Manoel Mello, da Igreja Brasil para Cristo, e David Miranda, da Igreja Deus é Amor. Para se ter uma ideia do furor dessas mensagens, em 1958, apenas dois anos depois de iniciar seus programas de rádio, Manoel Mello colocou 70 mil fiéis em uma celebração no estádio do Pacaembu, em São Paulo. O sucesso migraria para a televisão. Em 1989, Edir Macedo e sua Igreja Universal dariam um passo ainda mais ambicioso ao comprar o segundo maior canal de televisão brasileiro, a Rede Record, transmitindo seu olhar — mesmo que subliminarmente — nos jornais, novelas e programas de entretenimento.

Essas igrejas traziam novidades. Estavam voltadas a oferecer respostas teológicas e soluções práticas aos desafios cotidianos de um mundo movido a dinheiro. Assumiam a fé como um instrumento para a prosperidade, o que também levou seus líderes a perder os escrúpulos na cobrança do dízimo de seus fiéis. Além disso, os pastores geriam os recursos financeiros de forma estrategicamente centralizada, a partir de um caixa único, e favoreciam investimentos em veículos de comunicação e na multiplicação dos templos, que, por sua vez, eram núcleos descentralizados de arrecadação de dízimo.[4]

Tudo conspirava para o sucesso desse produto. Com os pentecostais, o poder divino era mais palpável, já que a alegada ação do Espírito Santo podia se revelar de forma física, no corpo dos fiéis, pela glossolalia ou pela cura de doenças, muitas delas provocadas pelos espíritos endemoniados das religiões de matrizes africanas. Os pastores podiam exorcizar o desânimo para reformatar as mentes e acender nelas uma chama capaz de impulsionar o crente a agir de acordo com os valores do meio urbano. Havia excelentes compensações para os que obedecessem aos mandamentos de Deus, inclusive benefícios materiais. O passado devia ser deixado para trás em nome do progresso moral e financeiro no presente. Dinheiro e riqueza não eram mais tabus e faziam com que os novos templos fossem autossustentáveis. De acordo com a Teologia da Prosperidade, quanto mais o fiel desse para a Igreja, mais ele receberia de Deus.

As visões teológicas podiam variar conforme as denominações. As heresias da Universal, por exemplo, com suas pregações e sacramentos sincréticos, distantes do texto bíblico, eram criticadas por religiosos de diversas correntes. Mas a aliança se reestabelecia para fazer frente ao poder do establishment praticamente hegemônico ao longo da história brasileira, que, liderado pela Igreja católica e apoiado pela elite econômica e política, era visto como persecutório. Apesar das diferenças doutrinárias, a tendência dos pentecostais era se unir contra o inimigo comum. Nesse sentido, o sucesso das novas igrejas influenciava as doutrinas tradicionais, que não queriam ficar para trás e perder fiéis. A Assembleia de Deus, por exemplo, foi se flexibilizando com o tempo, liberando gradativamente as mulheres para cortar os cabelos, usar maquiagem e vestir calças compridas, bem como tirando as restrições a ouvir rádio, assistir TV e ir ao cinema. Suas igrejas embarcaram na comunicação em massa para disputar fiéis.

A força desse produto, contudo, se revelava ainda mais intensa no chão de terra e de asfalto esburacado dos bairros pobres, lugares em que os novos templos surgiam com a mesma agilidade que os botecos e as biroscas, tornando-se presença inseparável do ambiente das favelas. As pequenas igrejas brotavam nas periferias de forma orgânica, e qualquer um que vivesse na quebrada ou no presídio podia assumir o papel de líder religioso, caso tivesse carisma suficiente para abrir uma igreja e arregimentar seguidores. Como essas autoridades religiosas estavam inseridas nas comunidades e conheciam os problemas locais, tinham mais habilidade para pensar soluções com seus fiéis e potenciais seguidores.

Esses conselhos tinham que ser práticos, motivacionais, em vez de ideológicos e críticos, como eram os padres europeus da Teologia da Libertação.

Hoje o que você tem nas favelas? Você tem os grupos religiosos, que desenvolvem um Estado de bem-estar social improvisado. Hospital, prisão, drogas, vielas, os religiosos vão estar lá. O movimento social está dizendo que o mundo está acabando, que o fascismo está tomando conta, uma série de desgraças. Mas o pessoal da favela já é doutor em desgraça, ele não precisa ouvir mais essas. Já os pastores estão lá, dizendo para o desgraçado que ele é tudo pra Jesus. Se eu estou numa situação de abandono, eu me agarro,

disse o ex-presidente nacional da Central Única das Favelas (Cufa), Preto Zezé das Quadras, quando lhe perguntei sua opinião sobre o sucesso dos evangélicos entre os mais pobres e o enfraquecimento do discurso da Igreja católica e dos movimentos sociais nas periferias.[5]

Organizações como a Cufa são moldadas pelos valores da era pentecostal, ligados ao empreendedorismo, bem diferente das mobilizações de esquerda para pressionar o governo. As favelas e os bairros pobres brasileiros, segundo estimativas da própria Cufa, mobilizam 117 bilhões de reais em poder de consumo, valor maior do que o Produto Interno Bruto (PIB) de diversos países. Essa mistura de comunicação de massa com pregação hiperlocal, voltada para soluções do dia a dia e para o mercado, se mostraria uma estratégia vitoriosa entre os pentecostais. O movimento era duplo: pelas ondas do rádio e da televisão, pela oralidade, os pastores conclamavam a responsabilidade coletiva e a identidade de grupo. Nos territórios, pelo estímulo à leitura da Bíblia, desenvolviam a introspecção e a reflexão individual sobre os próprios desígnios e problemas.

Havia, ainda, outro diferencial relevante: montar um templo sempre foi mais simples, por exemplo, do que abrir uma igreja católica ou evangélica histórica. Em boa parte das denominações pentecostais, os templos são alugados, alguns em casas pequenas com cadeiras de plástico. Nesse esquema, os custos mensais podem ser rateados pelos participantes mediante a cobrança do dízimo, e alguns podem começar a igreja em sua própria casa, na garagem, com rodas de oração que se expandem conforme o interesse do público.

Mais do que anos de estudo em seminários ou conhecimento formal sobre teologia e filosofia, exigidos pelos católicos e pelas congregações históricas, o sucesso dos pastores pentecostais depende, sobretudo, da sua afinidade com os problemas dos vizinhos e de sua capacidade de pregar e dialogar para transformar angústia em esperança. A baixa educação formal pode ser, inclusive, um fator de proximidade com seus fiéis, com quem compartilham a linguagem, os sofrimentos e os desafios. Assim, o pastor adquire uma renda para dar continuidade a sua própria obra e uma posição de status e respeito em seu meio social.

A velocidade de abertura e a capilaridade dos templos evangélicos em território nacional foi dimensionada a partir de um levantamento feito a partir de dados da Receita Federal com o total de registros de pessoas jurídicas classificadas como organizações religiosas. Os 12,1 mil templos de 1982 se multiplicaram até alcançar a marca de 178 511 em maio de 2022,[6] o que significa a abertura de onze novos templos por dia no período. Essa velocidade praticamente dobrou na última década, quando 21 igrejas foram abertas diariamente. O crescimento se acelerou conforme a visão religiosa se normalizou culturalmente, as interpretações bíblicas se diversificaram e passaram a lidar direto com os problemas reais das pessoas.

A Assembleia de Deus liderou o ranking do total de templos (43 578 unidades), seguida da Batista (19 692), Igreja Universal (7505), Evangelho Quadrangular (5586), Igreja Presbiterana (5132) e Congregação Cristã (5052). O primeiro lugar disparado, no entanto, ficou com a soma das pequenas igrejas (78 560),[7] que não se enquadram em nenhuma das grandes denominações brasileiras e estão fortemente vinculadas ao carisma de seu próprio fundador. Segundo dados do Censo, existem cerca de 1,5 mil denominações evangélicas no Brasil, total que não para de crescer.[8]

Esse movimento foi bem diferente do vivido pela Igreja católica, que viu sua dianteira de séculos ser ameaçada. O processo de decisão da Igreja romana sempre foi mais hierárquico e burocrático, vinculado a uma cadeia de comando que passava pelos bispos e podia alcançar até o papa. Em São Paulo, por exemplo, o trabalho de expansão das CEBs e o fortalecimento das igrejas periféricas foram impulsionados pelas mudanças iniciadas pelos papados de João XXIII e Paulo VI no pós-guerra, como estratégia para enfrentar politicamente a ameaça das revoluções socialistas. Depois de 1978, quando o papa João Paulo II assumiu seu pontificado, esse movimento refluiu, principalmente depois do esfacelamento dos governos comunistas. Em 1989, a Arquidiocese de São Paulo foi dividida em cinco, fragilizando o poder de d. Paulo Evaristo Arns e fortalecendo os religiosos mais conservadores, na tentativa de reverter o crescimento do pentecostalismo. Começou a ganhar espaço o movimento da Renovação Carismática, que trazia para o centro da missa o poder do Espírito Santo, com suas curas milagrosas, êxtases, exorcismos, glossolalias e muita música. Alguns religiosos se tornaram sucesso de público, como o padre Marcelo Rossi, ligado ao bispo da nova diocese de Santo Amaro, d. Fernando Antônio Figueiredo.

Apesar do esforço dos católicos para reavivar as missas, a estrutura engessada e vertical da Igreja romana dificultou sua competitividade no mercado das crenças. Era sempre mais lento e mais caro abrir uma nova paróquia, que depende da compra do terreno, da construção de um prédio com a arquitetura imponente característica, do comando de um padre cuja formação pode levar quase uma década, da decisão estratégica do bispo e, em última instância, do nihil obstat do papa, que concede um aval moral e doutrinário para o investimento. O resultado aparece nos números. Mesmo sendo a religião de mais de 60% dos brasileiros, havia 12 013 paróquias no país em 2021, 294 catedrais, 71 basílicas, seis santuários nacionais e 21 mil padres, segundo dados da Conferência Nacional dos Bispos do Brasil (CNBB).[9] Comparar o universo católico e pentecostal é tarefa que vai muito além dos números, mas não deixa de chamar a atenção o fato de o total de templos do segundo ser catorze vezes maior do que o de igrejas do primeiro.

Existia um fenômeno grandioso por trás desse boom empresarial transcendente dos pentecostais: parte dos migrantes e de seus descendentes, que durante o processo de urbanização tinha construído suas casas e vidas nas grandes cidades, produziam um novo tipo de discurso que dava sentido para o mundo que habitavam e que lhes permitia consertar os erros passados. Pequenas igrejas eram criadas nas quebradas, sintonizadas às mensagens transmitidas pelas grandes denominações via rádio e TV, para reinterpretar a realidade e dar novos significados à miséria cotidiana. Enquanto isso, mitos, regras e valores eram restabelecidos para servir como referência, produzindo ordem num ambiente em que o caos estava sempre à espreita. Com o passar do tempo, essas referências foram impregnadas por um discurso belicoso que inflamava a busca pela prosperidade e pelo autocontrole em nome do triunfo do bem sobre o mal.

Mentes eram reformatadas e se tornavam mais adaptadas à vida urbana coletiva, principalmente entre os que compartilham as mesmas crenças. A culpa dos desvios e dos fracassos do passado podia ser atribuída ao demônio. Assim como o abandono, a miséria em sucessivas gerações, a violência diária, a revolta contra as injustiças da vida, o ódio, todos esses sentimentos podiam ir embora em um passe de mágica, com a expulsão do encosto de satanás. Era preciso apenas amar a Deus e se resignar com seus propósitos para ser abençoado. O diabo, por sua vez, podia se transfigurar nos mais diversos inimigos, que, quando identificados, bastava canalizar a energia vital para vencê-los: bebida, drogas, doença, depressão, pobreza, ignorância, falta de vontade. Bastava crer para o fogo de vida queimar e servir de motivação para essa luta celestial.

Em compensação, os discursos dessas irmandades podiam ser altamente dogmáticos e autoritários; não costumavam aceitar pensamentos e crenças diversas. A intolerância, inclusive, é uma das caraterísticas da divisão do movimento em centenas de denominações, cada qual com uma interpretação específica da palavra divina. Os católicos, ao contrário, com sua estrutura rígida e hierarquizada, são mais flexíveis nesse sentido. Em nome da unidade, precisam aceitar os desvios e as visões religiosas sincréticas, como sempre ocorreu ao longo da história brasileira.[10]

A demonização das religiões de matrizes africanas, pregada pelos neopentecostais e aceita por outras denominações evangélicas, era apenas um dos efeitos dessa intolerância. O estigma de endemoniado podia cair também sobre gays, feministas, bandidos e famílias fora do padrão, dependendo da leitura que a denominação fizesse da Bíblia. Já os negros e pobres, desde que fiéis, eram valorizados, o que era uma novidade. O discurso da luta contra inimigos deixava de focar na classe e na raça e voltava-se para os ateus, descrentes, progressistas e defensores de costumes libertários, o que incluía também brancos e ricos. Esse redirecionamento deu uma nova unidade a um movimento fragmentado, inventando um discurso ao mesmo tempo popular e conservador, e foi apoiado por ricos e pobres conservadores, angustiados com a velocidade das mudanças nos costumes. Por consequência, a mensagem rapidamente foi adotada por políticos em busca de seus objetivos eleitorais.

A conquista de cargos nos parlamentos e no Poder Executivo pelos pentecostais cresceu a partir da volta da democracia e do anúncio de uma nova Constituição em 1988. Dois anos antes, eles reproduziram a estratégia iniciada por Manoel de Mello nos anos 1960 e entraram com tudo na disputa pelos interesses de suas denominações. A Assembleia de Deus e outras igrejas orientaram seus fiéis a votar nos candidatos próprios,[11] e a ideia de que crente não se envolvia em política ficou definitivamente no passado para dar lugar ao compromisso de que "irmão vota em irmão".[12]

As lentes da religiosidade pentecostal iriam mudar a forma de enxergar a luta por poder e levariam para o Parlamento o compromisso com o sagrado. A verdade factual, objetiva, que pode ser checada e que deveria servir de base para as decisões, perderia prestígio para os temas transcendentais. A doutrina da batalha espiritual daria o ar da graça e redefiniria a lógica da luta política. Conforme essa nova leitura, a transformação social duradoura não viria, prioritariamente, das reformas do Estado ou dos debates técnicos sobre políticas públicas.

Os problemas sociais como pobreza, corrupção e violência tinham um fundo espiritual que afetava diretamente o plano material, e a eleição de pentecostais intercederia nesse cenário dominado pelos demônios responsáveis pela opressão ao povo brasileiro.[13] Seria fundamental, portanto, preservar os valores cristãos pregados na Bíblia votando em pessoas que defendessem as leis divinas no Parlamento. Os deputados e os políticos, de uma forma geral, seriam os soldados na guerra do bem contra o mal.

Barganhar com governos vantagens para as igrejas e seus membros se tornou uma prática tolerada e relevante, já que significava obter benefícios para a causa de Jesus Cristo. Dessa forma, os políticos evangélicos, espalhados em partidos da base de apoio dos governos, foram decisivos para dar mais densidade ao centrão, com o pragmatismo que se tornaria a marca dos pentecostais. Eles integravam partidos que apoiavam os governos da vez, em troca de vantagens para suas igrejas e grupos. Os evangélicos não estavam na política para revolucionar o sistema ou ser oposição. Afinal, conforme a interpretação de diversos pastores, deviam seguir a Bíblia e obedecer às autoridades.

A bancada se fortaleceu e se tornou uma presença natural e bem adaptada ao ambiente fisiológico do Congresso. No mandato constituinte de 1987, os evangélicos elegeram 33 deputados federais, catorze deles da Assembleia de Deus. Já a Universal emplacava nesse ano seu primeiro congressista. Os religiosos se dividiam em seis partidos, mas a maioria estava filiada às duas maiores facções governistas, o Partido do Movimento Democrático Brasileiro (PMDB) (catorze) e o Partido da Frente Liberal (PFL) (dez), que formavam a base de apoio do presidente José Sarney.

Nos debates da Carta Magna, eles participaram ativamente de temas ligados a família, casamento, divórcio, influência da comunicação nos valores familiares, contracepção, direitos e deveres das crianças e dos adolescentes e, sobretudo, nos debates sobre o aborto. Nesse assunto, se aliaram a parlamentares católicos por meio do discurso da defesa da vida, e a aliança fez com que o direito das mulheres de decidir sobre a interrupção da gravidez tivesse um dos reconhecimentos mais restritivos do mundo.

O grupo também se lançou em busca de benefícios concretos para suas igrejas. Eles negociavam de forma pragmática e conquistavam terrenos para construir novos templos, recursos para entidades sociais religiosas, isenção de impostos, tolerância ao barulho dos cultos e, principalmente, concessões de rádios e TVs. Para além do pragmatismo, a bancada dos evangélicos encontrava diversas brechas. Em 1987, o deputado assembleiano Matheus Iensen foi o autor da emenda que aumentou de quatro para cinco anos o mandato do presidente José Sarney. Três dias antes da votação da extensão do mandato, os deputados evangélicos receberam um comunicado de liberação de 110 milhões de cruzados para a Confederação Evangélica do Brasil.[14]

As concessões de rádio e TV se tornaram importantes moedas de troca. Entre 1985 e 1989, o presidente concedeu 632 canais FM e 314 AM, e os deputados da bancada evangélica receberam sete concessões de rádios e duas de TV. Iensen, por exemplo, abriu a Rádio Novas de Paz, em Curitiba, a terceira propriedade da família na área de comunicação. Nos mandatos seguintes, ele conseguiu eleger um filho para o Congresso e outro para a Assembleia do Paraná.[15] João Iensen, o filho deputado federal, exerceu o cargo entre 1995 e 1999, quando foi acusado de negociar a venda de concessões de rádio por valores que variavam de 50 mil a 150 mil reais. A mistura de dinheiro e influência política permitiu saltos impensáveis. Em 2016, um estudo feito pela Agência Nacional de Cinema (Ancine) indicou que 21% da programação da TV aberta naquele ano era de cunho religioso, enquanto 15% dela estava voltada aos telejornais.[16]

Apesar da sucessão de denúncias de irregularidades, o discurso da guerra espiritual servia de escudo. Quando acusados, à época em que ainda não tinham poder e afrontavam o establishment, era comum os empreendedores religiosos se colocarem como perseguidos pelo sistema. O argumento fazia sentido porque, apesar de as irregularidades de fato existirem, em um país sabidamente repleto de sonegadores, parcela das autoridades via os pastores como estelionatários que enriqueciam explorando a fé de pessoas ignorantes e focava neles. O bispo Edir Macedo foi investigado judicialmente depois da compra da Record, e constatou-se que a aquisição das emissoras ligadas à Rede tinha sido feita por meio de empréstimos em paraísos fiscais, para onde era enviado o dinheiro do dízimo.

A engenharia financeira, feita para burlar o pagamento de impostos, envolvia uma ampla rede de laranjas, e, ao fim do inquérito, a Igreja foi autuada por crime de sonegação e teve que pagar multas milionárias.[17] Em 1992, Macedo também sofreu na pele a reação do sistema diante de seu poder crescente: ficou onze dias preso, acusado de charlatanismo. Muitos criticavam a Universal por se aproveitar da isenção de impostos para construir um império empresarial que ia muito além da religião e envolvia jornais, sites, emissoras de TV, rádio, banco, entre outras empresas. Macedo, por seu lado, dizia que a perseguição decorria do fato de a Record ter a missão de se contrapor à visão de mundo hegemônica que vinha, desde sempre, determinando o destino no Brasil sob a condução cultural da Rede Globo.

Havia falcatruas, mas também perseguição e preconceito, fato que fortalecia a convicção dos pentecostais de que seria preciso se infiltrar no sistema para não ser engolido por ele. Era necessário dar as cartas do jogo. Com uma grande emissora de TV nas mãos, a Universal fundou, em 2005, o Partido Republicano Brasileiro (PRB), que tinha entre os filiados o então vice-presidente da República do governo Lula, o empresário José de Alencar, e em 2019 mudaria de nome para

Republicanos. Presidido pelo pastor Marcos Pereira, vice-presidente da Record e sócio de uma das holdings que controlavam os negócios da Igreja, o partido ganhou rapidamente musculatura. Na primeira eleição, em 2006, elegeu três deputados estaduais e um federal. Dois anos depois, nas municipais, emplacou 58 prefeitos e 780 vereadores. Em 2014, o partido elegeu 21 deputados federais e 32 estaduais, e na disputa nos municípios, dois anos depois, 106 prefeitos e 1604 vereadores emplacaram,[18] incluindo uma das vitórias mais simbólicas das mudanças que vinham acontecendo: a do bispo Marcelo Crivella no Rio de Janeiro, sobrinho de Edir Macedo.

Os evangélicos se tornavam uma grande força. A Frente Parlamentar Evangélica, criada em 2003, da qual o Partido Social Cristão (PSC), mais próximo da Assembleia de Deus, foi um integrante importante, organizava as pautas do grupo. O símbolo do PSC são dois arcos que se cruzam e formam a figura de um peixe. Representa o *Ichthy*, acrônimo usado pelos cristãos primitivos com as iniciais em grego da frase "Jesus Cristo, filho de Deus, Salvador". Seu presidente, o pastor Everaldo Dias Pereira, concorreu em 2014 à presidência da República. O partido tinha nomes expressivos em suas fileiras, como o do pastor Marco Feliciano e o de dois políticos que fariam sucesso em um breve futuro: Jair e Eduardo Bolsonaro. Foi o pastor Everaldo que, em 2016, batizou Jair, o futuro presidente da República, nas águas do rio Jordão, em Israel. Na eleição de 2018, o partido lançou o desconhecido Wilson Witzel como candidato ao governo do Rio de Janeiro, que venceu a eleição. Dois anos depois, ele sofreria impeachment e responderia a algumas acusações envolvendo o pastor Everaldo, o que o levaria a passar uma temporada na prisão.

As barganhas tinham alegadas motivações nobres e com o tempo dariam as cartas na república. Eram muito bem traduzidas numa das máximas atribuídas a Edir Macedo: "Para Jesus, até gol de mão vale".[19] Oradores de peso, como os pastores Silas Malafaia e Marco Feliciano, seriam os generais das tropas do exército do bem. Apesar de filiados à Assembleia de Deus — o primeiro ao Ministério Vitória em Cristo; o segundo à Catedral do Avivamento —, ambos carregavam as tintas em leituras bíblicas ao estilo dos neopentecostais, demonizando os adversários. Malafaia era uma liderança empresarial bem-sucedida que inspirava-se na Teologia da Prosperidade e atacava os pastores que se opunham à doutrina.

Ter dinheiro e ocupar postos políticos, contudo, não bastava para conquistar poder. A luta precisava mobilizar paixões, despertar um sentido de urgência, e a esquerda parecia ter cada vez mais dificuldades em fazer isso. As pautas voltadas aos costumes, até então secundárias, seriam empurradas para o centro do debate político e, sempre que possível, deviam vir carregadas de polêmicas. Feliciano, por exemplo, era um especialista em causar confusão e atrair holofotes. Em 2011 ele afirmou que os africanos padeciam de doenças como aids e ebola, bem como de problemas sociais, como a fome, por descenderem de um dos filhos amaldiçoados de Noé. Seria esse o motivo, segundo ele, de virem do continente "todas as seitas satânicas do vodu".[20]

No ano seguinte, em um congresso do grupo Gideões Missionários da Última Hora, Feliciano afirmou: "A aids é uma doença gay. A aids é uma doença que veio desse povo, mas se você vai colocar eles numa situação constrangedora, não vão conseguir verba".[21] Os embates, em vez de queimá-lo, alavancaram seu nome para a presidência da Comissão de Direitos Humanos da Câmara dos Deputados, cargo que passou a ocupar em 2013 com o apoio da Frente Parlamentar Evangélica. Segundo a retórica dos religiosos, as leis dos homens não podiam suplantar as leis de Deus. "Eu sei que a Carta Magna da nossa nação é a Constituição brasileira, mas a Carta Magna da humanidade é este livro que está em minha mão", disse Feliciano, segurando a Bíblia, em discurso na Câmara dos Deputados, apoiado em diversos apartes de seus colegas parlamentares.[22]

A retórica dos evangélicos ficava mais contundente conforme eles se voltavam aos discursos apocalípticos. O avanço nos debates identitários e de costumes abalava concepções tradicionais de mundo. Eles deviam enfrentar as ideologias que defendiam novos formatos de família, diferentes tipos de gênero, abordagens menos moralistas sobre consumo de drogas e prazer, feminismo. Esses temas eram apontados como ataques frontais aos valores religiosos em um mundo com os dias contados. A visão do universo à beira do abismo, com satanás pronto para dar o bote, motivava a lealdade e o compromisso dos crentes com seus líderes.

As transformações antirreligiosas eram associadas ao projeto que a Nova República tinha tentado colocar de pé com religiosos progressistas da Igreja católica. "Chegou a hora de a Igreja governar", pregavam os evangélicos adeptos da Teologia do Domínio, que entendiam que, para chegar ao poder, eles precisavam avançar sobre os "Sete Montes":[23] família, religião, educação, mídia, entretenimento, finanças e governo. As guerras dos pastores evangélicos também deviam ser travadas na cultura.

A Marcha para Jesus, organizada anualmente pela Renascer em Cristo, e as gravadoras e FMs gospels que tocavam adaptações dos hinos e louvores pentecostais, modernizaram as músicas religiosas e tornaram o gênero um dos mais consumidos do Brasil. A Bola de Neve Church se voltava para o público jovem, atraindo surfistas, skatistas e roqueiros. As novelas bíblicas da Record passaram a fazer frente ao entretenimento global. Funk, hip-hop, samba, grifes, camisetas, bonés, sites, podcasts, filmes, tudo passou a estar ao alcance desse mercado altamente bem-sucedido. As finanças e a economia também se impregnavam do discurso ultraliberal dos pentecostais, que viam no Estado um aliado dos adversários. Era preciso enxugá-lo para estimular o empreendedorismo daqueles com disposição para prosperar com o auxílio divino. A própria ostentação ganhava um propósito ao revelar do que Deus é capaz.

O avanço dos partidos religiosos e a ampliação de sua influência política só podem ser compreendidos dentro desse quadro de intensa transformação cultural. No Congresso, os deputados evangélicos continuaram crescendo e fazendo barulho nas sucessivas eleições, sempre como base de apoio. Entre 2002 e 2018, ao longo de cinco mandatos, foram eleitos 332 parlamentares evangélicos, o que representa uma média de 66 por legislatura. Desses, 110 eram ligados à Assembleia de Deus, 59 à Universal e 55 às igrejas batistas.[24]

A ideologia que os respaldava se fortaleceria a partir de 2015, quando as redes sociais e seus algoritmos acirrariam a polarização política no mundo e potencializariam o discurso de ódio e o compromisso em torno de objetivos e inimigos comuns. No Brasil, essa nova configuração ideológica foi escancarada durante a crise política e econômica que atingiu o segundo mandato da presidente Dilma Rousseff a partir de 2015. Depois das inúmeras denúncias de corrupção e de caixa dois resultantes das ações espetaculosas da Operação Lava Jato que pautariam a imprensa ao longo de três anos, um processo de impeachment teve início.

Se o centrão e os pentecostais serviram de base de apoio dos governos Lula e do primeiro mandato de Dilma, rapidamente mudaram de lado quando começou a entrar água no barco e as perspectivas de o governo naufragar aumentaram. Marcos Pereira, pastor Everaldo, Republicanos e PSC prontamente pularam para o bote da oposição, conduzido por lideranças com grande influência sobre o baixo clero. Homem prático, atuando nos bastidores das articulações do Congresso Nacional, o deputado Eduardo Cunha foi peça-chave no arranjo institucional que levaria ao impeachment de Dilma Rousseff. Cunha demonstrou habilidade para manipular os interesses pessoais e corporativos dos congressistas na direção dos objetivos de seu grupo político. Sua força tinha crescido com a da Bancada da Bíblia.

Cunha entrou na política pelos bastidores. Em 1989 foi responsável pela arrecadação de recursos no Rio de Janeiro para a campanha do então candidato Fernando Collor de Mello. Em retribuição, dois anos depois, foi indicado pelo tesoureiro PC Farias como presidente da Telecomunicações do Rio de Janeiro (Telerj). Deixou o cargo acumulando uma série de acusações e escândalos, o que faria parte de sua carreira política em outros cargos e no Parlamento. Sua aproximação com a Igreja ocorreu por meio do deputado federal Francisco Silva, dono da Melodia FM, uma das rádios gospel mais populares do Rio. Com o bordão "Afinal de contas, o nosso povo merece respeito", Cunha participava da programação gospel e conquistou ouvintes suficientes para disputar cargos eletivos. Venceu a primeira eleição em que concorreu para deputado estadual e depois foi eleito quatro vezes para federal. No começo, era próximo de Anthony Garotinho, governador do Rio e comunicador evangélico com quem veio a se desentender. Acabou se aproximando de lideranças, como o pastor Everaldo, do Ministério de Madureira da Assembleia de Deus, a mais popular do estado, e consolidando sua posição de campeão de votos.

Em Brasília, Cunha misturava moralismo com oportunismo desbragado. Defendia projetos bem ao gosto dos fundamentalistas, como o que previa a instituição do Dia do Orgulho Hétero ou penas duras de prisão para médicos que auxiliassem mulheres a fazer aborto. Conseguia também atender as demandas dos deputados do baixo clero, ganhando pontos na revolta contra os caciques dos partidos moderados, que tinham cada vez menos votos. Cunha soube tirar proveito das paixões ideológicas, que passaram a identificar o mal no governo Dilma e no PT. As causas do antipetismo iam além das denúncias de corrupção, já que muitos de seus algozes, incluindo Eduardo Cunha, estavam implicados em acusações parecidas. Dilma e o PT representavam uma degeneração moral mais ampla que confrontava os valores ligados à família, quando incentivavam o ativismo gay e o feminismo; ao mercado e à religião, quando defendiam regimes ateus e comunistas; e à liberdade de expressão, ao tentar criminalizar o moralismo religioso.

A chegada de Michel Temer ao poder, em 2016, poderia apaziguar a situação, e o centrão e os evangélicos apoiaram o governo do novo presidente. Marcos Pereira foi nomeado ministro da Indústria e Comércio, e as coisas pareciam seguir seu rumo, mas a ojeriza contra os políticos da Nova República foi aumentando diante das novas denúncias de corrupção. Cunha foi cassado e depois preso pela Operação Lava Jato ainda em 2016. O próprio presidente Michel Temer foi jogado aos leões e acabou seu mandato com uma das popularidades mais baixas da história da República.

O caminho, porém, estava pavimentado para Jair Bolsonaro. Visto pelos eleitores como um outsider, ele era, na verdade, o representante máximo desse centrão ideológico e conservador, que enxergava no Estado um meio para beneficiar seus interesses e de seus iguais em torno de negócios ligados ao boi, à bala e à Bíblia. Ele venceria as eleições com a aura de mito, mesmo sem tempo de televisão. Foi visto como uma espécie de predestinado, que escapara de um atentado à faca nas vésperas da eleição, e mesmo não sendo evangélico, assumia o papel de comandante da guerra espiritual e da luta anticomunista da Igreja. Venceria com apoio de uma rede de produção de mentiras e notícias falsas, espalhadas estrategicamente pelas redes. Apesar disso, o lema de campanha era o versículo bíblico em João 8,32: "Conhecereis a verdade e a verdade vos libertará". A religião iria misturar de vez os conceitos de mentira e de verdade na esfera pública.

II.
A mão invisível do mercado do crime

Paulo Enoc morava na região do Jardim Ângela, na periferia sul de São Paulo, e sua família era uma das mais respeitadas do bairro Jardim Tupi. Sua mãe chegou a São Paulo em 1963, quando tudo lá ainda era cercado por mato, uma memória comum da sua geração. A sequência de mata atlântica, árvores derrubadas, grilagem, chácaras loteadas ao redor das represas, lojas de material de construção, ruas de terra e depois asfaltadas foi a regra no passado da parte sul e pobre da Grande São Paulo. Um progresso predatório e caótico, mas inevitável, guiado pelo mercado imobiliário informal formado pelos próprios desbravadores desses locais. A mãe de Enoc, o pai e a maioria dos parentes — muitos tios e tias — vieram de serra do Aporá, na Bahia. Seu pai ajudou a construir a escola batista do bairro, que inicialmente funcionou em um barracão. A família era evangélica bem antes da onda neopentecostal, motivo pelo qual Paulo Enoc foi batizado com dois nomes bíblicos. Naquela época a vida era dura, mas o terror dos anos que viriam ainda era desconhecido.

Paulo nasceu em 1974. Cresceu testemunhando o mata-mata que lhe tirou diversos amigos entre assassinados e presos, e da turma de infância só sobraram três ou quatro. Ele, contudo, nunca se envolveu com o crime; tinha que zelar pelo nome e honra de sua família. Gostava tanto de jogar futebol que quase virou jogador, mas acabou indo trabalhar como motoboy para uma empresa nos Jardins, bairro rico de São Paulo. Ganhava o suficiente para pagar uma escola particular e um curso de computação para o filho. Era uma vida difícil, mas ele se safava do horror dos conflitos sem grandes abalos.

Sua sorte mudou em 2001, quando, por vias tortas, topou com os matadores da Gangue dos Ninjas, que ainda apavoravam o bairro. Era um domingo, e ao chegar em casa Enoc encontrou o primo, Thiago, todo machucado. Tinha sido espancado por três integrantes do grupo, que só não o mataram por haver testemunhas. Ninguém entendeu o motivo da confusão, talvez o ciúme de um membro dos Ninjas de uma ex-namorada. As causas, contudo, interessavam menos do que as consequências, que eram previsíveis: se os matadores se sentissem desrespeitados em sua honra, davam uma lição em quem ousara cometer tal heresia.

Podia ser o fim da linha para Thiago. Enoc e sua família entraram em pânico com as ameaças que não paravam de chegar. Nesse meio-tempo ele recebeu uma mensagens do ninja Luizinho, dizendo que queria conversar com ele, Enoc, no pagode do Bar do Sarará. O que esperar do encontro? Eles até podiam fazer as pazes, mas um assassinato não estava descartado. Temendo se tratar de uma arapuca, o motoboy comprou uma pistola na favela e compareceu ao encontro armado. Na pior das hipóteses, podia ao menos tentar defender sua vida.

Quando chegou, Luizinho estava em frente ao balcão do bar, e Enoc foi direto ao seu encontro, o corpo tremendo. No caminho viu a mão do matador se mover em direção à cintura e reagiu por reflexo, sem pensar, com toda sua inexperiência: meteu o dedo no gatilho e disparou muitos tiros, matando Luizinho, um cliente do bar e deixando três feridos. Em seguida correu sem olhar para trás, pensando que sua própria vida também havia acabado. Apesar de todo esforço para caminhar pelo lado certo, de repente tudo desmoronou. Paulo foi tragado pela engrenagem de mortes em seu bairro; o círculo daria mais uma volta, gerando uma sequência de desgraças. Mas algo já começava a mudar na cultura do crime em São Paulo, e ocorria uma transformação que ajudaria a dar um desfecho inesperado para essa novela.

Em um primeiro momento Paulo Enoc precisou desaparecer e passou um ano longe do bairro. Contou com o apoio dos patrões nos Jardins, que contrataram um advogado e o colocaram em contato direto com a polícia. Seu passado limpo e as circunstâncias do crime foram levados em consideração pelas autoridades, e ele conseguiu aguardar o processo em liberdade. Quando voltou ao Jardim Ângela, em 2003, já chegavam novas regras das prisões de São Paulo e, então, para matar, era preciso apresentar justificativas e ter autorização do PCC. A facção vinha ganhando fama e respeito após a primeira megarrebelião nos presídios em fevereiro de 2001. Depois de controlar o sistema penitenciário, consolidava seu poder do lado de fora com a ajuda dos telefones celulares, que tornavam mais fluida a comunicação entre os integrantes da irmandade de criminosos. Os Ninjas, por seu lado, já não assustavam o bairro como antigamente. Seus integrantes estavam mortos ou presos, enquanto uma nova ordem, mais funcional, se formava para estancar a sangria nas quebradas de São Paulo.

Enoc voltou ao bairro nesse contexto mais controlado, com novas regras para os homens do crime. Os conflitos não tinham mais o ritmo de antigamente, as vinganças não eram mais vistas como resposta aceitável para a desordem. Era necessário respirar, pensar duas vezes, repactuar. As periferias não podiam mais ser repletas de predadores aguardando o momento certo para dar o bote. As coisas começavam a andar para a frente. Enoc reativou seus contatos aos poucos, queria montar um projeto social para manter as crianças longe do crime. Criou um time de várzea para crianças e jovens, a Família Tupi City, que disputava torneios na cidade. Em 2006, Leandro Damião, um garoto que morava no Jardim Copacabana, entrou para a equipe; isso seria impensável nos anos 1990, quando os bairros viviam em guerra e as crianças não podiam jogar juntas. Acabou dando certo. Artilheiro do Tupi City, Damião foi atuar profissionalmente em Santa Catarina, onde chamou a atenção do Internacional de Porto Alegre, time pelo qual em 2010 marcaria o gol decisivo que deu o título da Libertadores ao clube. No ano seguinte ele foi convocado pela primeira vez para a Seleção brasileira.

O controle dos homicídios no Jardim Ângela continuou a ocorrer nos anos seguintes. Demorei para compreender que estava sendo construído um novo pacto para regulamentar o comportamento dos criminosos, uma força invisível começava a fazer efeito. Eu não acreditava, e consequentemente nem prestava atenção, na capacidade do mercado ilegal de determinar comportamentos. Até então, meu foco estava voltado exclusivamente para as políticas de segurança, sociais, de justiça, e para a pressão da sociedade civil organizada como potenciais apaziguadoras daquele contexto. O padre Jaime Crowe fazia as caminhadas com a comunidade do Jardim Ângela até o cemitério São Luís desde 1996. Poderia essa mobilização, associada ao trabalho da polícia civil para prender matadores, explicar a queda?

Em 2001 passei a frequentar Diadema acompanhando as discussões sobre a nova lei de fechamento de bares. A medida, levada pela Câmara Municipal em diálogo com a prefeitura, proibia que esses estabelecimentos funcionassem depois das 23 horas e seria aprovada em 2002. A situação da violência na cidade era dramática. Em 1999, o município havia alcançado a taxa de 103 homicídios por 100 mil habitantes, que o levou a ser apontado como o lugar mais arriscado do mundo. Depois da entrada em vigor da lei dos bares, os casos imediatamente começaram a cair. Seria o resultado da nova legislação?[1]

Eu vinha pesquisando sobre violência na universidade, e os casos do Jardim Ângela e de Diadema eram interessantes e merecedores de atenção, mas uma coisa começou a me intrigar:

a queda das taxas não se restringia a eles, era generalizada em todo o estado paulista. Depois de quarenta anos quase ininterruptos de crescimento, nos anos 2000 São Paulo passou a testemunhar uma queda contínua do número de assassinatos. Ano após ano essa redução seguiria firme e depois de duas décadas alcançaria mais de 80%, transformando a taxa de homicídios paulista na menor do Brasil.

Era um movimento imprevisível e fantástico, as curvas revelavam mudanças de comportamento que eu imaginava impossíveis a curto prazo. Os números simplificam a dimensão dos acontecimentos, que mexiam com questões profundas: era como se, de repente, pessoas incontroláveis, malvadas, perversas e cruéis fossem contagiadas pelo vírus do bom senso. Homens jovens, que se matavam e se vingavam de seus mortos, mudaram a forma de agir, passavam a pensar duas vezes, ponderar, como se tivessem trocado as lentes através das quais enxergavam a realidade. O comportamento foi melhorando ano a ano, as práticas já não eram tão selvagens como no passado recente, a vida alheia não era menosprezada como antes.

Como numa metanoia gradual, o pensamento dos matadores ia sendo desconstruído, ficando para trás, tornando-se ultrapassado. Em seu lugar era formada uma nova consciência e consolidada uma nova ética no mundo do crime. Em vez de matar, os potenciais assassinos tomavam atitudes alternativas, deixavam de ser divinos, de decidir sobre vida e morte, para se submeter a normas e obedecer a autoridades que antes não existiam. Era inacreditável.

Mesmo sem querer, testemunhei o processo dessa transformação mais de perto do que a maioria das pessoas. Além de estar fisicamente próximo, circulando por prisões e bairros violentos aos quais tinha acesso na medida do possível, eu estava sintonizado com o discurso deles, com suas narrativas sobre homicídios merecidos, sobre a lógica interminável das vinganças. Eu estava em contato constante com esse pensamento, que provocava ciclos intermináveis de violência e sugava inocentes como Paulo Enoc para dentro da engrenagem. O mais surpreendente é que a solução emergiu exatamente do contexto em que os conflitos eram gerados. Homens presos e moradores de bairros violentos passaram a promover, em seu cotidiano, outra forma de existência das suas masculinidades ameaçadas. Uma nova ética do crime prevalecia sobre a honra pessoal dos matadores, que começaram a ser tachados de covardes, opressores e egoístas. Os homicidas e os vingadores, obcecados pelo próprio umbigo, não conseguiam se afastar e se colocar no lugar das mães das vítimas, raciocinar economicamente ou pensar na coletividade. Agiam como bichos acuados. E de onde só se esperava perversão e crueldade, surgiram as ideias para solucionar os desafios desse mundo caótico, dentre elas uma nova máxima: "É preciso estar do lado certo, mesmo numa vida errada".

Uma construção mental coletiva desse tipo não surge da noite para o dia. Ela foi sendo moldada em diversas frentes até deslanchar na geração urbana nascida em São Paulo descendentes dos migrantes rurais, que temia morrer cedo, antes dos 25 anos. Ao longo dos anos 1970 e 1980 eles não tinham rumo, estavam perdidos, renegavam a cultura rural dos pais, mas não colocavam outra no lugar, restando um vazio limitante. Essa falta de perspectiva era mais evidente entre os homens, que então canalizavam suas forças para evitar ser esmagados pelo sistema, trilhando o caminho violento e suicida do crime. Como resultado, essa geração de homens-bombas era perseguida pelos justiceiros de seus bairros e pela polícia, que defendia os moradores dos bairros mais ricos.

O redemoinho das vinganças produzia um movimento centrípeto tão forte que sugava novos participantes para sua espiral. Os anos 1990 trouxeram a chance de construir barreiras para bloquear essa correnteza, passando pela criação de novas regras e controles a partir da disseminação de um discurso crítico à realidade em que viviam. Era preciso ver o mundo de outra forma, reconstruir a identidade do homem periférico, elaborar uma chave de explicação alternativa que contextualizasse a raiva e a frustração que sentiam. A necessidade dessa releitura já vinha sendo problematizada pelos movimentos sociais de esquerda, pela Igreja católica, pela pedagogia de Paulo Freire, entre outros. Mas foi preciso que outras influências surgissem para o discurso engrenar.

Assim como em outros movimentos culturais urbanos da juventude, o impulso que faltava veio com a ajuda da comunicação de massa. Influenciados pelo hip-hop dos Estados Unidos, que surgiu nos anos 1980 nos guetos das grandes cidades norte-americanas, os compositores paulistanos de rap pegaram carona nessa indignação para formar sua própria identidade e traduzir sua raiva no contexto em que viviam. Assim como os Estados Unidos, a São Paulo urbana governada por uma elite branca, de ascendência europeia e com herança escravista, confinava a maior parte da população negra e pobre em guetos e prisões. Essa referência cultural gerava identificação, aumentava a autoestima e dialogava com a bagagem periférica dos movimentos de esquerda e raciais de São Paulo. Refletindo sobre a realidade local, o hip-hop paulista se tornaria o principal canal de comunicação a construir e expor uma forma de masculinidade crítica e engajada que não escondia a raiva que sentia, mas que defendia a necessidade de se manter viva. O extermínio dos negros, eles denunciavam, era tudo o que o sistema queria.

O exercício de enxergar a realidade de forma crítica exigia um distanciamento, como no futebol, em que o técnico precisa ver de fora a dinâmica da partida para conseguir elaborar a estratégia necessária para alcançar os objetivos coletivos pretendidos. Para não ser manipulado por barbantes invisíveis, como marionetes em um sistema que levava os jovens da periferia a causar o extermínio de seus pares, eles precisavam se livrar de amarras e, só assim, conseguiriam repensar suas táticas. Caso contrário, seriam facilmente derrotados.

Essa nova consciência redefiniu a masculinidade urbana e periférica de São Paulo. Era preciso denunciar e lutar contra o sistema, que era desigual e os empurrava para baixo. A cabeça devia permanecer erguida. Se o sistema os queria mortos, eles se uniriam e parariam de se matar; não deviam odiar uns aos outros. Podiam sentir a mesma revolta que os ladrões, mas transformavam esse ódio em poesia e crítica social assertiva; em vez de revólveres e assaltos, agrediam por meio de rimas e microfones. Essa releitura do mundo se popularizou rapidamente porque o novo sentido que apresentava à masculinidade indignada era real. Além disso, não vinha no tom professoral e técnico dos livros de escola, não era ensinado por brancos que, mesmo quando bem-intencionados, não levavam um papo reto diante da realidade assustadora e cruel dos homicídios.

O rap foi capaz de engajar emocionalmente porque dialogava com os sentimentos mais sinceros de uma geração que vinha se dizimando. Usava palavras literalmente inventadas e gírias locais que permitiam contar histórias verdadeiras de forma direta, sem curvas e com ritmo. Os grupos multiplicavam seus ouvintes, que reproduziam as músicas por meio de fitas cassete, discos e CDs que alcançavam os camelôs e eram tocados em festas e rádios populares. Por fazer uma denúncia social ao retratar de forma crua o funcionamento do cotidiano, acessavam gatilhos que aumentavam o interesse e o engajamento nesse novo conhecimento. Eles eram, como se definiam, a "CNN da periferia". Pela primeira vez a realidade das quebradas estava sendo contada pela perspectiva de quem a vivia.

O fenômeno alcançou um novo patamar com os Racionais MCs, grupo fortemente influenciado pelos norte-americanos do

Public Enemy. A autoestima do jovem periférico de São Paulo nunca mais seria a mesma.[2] O lançamento do álbum *Raio X Brasil*, em 1993, com as músicas "Homem na estrada", "Fim de semana no parque" e "Mano na porta do bar" foi um primeiro divisor de águas. Os grupos paulistas de rap já denunciavam o sistema desde o final dos anos 1980, mas as rimas e as histórias cantadas pelos Racionais pegavam pela emoção e originalidade, e influenciavam novos poetas, cronistas e MCs a rimar sobre a realidade invisibilizada da cidade. Em 1997, o álbum *Sobrevivendo no Inferno*, com as músicas "Diário de um detento", "A fórmula mágica da paz" e "Mágico de Oz", causaria um novo abalo. Retratando o Massacre do Carandiru, o clip *Diário de um Detento* explodiu na MTV Brasil e ganhou diversos prêmios. Uma nova crença se consolidava entre os jovens, negros e pobres, e agora reverberava em toda a sociedade: eles eram sobreviventes, precisavam lutar em defesa da vida de seus iguais. Todos, "mais de 50 mil manos", tinham um inimigo em comum: o sistema, que queria exterminá-los.

Eu ainda demoraria para compreender a profundidade do que ocorria do lado de lá da ponte. Eu morava do lado de cá. Minha visão de mundo também era influenciada por bandas estrangeiras, formadas por ingleses magricelos e cabeludos, que falavam principalmente para os brancos que tentavam ser descolados. Contudo, sempre tive um gosto musical eclético e me interessava pela cena do hip-hop e pelos Racionais, por me revelarem uma parte silenciada da cidade; tentava acompanhar os fatos da minha cidade pela CNN periférica. Junto ao rap, apareceram outros sinais do novo discurso que despontava. Em 1992, me deparei com um deles em um jogo do Corinthians no estádio do Morumbi: uma bandeira gigante da torcida Gaviões da Fiel ocupava quase um quarto do anel superior do estádio com o lema Lealdade, Humildade e Procedimento (LHP). Fiquei intrigado com a última palavra, cujo sentido me escapava.

O termo fazia parte da construção dessa nova consciência masculina e periférica, que ganhava desdobramentos e que pavimentava outros caminhos, inclusive para o mundo do crime. Diz respeito ao compromisso com certas normas que foram colocadas no papel no ano seguinte, 1993, com a fundação do PCC. A facção surgiu nesse contexto cultural de reinvenção da masculinidade urbana e, como as igrejas pentecostais, buscava transformar comportamentos e criar novos sentidos de vida a partir de estratégias e de estruturas organizacionais. Ambas as organizações procuravam administrar o caos e produzir ordem entre os seus membros. Partiam de uma ideia forte, cozinhada na miséria e no sofrimento, para moldar as ações com propósitos bem definidos e costurar uma ampla rede de apoio horizontal, presente em todos os cantos das cidades. A facção não se propunha a reinventar a pólvora, mas a garantir que a ética existente fosse respeitada: uma estrutura coletiva, capaz de produzir obediência, fortaleceria seus participantes para lidar com a dureza cotidiana.

A urgência da construção dessa estrutura foi revelada no massacre de 111 presos do Carandiru, um ano antes da fundação do PCC. Detentos e criminosos precisavam se unir. Era uma conclusão inescapável para quem quisesse continuar naquela carreira ilegal, daí sua força. A questão era como, a partir dessa crença, criar novos comportamentos e produzir obediência. Tinha tudo para dar errado e quase desandou. Nos primeiros anos de existência, a facção esteve associada à violência, que usava sem pudor na tentativa de impor suas regras, mas então, em vez de paz, o que se viu nos primeiros anos foi uma intensificação dos conflitos dentro das prisões. Cabeças foram literalmente cortadas, usadas como bolas de futebol, colocadas em lanças e exibidas nos telejornais.

O processo poderia produzir reação e resistência, mais ou menos como no Rio de Janeiro, onde a formação do CV em

1979, também pregando a união dos presos, levou à criação do TC. Os grupos fluminenses travaram uma intensa competição por poder e mercado, que estimulou o surgimento de outros rivais e produziu conflitos históricos. O caminho do Rio parecia antecipar o futuro paulista. Em 1999, o Comando Revolucionário Brasileiro da Criminalidade (CRBC) tentou organizar a oposição em São Paulo, assim como a Seita Satânica (SS) e o Conselho Democrático da Liberdade (CDL), que se envolveram em conflitos com o PCC, mas nunca conseguiram ameaçar sua hegemonia. Em fevereiro de 2001, a facção mostrou sua força durante a primeira megarrebelião do estado, com o levante de 29 unidades prisionais simultâneas.

Diferentemente do que aconteceu no Rio, o movimento de dominação do PCC nos presídios paulistas foi consistente porque o projeto se propunha a beneficiar a coletividade criminal, e não apenas o interesse privado da facção e de seus membros. Mais do que um cartel empresarial, ao estilo dos grupos mexicanos e colombianos, o papel principal do grupo era atuar como uma agência reguladora do mercado do crime, para criar ordem e previsibilidade em um mundo violento e sem governo.

Eles elaboraram regras, divulgadas em estatutos, cartilhas e salves, e montaram uma estrutura eficiente para punir os desviantes, dentro e fora do sistema penitenciário. A autoridade do grupo não se impunha somente pela ameaça da violência física aos que desobedecessem às regras; ela era abraçada porque seu discurso fazia sentido, dialogava com os antigos e os novos valores do crime, o que era a chave de seu sucesso. Para melhorar, a nova ordem proporcionava ganhos reais: reduzia a imprevisibilidade dos negócios ilegais na mesma medida em que ampliava as oportunidades e as margens de lucro.

Os criminosos precisavam acreditar que as leis da facção os beneficiavam, caso contrário, não as obedeceriam. Afinal, eles já haviam se rebelado contra as leis ao se tornarem bandidos. O principal objetivo do primeiro estatuto do PCC, com dezesseis artigos, era organizar as relações entre os presos para reduzir a dor no cumprimento de pena e na vida no crime, que já era enorme. Mais do que imposições, o estatuto trazia normas que compunham uma ética que já existia, mas que não costumava ser respeitada porque as relações eram mediadas por armas e por um espírito competitivo letal que gerava desconfiança.

Uma das referências para a criação dessas regras foram os Dez Mandamentos.[3] A pesquisadora Karina Biondi cita alguns paralelos entre as leis do crime e as leis sagradas: o terceiro mandamento, "Não usarás o nome do Senhor em vão", serviu de inspiração ao sexto item do estatuto, em que o PCC proibia o uso do nome do partido para objetivos pessoais; o rigor com os "talaricos", que flertam com as mulheres de outros presos, foi inspirado no décimo mandamento "Não cobiçarás a mulher do próximo"; e o segundo e o quinto itens do estatuto "Lealdade, respeito e solidariedade acima de tudo ao Partido [...] para que não haja conflitos internos" eram uma referência ao primeiro mandamento: "Amar a Deus sobre todas as coisas e ao próximo como a ti mesmo".

As leis buscavam produzir a comunhão entre os integrantes da irmandade e, portanto, outros paralelos religiosos se faziam presentes. Assim como um convertido, o novo filiado da facção precisava ser batizado. O ingresso no PCC não era como um cargo qualquer, nem um novo emprego. Envolvia compromissos transcendentes, a adesão a uma nova consciência. No batismo, o novo integrante assumia a defesa da instituição e das leis do crime, que constavam no estatuto e eram compartilhadas por salves. Era uma espécie de renascimento, já que a partir de então o indivíduo deixaria de agir exclusivamente de acordo com suas próprias vontades e objetivos e se sujeitaria aos propósitos do grupo; sua própria vida poderia ser colocada em risco em nome da causa. Para se certificar de que o novo irmão compreendia a seriedade da aliança, ele devia ser indicado por padrinhos, integrantes mais antigos que se responsabilizavam por seu proceder e que o ensinavam a caminhar "pelo certo" na vida errada. Era uma inovação que diferenciava o PCC do CV, em que o ingresso se assemelhava a uma admissão em um emprego no tráfico vinculado ao território.

Era preciso ter o tal do "procedimento", que significava seguir os costumes e a ética do crime. As novas regras, contudo, não seriam respeitadas se as pessoas não as conhecessem ou se os desobedientes não fossem punidos, e elas precisavam pegar para invadir o cotidiano e de fato alterar os costumes. Com esse objetivo, o PCC criou um sistema de comunicação eficiente para disseminar suas leis, aparelhado com uma máquina azeitada de punição. O papel central da comunicação e da punição é perceptível pela escolha dos nomes das funções mais importantes na hierarquia da facção, como "torres", "sintonias" e "disciplinas". Os torres usavam telefones para ditar as regras aos sintonias, espalhados pelos presídios e quebradas. Os sintonias transcreviam as regras e ditavam pessoalmente ou por telefone a outros irmãos, que as copiavam e repassavam sucessivamente, multiplicando a mensagem de forma veloz. Era um grande sistema de rádio em operação para todos ficarem sincronizados com as normas coletivas.

Já os disciplinas deviam cobrar dos criminosos presos e soltos, in loco, o cumprimento da ética criminal. Os debates ajudavam a mediar conflitos nos territórios e prisões, simulando um sistema informal de justiça com espaço para acusação, defesa, análise dos indícios e provas e prolação de sentenças. Em vez de pena, na linguagem do crime, quem errava tinha que assumir as "consequências", que podiam consistir até em assassinato, em ocorrências muito graves. Os sintonias e os disciplinas formavam as células do PCC espalhadas pelas novas unidades penitenciárias construídas depois de 1995, durante a gestão do governador Mário Covas.

O governador tinha se comprometido a criar um novo modelo penitenciário em substituição ao Complexo do Carandiru, e, para isso, investiu na construção de pequenos presídios espalhados pelo estado, cada um com lotação máxima de oitocentas pessoas e tecnologias que diminuíam o contato entre os presos e os carcereiros. Parecia razoável. As cerca de trinta unidades penitenciárias que existiam até então se multiplicaram em mais de 180 em três décadas. Os presídios, contudo, continuaram superlotados e em péssimas condições, além de distantes das famílias dos detentos. O PCC soube aproveitar as deficiências do sistema para infiltrar sua ideologia em nove de cada dez unidades, promovendo a autogestão para impor suas regras e diminuir o sofrimento e o conflito entre os presos. Também ajudava no transporte dos familiares, em viagens de ônibus que podiam durar oito horas. "Crescer nas brechas do sistema" era o lema.

A ponte ligando a facção dentro das prisões às ruas terminou de ser construída no fim dos anos 1990, com os telefones celulares e o crescimento acelerado da população carcerária. Entre os anos de 1990 e 2020, mais de 1 milhão de pessoas passaram por uma de suas unidades. Quanto maior a quantidade de presos, mais crescia o tamanho da massa de manobra à disposição dos chefes e o volume de conexões entre as prisões e as ruas. O discurso pregando o bom senso e o fim da competição selvagem entre bandidos foi gradualmente se espalhando.

Sem que eu tivesse planejado, acompanhei a chegada de uma célula do PCC ao Grajaú, bairro pobre do extremo sul de São Paulo. A história envolveu alguns dos matadores que eu tinha entrevistado em 1999, Wolverine, o ex-humano, e seus aliados Zé Botinho e Baixinho — apelidos que eles mesmo sugeriram para serem identificados nas entrevistas que me concederam. Eles foram assassinados em 2006 pelos irmãos do PCC que chegavam no território. A execução, nesse caso, não foi precedida por um debate. Meus entrevistados faziam parte do grupo de matadores que estabeleciam ordem no bairro, e, por isso, estavam sempre envolvidos em conflitos com os vizinhos. Eles foram chamados para negociar com o disciplina da quebrada, mas tratava-se de uma armadilha. Ao chegar ao local, foram amarrados, mortos, e os corpos foram colocados dentro de um carro que acabou incendiado. Eu soube disso porque tive acesso aos depoimentos que Flamarion, outro integrante do grupo de matadores, deu à polícia na condição de testemunha protegida. Flamarion, por sua vez, foi executado em 2007 na rua de casa e morreu em frente ao filho de sete anos.

A morte de Flamarion e de seus amigos tinha o objetivo de eliminar os focos de resistência e as velhas rivalidades entre bancas e indivíduos das quebradas violentas, assim como a memória de tantas vinganças. Para imperar a igualdade e a justiça no crime, as divindades matadoras não podiam mais existir. A legitimidade do PCC também advinha da percepção de que o florescimento dos novos valores exigia certos sacrifícios. A presença dessas células da irmandade, que já dominavam os presídios, foi se tornando cada vez mais natural nos bairros, assim como os debates para mediar conflitos. Ninguém estava acima das leis do crime. O PCC inovava na gestão do cotidiano ao exercer o papel de uma agência reguladora do mercado, atuando diretamente nas prisões e nas quebradas. Mesmo ilegais, agora havia regras ditadas por uma estrutura inteligente e durável que não estava ligada a nomes ou pessoas, mas a funções. A vã tentativa de impor a lei não dependia mais da vontade de matadores nem de seus preconceitos, idiossincrasias e prepotência.

Como a estrutura não dependia de indivíduos, o isolamento ou a morte de um sintonia ou disciplina não afetava seu funcionamento, já que outro irmão podia ser colocado no lugar para cumprir a mesma tarefa. Além de atuar para que as leis fossem cumpridas, os sintonias podiam ter missões específicas e atividades referentes ao varejo do tráfico de drogas (a arrecadação de dinheiro para bancar a estrutura burocrática da facção), à gestão dos novos filiados, à relação com criminosos de outros estados ou países, à obtenção de transporte para a visita de familiares a presídios, à contratação de advogados, entre outros trabalhos. A estabilidade estrutural e a produção de obediência fizeram com que o mercado criminal se tornasse previsível e que seus participantes progredissem. A competição entre os empreendedores ilegais não era mais disputada a balas. A irmandade assumiu o uso da força ampliando as oportunidades de negócios e o networking da nova rede criminal.

A possibilidade de planejamento e de ampliação das conexões permitia novos passos. A rede de contatos se estendeu para além das fronteiras brasileiras e levou seus integrantes ao mercado atacadista para comprar diretamente dos produtores no Paraguai, na Bolívia, na Colômbia e no Peru, com parcerias na Venezuela. O acesso ao atacado aumentou a quantidade de armas e de drogas disponíveis para serem vendidas aos varejistas nacionais de diversos estados, assim como permitiu estender a exportação para o mercado internacional. A diversificação dessa rede, a visão profissional de seus membros, o compromisso com as regras e a chegada da facção paulista ao mercado produtor sul-americano ampliou o papel do Brasil na distribuição de entorpecentes no mundo.

Dois expoentes do avanço internacional do PCC são André de Oliveira de Macedo, o André do Rap, e Gilberto Aparecido dos Santos, o Fuminho, responsáveis pela Sintonia do Tomate, voltada ao tráfico internacional de drogas. O apelido do primeiro veio das rimas que fazia na época em que ficou preso (algumas de suas composições estão no YouTube). André do Rap foi criado no Morrinho 6 da Favela Portuária, no Guarujá. Começou pequeno, vendendo maconha na cidade, e seu crescimento na estrutura da organização se deu graças aos contatos que tinha na estiva, fundamentais para o plano de exportação de cocaína pelo porto de Santos, que estava sendo elaborado por Fuminho.

Fuminho era amigo de Marcola desde os anos 1990, quando atuaram juntos em uma quadrilha de roubo a banco. No fim da década de 1990, ele fugiu do Carandiru e só foi preso 21 anos depois, em Maputo, capital de Moçambique, de onde articulava um novo esquema de distribuição de cocaína para a Europa e a Ásia. Na época em que esteve foragido, Fuminho viveu dez anos na Bolívia, onde estreitou contatos com grandes fornecedores do produto. O mercado internacional oferece possibilidades e lucros muito mais favoráveis: enquanto um quilo da droga é vendido por 8 mil dólares em São Paulo,[4] na Europa o valor pode se multiplicar por dez.[5] Para melhorar, os custos e problemas não são os mesmos que no varejo, que demanda pontos fixos de venda e envolve conflitos com rivais e o pagamento cotidiano de propinas para policiais.

A articulação nos portos, com a participação de André do Rap, era fundamental para o esquema. Ao chegar no Velho Continente, a distribuição da droga era feita por outras máfias, como a calabresa 'Ndrangheta, considerada a maior organização criminosa do mundo. Esse mercado bilionário ganhou importância crescente, principalmente para países em crise econômica e escassez de emprego. Os dólares desse mercado ilegal movimentavam a economia porque eram investidos em outras atividades, que estimulavam diversos setores. Estimativas iniciais de faturamento de distribuição de drogas feitas pelo Fórum Brasileiro de Segurança Pública calculam que o tráfico movimenta no Brasil 65,7 bilhões de dólares, o que representa quase 4% do PIB nacional. Os contatos internacionais passaram a ser cada vez mais recorrentes graças à rede diversificada da facção, que conseguiu estruturar um corredor exportador brasileiro, canal estável para o fornecimento do produto.

Traficantes importantes sempre atuaram nas fronteiras, como Luiz Carlos da Rocha, o Cabeça Branca, considerado um dos maiores atacadistas da história do tráfico brasileiro, que tinha conexões internacionais com a máfia russa, o crime organizado sérvio e os calabreses da 'Ndrangheta. Nascido em Londrina, no interior do Paraná, ele começou no crime nos anos 1980, mas conseguiu ficar em liberdade e só foi preso em 2019. Tinha um patrimônio avaliado em 1 bilhão de reais que incluía mais de 20 mil hectares de terra, 40 mil cabeças de gado, um garimpo na Amazônia e cem automóveis, sem contar o dinheiro alocado possivelmente em offshores espalhadas em paraísos fiscais. O esquema era sofisticado porque exigia "esquentar" os recursos ilegais. Um dos suspeitos de lavar o dinheiro de Cabeça Branca era o doleiro Alberto Youssef, que também operava para políticos e empreiteiras investigadass pela Operação Lava Jato.[6]

Foi esse mercado altamente lucrativo, interconectado e menos arriscado — se comparado ao varejo das drogas nas quebradas dos centros urbanos — que o PCC conseguiu acessar. A irmandade tinha a vantagem de não perder o negócio quando seu articulador ia preso, como ocorreu com Cabeça Branca, e sua ampla rede de criminosos fazia o dinheiro rodar e promover outros negócios. Dos enquadros nas favelas para os grandes centros europeus, André do Rap morou na Holanda e em Portugal, estreitando as conexões internacionais do grupo. Ele, Fuminho e sua rede tentavam criar um canal de entrada de drogas na Europa que não precisasse passar pela intermediação dos mafiosos calabreses. Quando André do Rap foi preso, em 2019, seu patrimônio identificado em nome de laranjas estava estimado em 25 milhões de reais, incluindo uma lancha de 6 milhões e um helicóptero de 7 milhões.

A operação que prendeu Fuminho em Moçambique, no ano seguinte, foi liderada por policiais da DEA, a agência anti-droga norte-americana, que investigavam a facção desde que identificaram a presença de membros do PCC em uma pequena rede de distribuição de cocaína em Miami. Fuminho deixou para trás negócios com o governo moçambicano, para quem fornecia asfalto, mas a novela da qual era protagonista não se encerrava ali; teria desfechos escandalosos, dignos de um roteiro de ficção. Em 2020, André do Rap conseguiu sair da Penitenciária 2 de Presidente Venceslau pela porta da frente, graças a um habeas corpus concedido pelo Supremo Tribunal Federal permitindo-lhe aguardar seu julgamento em liberdade. Desde então, fugiu para nunca mais voltar.

Em trinta anos de existência, a facção transformou o mercado de drogas brasileiro. O discurso revolucionário e antissistema, apesar de ainda dar um charme rebelde para a ilegalidade do grupo e suas ações, tinha ficado para trás. O PCC se inseriu no capitalismo porque conseguia acumular capital e lavar dinheiro. Entrando pelas brechas enquanto conectava as diversas pontas da economia ilegal, tornou-se uma máquina de produzir riqueza, ostentação e novos consumidores. O pequeno traficante da quebrada não estava mais sozinho; fazia parte de uma grande indústria compartimentada cujo fluxo de mercadorias e serviços era organizado pelo PCC: do produtor de pasta base e de coca nos Andes, passando pelos intermediários — químicos, donos de aviões, pilotos, fazendeiros, receptadores, seguranças, funcionários dos portos — até a lavanderia financeira feita por advogados, doleiros e laranjas para o dinheiro retornar limpo à economia.

O dinheiro do tráfico de drogas ainda financiava outras atividades criminosas, como roubo de automóveis, furto de caixa eletrônico, contrabando de cigarros, remédios, agrotóxicos, equipamentos eletrônicos, armas, roubo e golpes em celular, e crimes ambientais diversos, como garimpo, exportação de madeira ilegal e grilagem. O PCC, com seus empréstimos, fazia o papel de um banco. O capital ilegal se multiplicava, pulando de um ramo para o outro, como ocorria com os grandes assaltos a instituições bancárias, que envolviam quadrilhas de trinta a cinquenta pessoas e investimento em explosivos, blindados e longos períodos de planejamento, em ações que paralisaram algumas cidades médias brasileiras.

Os seis maiores roubos a banco no Brasil, desde 2005, garantiram aos ladrões cerca de 1 bilhão de reais. O PCC, mesmo quando não liderava, tinha papel decisivo na empreitada costurando a rede, dando o aporte inicial, emprestando armas e participando do planejamento.[7] Os roubos presenciais, contudo, nem de longe eram a maior preocupação das instituições bancárias, considerando que 95 reais em cada cem eram roubados de forma virtual.[8] Os golpes bancários, como não poderia deixar de ser, eram outro ramo de expertise dos integrantes da irmandade.

Com a vigência das regras e a garantia de um ambiente mais civilizado, o crime paulista se profissionalizou e espalhou sua visão empresarial entre seus parceiros. A governança do PCC garantia a justiça e a concorrência possível entre os irmãos, cabendo à mão invisível do mercado ilegal empurrar seus membros para uma ação mais racional e lucrativa. Esse arranjo não vinha de uma inteligência superior iluminada, um demiurgo que conseguia articular as diversas partes da nova estrutura, mas de uma regulamentação capaz de fazer o mercado funcionar melhor, com regras que permitiam o estabelecimento dos preços a partir de perdas, ganhos, oferta e demanda. A distribuição, capacidade de colocar o produto no grande e rico mercado consumidor, se tornou o maior diferencial nessa competição. O PCC ficou mais forte ao criar e garantir o cumprimento de regras que garantem que a competição dependa da racionalidade e habilidade dos participantes em criar conexões para comprar uma mercadoria barata e transportá-la para um local no qual é proibida e lá vendê-la a um valor muito elevado, a ponto de compensar os riscos de prisão, morte e difamação envolvidos.[9]

Sempre sobraram homens dispostos a vender a alma para o dinheiro do crime. Conforme o fluxo dos recursos crescia, as fronteiras que separavam o lado certo do errado se anuviavam, as águas se misturavam e passavam a correr pelo mesmo leito do rio, não havia mais como separar. Dinheiro ilegal lavado entrava limpo na economia. O bandido impulsivo, com sangue nos olhos, disposto a matar ou morrer por causa de um olhar enviesado, tinha dado lugar a uma nova gama de profissionais, como doleiros e advogados que ajudavam a comprar fazendas, gado, postos de gasolina, bares, baladas e emissoras de rádio que podiam esquentar o capital fazendo apostas em sites esportivos, criando contas laranjas, investindo em criptomoeda, paraísos fiscais, empresas e imóveis. No Rio de Janeiro, mergulhadores eram contratados pelo CV para acoplar cargas de cloridato de cocaína em cascos de navio para exportar a mercadoria para a Europa.[10]

Esse processo evolutivo dos empresários ligados ao capital do crime teve reflexos culturais em parte das quebradas de São Paulo, que passou a festejar a nova fase da economia a partir dos anos 2000, coincidindo com o período de expansão no crédito e no consumo do governo Lula. Nessa época, a "nova classe média" seria tema de reportagens e debates constantes. As oportunidades oferecidas pelo mercado e os valores do consumo eram pregados, inclusive, nas igrejas da prosperidade. A crítica e a revolta antissistema dos rappers perdia espaço para a celebração das marcas e do prazer nos pancadões e nas letras do chamado funk ostentação.

Eram tempos de estourar champanhe para comemorar a vitória dos que tinham conseguido enriquecer, deixando a exclusão para trás. O dinheiro devia ser reverenciado, independentemente de sua origem, e as letras do estilo ostentação eram despeitadas e não escondiam o cinismo. A humilhação sofrida quando eram pobres voltava cheia de veneno agora que estavam ricos.

Tá de Juliet, Romeu 2 e Double Shox
18k no pescoço, de Eckô e Nike Shox
[...]
Vale mais de um barão, esse é o Bonde da Oakley
Porra
Nóis só porta Oakley
[...]
É o bonde da Juju
É o bonde da Juju
porque água de bandido
é whisky Red Bull,

cantavam Bio G3 e Backdi em 2008, em um dos primeiros sucessos do estilo. O sistema continuava cruel, injusto, mas tinha que aceitá-los, porque eles também podiam consumir. "São Paulo é ostentação, o dele é de lata, o meu é ouro. O que eles têm, nós têm em dobro. Nós têm tanto dinheiro, que eu fico até enjoado. De onde ele vem, tu vai morrer se perguntando", cantava em 2013 um dos nomes mais criativos da cena, Daniel Pellegrine, o MC Daleste, em sua música "São Paulo".

O fenômeno ostentação explodiu em 2011, impulsionado pelo talento do jovem Konrad Dantas, o KondZilla, que conseguiu traduzir em imagens a vida de prazer e gastança em produções divulgadas no YouTube e protagonizadas por meninos negros festejando em mansões com mulheres-objeto, motos, carrões, roupas caras, helicópteros e notas de dólar esvoaçantes. Foi nessa época que descobri o significado do termo "plaquê de cem", título do hit de MC Guimê de 2012, que se referia aos bolos de nota de cem reais guardados nas indefectíveis maletas 007. Em um dos meus refrões-ostentação preferidos, ele rimava: "Contando os plaquê de cem, dentro de um Citroën". Havia ironia e cinismo nessas performances esculachadas. O sistema queria que eles fracassassem e os tratava como sub-humanos por serem negros e pobres. Depois de enriquecer, os MCs se vingavam esfregando seus bens na cara da sociedade. *A favela venceu* tornou-se um dos lemas motivacionais de KondZilla.

Numa noite de sábado de março de 2013 eu acompanhei o MC Daleste por diversas baladas pela madrugada de São Paulo para escrever uma matéria sobre o estilo ostentação. Daleste estava bombando. Daria quatro shows em uma única madrugada, cobrando cachê de 5 mil reais cada; em um mês faturava 200 mil reais. Conversamos pouco entre os intervalos de cada evento e foi um desafio seguir em um carro 1.0 o Porsche Cayenne em que ele estava com sua trupe. A noite começou na Mansão Fluxo, no Capão Redondo. Apesar de ser um bairro popular, a balada tinha bebidas caras, uma piscina no meio e luzes esverdeadas de raio laser. Depois, fomos para o Autódromo de Interlagos, para ele dar uma palhinha em um evento de corrida de carros. Rodamos quilômetros para chegar em duas festas localizadas em extremos opostos da metrópole, e o último show começou às quatro horas da manhã, em Taboão da Serra, o que não diminuiu a agitação da pista. "Minha vida mudou da água para champanhe", Daleste comentou comigo naquela noite.

Quatro meses depois, no dia 6 de julho, numa outra noite de sábado, Daleste sofreu um atentado em cima do palco, quando dava um show para 3 mil pessoas em um bairro popular de Campinas. Dois tiros o atingiram, vindos de uma distância de cerca de quarenta metros. Morreu no dia seguinte, e a polícia nunca chegou aos nomes dos culpados. Suspeitou-se do envolvimento de um traficante do bairro, que teria ordenado o homicídio do cantor por ciúmes de uma namorada que havia se relacionado com o astro, mas nada foi provado. Teria sido uma sentença fatal do tribunal do crime contra alguém que, supostamente, havia desrespeitado um dos mandamentos do estatuto? Era difícil saber, porque não havia ninguém com coragem para denunciar nem indícios que revelassem a autoria. Nem mesmo em um debate mediado pelo PCC.

A festa, contudo, não podia parar. Ganhar dinheiro e poder era o sonho do crime, dos *farialimers* do mercado financeiro, dos *coaches* de autoajuda e de boa parte do universo gospel, a religião do capital que valorizava a prosperidade e enxergava o sucesso financeiro como uma bênção divina. Era possível ficar rico "correndo pelo certo", como foi o caso de KondZilla, fiel da Assembleia de Deus que largou lá de trás, em desvantagem, para chegar em primeiro depois de trabalhar e estudar dobrado. Histórias como a dele, de pessoas que partiam de baixo para chegar ao topo, virariam tema de mais uma onda musical: a do funk superação.

Afinal, o que era certo e o que era errado? O dinheiro do mercado financeiro era legítimo? O dono da padaria que lava o dinheiro sujo é trabalhador ou bandido? A resposta não é simples. A ética do mercado e do enriquecimento se impôs naturalmente sobre as demais. Já que o crime e o dinheiro ilegal eram inevitáveis, o jeito era enquadrar os criminosos dentro de certos limites para mitigar os danos. Se o dinheiro viesse do crime, mas o ladrão seguisse uma ética mínima convivendo bem com os trabalhadores honestos de seu bairro, evitando a violência quando possível, emprestando dinheiro e empreendendo em negócios legais, as portas do sistema se abririam para ele. Foi o que aconteceu.

O crime continuou se aproveitando das brechas. Uma vez dentro, tornou-se parte inexpugnável da sociedade sendo legitimado pelo discurso do empreendedorismo, que ganhava mais credibilidade se fosse associado ao do cidadão de bem, frequentador dos cultos religiosos ou até mesmo, quem sabe, pastor de uma igreja. Apesar do abismo que separa as visões do crime e da religião, também existiam afinidades relevantes entre as duas esferas, como a defesa da prosperidade e o espírito guerreiro, típico dos que emergiram da miséria. Dependendo das circunstâncias e dos resultados da parceria, desde que certos limites fossem respeitados, ambos os lados podiam se tolerar ou até mesmo se misturar.[11]

Um desses casos foi descoberto pelas autoridades porque envolvia um figurão do PCC. Em dezembro de 2022, o detento Valdeci Alves dos Santos, o Colorido, considerado uma das principais lideranças da facção, foi acusado de organizar um esquema para lavar dinheiro usando igrejas evangélicas e pastores. Nascido na cidade potiguar de Seridó, ele abriu sete igrejas pentecostais em seu estado para lavar pelo menos 23 milhões de reais do tráfico de drogas. O relatório do Ministério Público do Rio Grande do Norte apontou que todo o esquema movimentou 206,6 milhões de reais em 215 contas-fantasma de 2003 a 2021.[12] As igrejas tinham a denominação de Assembleia de Deus para as Nações.[13] Os cultos ocorriam normalmente, os pastores contratados confortavam seus fiéis, mas poucos sabiam que um dos objetivos finais do grupo era esquentar recursos ilegais.

Mais comum, contudo, são as relações esporádicas, isoladas, como o pastor aceitar o dinheiro do crime porque o recurso vai ser usado na luta em defesa do bem. O bispo Edir Macedo, em 1991, foi acusado por um ex-bispo da Universal, Carlos Magno de Miranda, de ter usado 450 mil dólares doados por um ex-traficante do cartel de Cali para pagar a segunda parcela de compra da TV Record. Segundo o denunciante, ele, Macedo e outros dois bispos da Igreja foram a Medellín, em dezembro de 1989, acompanhados de suas respectivas esposas, para pegar o dinheiro oferecido pelo ex-*capo*, que havia se convertido. "Para Jesus, até gol de mão vale", teria lembrado o bispo, quando confrontado por Miranda sobre a operação. O denunciante não conseguiu provar as acusações, mas a investigação constatou que os quatro casais da Universal realmente tinham viajado para Medellín na data mencionada pelo delator. Seria possível listar diversas investigações envolvendo suspeitas em torno da Igreja. Alguns desses casos foram revelados pelo jornalista Gilberto Nascimento, no livro *O reino* e em outras reportagens.[14] Em uma delas ele cita dados de um relatório elaborado pelo Laboratório de Tecnologia contra Lavagem de Dinheiro do Ministério Público de São Paulo que identificou doações bancárias de 33 bilhões de reais entre 2011 e 2015 à Universal. O jornalista foi processado pelos advogados da Igreja, e entidades ligadas ao jornalismo denunciaram a prática de assédio judicial ou *lawfare*, em que a Igreja se aproveitaria das brechas do sistema judiciário para intimidar e calar o jornalista denunciante.

A gestão do PCC, inteligente e funcional, se espalharia por todo o território nacional porque diminuía os riscos e aumentava os lucros das carreiras no crime. Era uma boa ideia e por isso se tornaria contagiosa. O processo de expansão, contudo, não seria nada tranquilo. Encontraria resistência e estimularia rivalidades e violência, mas havia um contexto comum que favorecia a disseminação da ideologia e do modelo de gestão do crime paulista: assim como São Paulo, todos os estados do Brasil prendiam muito e tinham unidades prisionais caras e superlotadas, sendo que o total de 90 mil detentos em 1990 chegou a quase 800 mil cerca de três décadas depois. Da mesma forma, bairros superpovoados em cidades com governos frágeis e moradores carentes de dinheiro para sobreviver eram presas fáceis para o discurso que oferecia a chance de enriquecer no bilionário mercado das drogas.

Nas prisões superlotadas, novas iniciativas surgiram para favorecer a expansão do modelo de governança do PCC. Em 2006, os presídios federais começaram a receber os criminosos mais atuantes do país, promovendo um intercâmbio entre eles, que podiam trocar experiências e firmar parcerias. Em menos de vinte anos o formato de gangues prisionais foi imitado e recriado em todos os estados brasileiros. Como esses grupos não têm registros formais, nunca é simples identificar o total exato de quantos estão em atividade, mas segundo um levantamento feito com informações de diversos órgãos de segurança, havia pelo menos 53 facções presentes em todas as unidades da federação em 2020.[15] E um levantamento da Polícia Civil de São Paulo de 2023 a que tive acesso aponta oitenta grupos espalhados pelo Brasil. O PCC, o maior deles, marca presença em praticamente todo o território nacional, seguido do CV, forte no Norte, Nordeste e Centro-Oeste. São as duas maiores facções brasileiras.

Os canais formados dentro das prisões ajudaram o PCC a distribuir drogas e armas de seus esquemas atacadistas para quadrilhas varejistas regionais. O aumento na oferta de mercadorias fortaleceu o mercado de drogas em cidades de diversos tamanhos, armou seus participantes e ampliou o capital, que pode ser investido em outros crimes, como os ambientais nas áreas da Amazônia Legal. Atraiu pessoas dispostas a arriscar a vida e a liberdade para acumular plaquês de cem e bater de frente com o sistema, e depois reingressar pela porta da frente com dinheiro lavado.

As gangues de base prisional estão presentes de norte a sul, espalhadas em cidades portuárias, nas florestas, nas terras indígenas, em bairros pobres e em áreas protegidas por leis ambientais nas cidades. No Norte, por exemplo, há o Cartel do Norte (antiga Família do Norte), no Amazonas, e o Bonde dos 13, no Acre; no Nordeste, existem o Sindicato do Crime, no Rio Grande do Norte, a Okaida, na Paraíba, e o Bonde do Maluco, na Bahia; no

Centro-Oeste, a Família Monstro, em Goiás; e no Sul, os Balas na Cara, que convivem com pelo menos uma dezena de grupos.

O desenvolvimento desse narcoempreendedorismo produziu situações inusitadas. O Amapá, o segundo estado menos populoso do Brasil, com 860 mil habitantes, que integra a Amazônia Legal e faz fronteira com a Guiana Francesa e o Suriname, viu emergir três gangues: Família Terror do Amapá, Amigos para Sempre e União do Crime do Amapá, além de ter a presença do PCC e do CV no seu território. Em 2018, o estado registrou as taxas mais elevadas de homicídios de sua história, com 52 casos por 100 mil habitantes. As polícias amapaenses, em resposta, partiram para o conflito, tornando-se parte do problema da violência. Entre 2019 e 2021, os policiais amapaenses lideraram o ranking nacional de letalidade, alcançando a taxa de dezessete homicídios por 100 mil habitantes em 2021, quase sete vezes superior à média nacional e um valor que representa, proporcionalmente, mais do que o dobro da taxa de homicídios praticados por toda a população de São Paulo.[16]

A presença das gangues no dia a dia do Brasil pôde ser mais bem dimensionada em duas pesquisas de opinião pública. A primeira delas, feita em 2020 pelo Latinobarômetro, perguntou aos habitantes dos países da América Latina se eles identificavam a presença de crime organizado, grupos armados, traficantes ou gangues nos territórios ou municípios em que viviam. Entre os brasileiros, 70,8% responderam afirmativamente e entre os jovens de 15 a 25 anos, o total chegou a 75%. O resultado é surpreendente quando comparado às respostas das populações de outras nações do continente. O Brasil apareceu com folga em primeiro lugar, bem à frente de países que vivem há anos desafios semelhantes, como México (34%), Colômbia (36%), El Salvador (41%), Bolívia (32,8%) e Venezuela (28,7%).[17] Em outro levantamento, feito em 2022 pelo Instituto Idea, 91% dos brasileiros afirmaram conviver com a presença de facções criminosas em seus bairros. Conforme os resultados, a presença podia ser alta ou média (62%), baixa (29%) e apenas 9% disseram que esses grupos não estão presentes em seus bairros.[18]

O modo como esses grupos se relacionam com a população, com seus concorrentes e com a polícia varia conforme o estado, mas é possível partir de dois paradigmas de gestão criminal mais bem definidos e conhecidos, com diversas variações pelo Brasil. Um primeiro modelo vem do Rio de Janeiro, e nele o controle do território por grupos armados é ostensivo, a dinâmica nos bairros tem mais relevância que a no sistema penitenciário e há o apoio ou a participação direta de agentes de segurança pública com forte influência na máquina governamental, como ocorre com as milícias. Esses grupos extraem suas receitas da exploração econômica dos territórios dominados a partir da organização de diversos serviços, incluindo venda de drogas, e são caracterizados pelas disputas de poder e de mercado com facções rivais.

No paradigma do crime paulista, a organização criminal funciona a partir dos presídios, de onde regula o mercado do crime e define o padrão de concorrência dos negócios do lado de fora. A presença nos territórios é menos visível e pode passar despercebida para quem não mora no bairro, apesar da sua grande influência no cotidiano das periferias, mediando até mesmo brigas de trânsito. Seus chefes principais estão presos e coordenam os negócios de dentro do sistema penitenciário, em contato com células nas quebradas. A relação com a polícia pode ser tensa e conflitiva, mas também tolerada mediante pagamentos de propina ou cooptação.

Nos demais estados brasileiros, o modelo de base prisional do PCC serviu como referência principal. A facção paulista passou a distribuir drogas para grupos varejistas locais formados pelos crias, os nascidos e criados nas próprias quebradas em que trabalham. As parcerias se formavam nos presídios para chegar aos bairros. Contudo, o PCC não consegue impor sua hegemonia nas praças criminais de outros estados e enfrenta a resistência de rivais nascentes. Opositores, quando surgem, costumam se associar ao CV e ter acesso aos canais de distribuição do grupo. Em alguns estados, o controle territorial é mais ostensivo e conta com maior participação dos policiais no crime, o que torna o modelo mais próximo ao do Rio, como é o caso do Pará, da Bahia, do Ceará, de Pernambuco, do Rio Grande do Norte, de Mato Grosso do Sul e do Piauí.[19]

A fragilização, por parte dos governos, de suas polícias pode ser a semente para a formação de forças criminosas milicianas, que prosperam graças à tolerância social à violência fardada e podem gerar lucros elevados. Um dos sintomas do descontrole policial brasileiro foi a explosão da letalidade, que entre 2018 e 2021 registrou mais de 6 mil casos anuais, colocando o país na posição da polícia mais letal do mundo.

Os conflitos nos territórios podem ser mais ou menos violentos, conforme o grau de rivalidade das gangues na disputa por mercado. Na narcoeconomia, um mercado regulamentado, como o de São Paulo, em que um único mediador estabelece as regras da competição, a tendência é haver poucos homicídios. Por outro lado, em um contexto de competição desregulada, a mediação dos conflitos tende a ser feita na base da bala. O Ceará, por sua vez, intercalou momentos de trégua e de rivalidade intensa entre os Guardiões do Estado (aliados do PCC) e o CV, o que provocou intensas variações nas taxas de homicídios. Em 2019, as facções estabeleceram um pacto de não agressão e se juntaram para realizar diversos ataques a autoridades do estado no começo do ano. Lideranças foram transferidas para os presídios federais e ficaram isoladas. A trégua e a ausência de contato com os chefes reduziu os conflitos do lado de fora entre os grupos rivais. O ano acabou com 2235 casos de homicídios,[20] menos da metade dos 5134 registrados dois anos antes.

A trégua não se sustentou, e a rivalidade desordenada voltou no ano seguinte, em plena pandemia. Uma disputa interna no CV proporcionou o surgimento de um novo grupo, a Massa ou Tudo Neutro (TDN), o que desequilibrou a cena. Além disso, para se antecipar às transferências para os presídios federais, as facções passaram a dar mais poder de decisão aos que estavam à frente no cotidiano das ruas, e essa delegação fez os homicídios voltarem a explodir no Ceará, alcançando o patamar das 4039 ocorrências em 2020, um crescimento de 81% em um ano.

Os integrantes da Massa ou TDN, apesar de não se assumirem como faccionados — o que ajuda os advogados de defesa na tentativa de evitar condenações por formação de quadrilha —, justificaram o rompimento com o CV pelas desvantagens da parceria com o grupo em comparação ao PCC. No salve, mensagem em que tornaram público o rompimento, compararam as gestões das duas facções apontando os benefícios do modelo paulista, como se explicassem a escolha do melhor governo para os negócios criminais. Na mensagem de WhatsApp eles assinam como "CRIME NEUTRO DO ESTADO" seguido por duas bandeiras brancas e apresentam seus motivos em caixa-alta:

ATRAVÉS DESSE INFORMATIVO VAMOS ESCLARECER O MOTIVO QUE NOS FEZ LEVAR A NÃO FAZER MAIS PARTE DESSA GANGUE CHAMADA CV, SABEMOS QUE EXISTEM MUITOS AMIGOS, E TBM MUITOS MENINOS NOVOS QUE ESTÃO ENTRANDO AGORA NO CRIME, QUE AINDA NÃO ENXERGARAM AS INJUSTIÇAS, COVARDIAS E FALTA DE HIERARQUIA QUE ESSA SIGLA TROUXE PARA NOSSO ESTADO [...] QUANDO NOS COMPROMETEMOS A VESTIR UMA CAMISA FOI EM BUSCA DA PAZ, ONDE POR UM CERTO TEMPO CONSEGUIMOS! MAS COM O PASSAR DO TEMPO, TODOS NÓS VIMOS A

VERDADEIRA FACE DO CV, E HOJE NÃO É DIFERENTE, ANTES DO CV TODOS NÓS PODÍAMOS TRABALHAR COM QUEM QUISER, TÍNHAMOS PREÇOS PARA TRABALHAR, HOJE PAGAMOS UM PREÇO QUASE O DOBRO DO QUE ANTES NA MERCADORIA, TUDO ISSO PQ ASSIM COMO ELES FAZEM DE NOSSAS ÁREAS UMA FRANQUIA, ONDE SÓ PODEMOS PEGAR DROGA SE FOR DO CV, ELES TABELA O PREÇO E SÓ QUEM SE BENEFICIA SÃO OS CONSELHEIROS; OU AQUELES QUE FICAM COM UM CEL NA MÃO 24/48 NOS GRUPOS DELES, BABANDO ELES, ONDE PASSAM O DIA TODO ATRÁS DE OPRIMIR E DE EXTORQUIR QUEM NÃO FAZ PARTE DESSE GRUPINHO DELES! COMO PODE VC SER CRIMINOSO E PAGAR DINHEIRO PARA ELES, PRA VENDER DROGA DELES, E AINDA DENTRO DA SUA ÁREA, E VC TEM QUE TODO MÊS PAGAR UMA CAIXINHA, SE NÃO PAGAR É MOTIVO PARA PERDER UMA FAVELA SUA, QUE VC SE CRIOU E DEU A VIDA PRA TER, E COMO VCS SABEM ESSE DINHEIRO NUNCA CHEGOU ATÉ NÓS E NEM ATÉ VCS, NUNCA FOI MANDADO UM MALOTE OU UMA PASTA DE DENTE PRA QUEM TÁ NO SOFRIMENTO [NA PRISÃO], SE NÃO FOR A FAMÍLIA NÃO CHEGA É NADA! [...] NOSSA ALIANÇA COM 1533 [PCC] VAI SER SEMPRE EM PROL DE MELHORIAS PARA TODO O CRIME EM GERAL, ONDE ISSO FAZ DE NÓS MAIS FORTE, NOSSA GUERRA É CONTRA O CV. SE HOJE ESTAMOS JUNTOS COM O 1533, É PQ TEMOS A CERTEZA QUE A IDEOLOGIA DO CRIME DELES É COMO A NOSSA: RESPEITO ENTRE TODOS, INDEPENDENTE DE SER IRMÃO, AMIGO OU COLEGA, POIS O QUE IMPORTA NA VDD É SUA CAMINHADA E NÃO SUA CAMISA NEM SEU DINHEIRO, O MAIOR EXEMPLO É O ESTADO DE SÃO PAULO, ONDE CADA CRIMINOSO FAZ SEU CORRE, MAIS SEMPRE NA ÉTICA DO CRIME! [...][21]

Confrontos semelhantes se desencadearam em outros estados, com resultados trágicos. As regiões Norte e Nordeste, que estavam entre as menos violentas do país até meados dos anos 2000, registraram os principais aumentos de homicídios, passando de patamares abaixo de dois dígitos nos anos 1990 para além da barreira dos trinta a quarenta homicídios por 100 mil habitantes. O crescimento causou espanto porque aconteceu em um momento especial de melhora de diversos índices sociais e econômicos ligados a renda, educação, desigualdade e investimentos em segurança. O mercado do crime, contudo, também se desenvolvia, e o que se via era uma concorrência acirrada e armada, como a que ocorrera nos estados do Sudeste antes da regulação pelo crime.

Essa disputa sangrenta em torno das drogas produziu sua própria cultura com letras de funk, estética, cores, estilos e vídeos no YouTube, alguns deles impublicáveis com assassinatos e torturas dos rivais. Os "proibidões" — narrando os conflitos entre gangues rivais, inspirados nas letras desse estilo criado no Rio de Janeiro — passaram a dar a tônica das composições em muitos lugares. Apesar da mentalidade mais profissional, a disputa por mercado entre gangues rivais e a dificuldade de regular as normas da competição gerava a mesma violência dos primórdios do tráfico do Sudeste.

A escalada de homicídios nos estados conflagrados se acirrou especialmente depois de meados de 2016, quando PCC e CV racharam. A briga entre as duas grandes gangues nacionais levou a uma sucessão de rebeliões sangrentas que explodiu no começo de 2017 no Amazonas, em Roraima e no Rio Grande do Norte, com quase duzentos mortos. A tensão nos presídios se espalhou para as ruas, e o ano acabaria de forma trágica, com o Brasil registrando mais de 65 mil homicídios (59 128, quando excluídos os decorrentes de intervenção policial), o maior número da série histórica do país. As variações nas taxas de homicídios nos estados eram o termômetro do desequilíbrio desses mercados criminais, com grupos rivais relativamente estruturados que se envolviam nas dinâmicas de violência e em círculos de vingança semelhantes aos da São Paulo dos anos 1980 e 1990.

Preocupado com essa escalada, conversei com jornalistas do G1 e pesquisadores do Fórum Brasileiro de Segurança Pública para montarmos o Monitor da Violência, que passou a ser publicado em setembro de 2017.[22] O objetivo do projeto era chamar a atenção dos políticos para o número escandaloso de assassinatos no Brasil, criar uma rotina de produção de dados oficiais dos governos e estimular debates sobre o tema. Eu imaginava que os anos seguintes seriam de crescimento de homicídios, em decorrência de um possível efeito multiplicador das vinganças e da instabilidade causada pelo racha nacional. Minha expectativa, ainda bem, não se confirmou. Pelo contrário, o que se verificou foi uma redução importante nas taxas de homicídios entre homens.

A situação foi ainda mais surpreendente porque, em âmbito nacional, os cinco anos que se seguiram à criação do Monitor foram caracterizados por grande turbulência política. Em 2018, ano de eleição presidencial, no auge das ações da Operação Lava Jato, que fragilizavam o governo Michel Temer e consumiam boa parte de seus esforços para continuar no cargo, os casos de homicídios tiveram uma queda importante, passando de 59 128 para 51 609 casos.[23] O ministro da Segurança Pública da época, Raul Jungmann, não estava acompanhando a evolução dos resultados e se surpreendeu com a redução. Ele tomou conhecimento do levantamento do Monitor poucos dias antes de deixar o cargo.

Em 2019 veio o governo de Jair Bolsonaro, cuja principal medida na área de segurança pública foi flexibilizar o controle de armas e aumentar a quantidade delas nas mãos da população. Esse total mais do que dobrou em cinco anos, o que representou quase 1 milhão de armas a mais, passando de 1,3 milhão no final de 2018, último ano do governo Temer, para 2,9 milhões em novembro de 2022.[24] As expectativas eram as piores. Diversos estudos apontam que, quando há mais armas de fogo nas mãos do público, maiores são as chances de desenlaces fatais nas brigas de trânsito, nos bares ou em casas noturnas, por exemplo. A pandemia em 2020 e 2021 diminuiu a presença das pessoas nas ruas e, consequentemente, a probabilidade de eventuais conflitos, mas o problema foi levado para dentro das casas. Como mostram os estudos, os conflitos domésticos, os acidentes e os suicídios são mais letais nas residências com revólveres e pistolas à mão.[25] O Brasil não fugiu à regra, registrando aumento de feminicídios, suicídios[26] e crimes políticos, que passaram a fazer parte da paisagem brasileira.

Mesmo assim, o total de assassinatos caiu. O então presidente Bolsonaro argumentou que a redução dos homicídios era uma decorrência do aumento das armas em circulação, que levava o ladrão a "pensar duas vezes" antes de assaltar um "cidadão de bem". A explicação não fazia sentido, porque os homicídios decorrentes de assaltos são minoria, e em 2021 e 2022 eles representaram menos de 3% do total de mortes intencionais violentas. A queda estava ligada a outro movimento, vinculado à quantidade de homicídios que varia de acordo com as rivalidades do mercado do crime, relativa aos assassinatos que acontecem nos bairros pobres, com menores índices de urbanização, entre grupos e indivíduos ligados a atividades criminais, que disputam poder, mercado e território com seus concorrentes. Eram os homicídios ligados a esse contexto de desordem criminal que tinham diminuído.

Depois dos conflitos desencadeados pelas brigas de gangues em presídios, em 2017, havia dois caminhos para seus participantes lidarem com a situação explosiva. Um deles era intensificar o confronto, como se a violência pudesse produzir a hegemonia de um grupo sobre os outros, o que é uma estratégia sedutora para os recém-chegados integrantes dos mercados emergentes, jovens ainda deslumbrados com o poder de suas armas e o dinheiro das drogas, mas sem o conhecimento acumulado das cenas mais antigas. Não demorou muito para esse caminho se revelar insustentável. A alternativa foi apostar na perspectiva do recuo e da diplomacia. As facções nacionais, que testemunharam as fases mais destrutivas dos conflitos em seus estados, compreendem como as alianças são vantajosas. Não à toa é o rumo seguido pelas máfias mais poderosas do mundo, com capacidade para lavar dinheiro, participar da economia e influir nas decisões políticas. O PCC levantava essa bandeira: o crime devia se juntar para penetrar pelas brechas do sistema. A cultura e a relação com as igrejas pentecostais, em seus diálogos e conexões nos territórios, faziam parte desse novo cenário favorável a tréguas, mesmo que pontuais. Afinal, se não era possível deixar o crime, que os bandidos pelo menos evitassem a crueldade e a violência.

Os presídios federais, mais uma vez, foram um *hub* privilegiado para essas discussões que favoreciam os acordos, inclusive porque os principais chefes das gangues de base prisional viviam momentos delicados nas unidades. Alguns dos chefes do PCC reclamavam da disciplina rígida dentro delas, e para pressionar por mudanças, tentaram ameaçar o Estado. Entre abril e maio de 2017, três agentes das unidades federais foram assassinados, sendo uma das vítimas a psicóloga Melissa de Almeida Araújo, mãe de uma criança de dez meses. Segundo o Ministério Público e a Polícia Federal do Paraná, o PCC havia planejado e executado os homicídios para "desestabilizar e intimidar" os funcionários das unidades federais e protestar contra a rigidez das regras do sistema federal. Uma unidade de inteligência criminal, chamada Sintonia Restrita, tinha sido criada pela facção com esse propósito específico.

Os efeitos desses crimes, contudo, foram opostos aos desejados pela organização criminosa. As primeiras medidas de endurecimento das penas dos presos federais começaram ainda em 2017, logo depois dos atentados aos agentes, quando foram proibidas visitas íntimas. Os familiares pediram ajuda aos Anjos da Liberdade, ONG de direitos humanos presidida pela advogada Flavia Fróes, que tem clientes de diversas facções. Tanto os membros do PCC como os do CV queriam resistir e estimular os protestos de seus familiares. Primeiro, houve uma manifestação dos parentes e amigos dos presos em Brasília, e em 2018 presos das unidades federais iniciaram uma greve de fome. Como a causa era comum, eles foram forçados a conversar. A advogada ajudou nessa mediação.

Em 2019, Marcola e outras 21 lideranças do PCC foram transferidas para a unidade do sistema federal de Brasília. Ato contínuo, o ministro Sérgio Moro, que estava assumindo a pasta da Justiça na presidência de Jair Bolsonaro, editou a Portaria 157, limitando a visita do preso ao parlatório por videoconferência e passando a monitorar todos os encontros dos presos com advogados. O objetivo era evitar a transmissão de ordens para o lado de fora. A ONG tentou derrubar a portaria com uma ação no STF e a tentativa de levar o caso para a Corte Interamericana de Direitos Humanos. O argumento era que as unidades federais, criadas como medidas temporárias — daí seu rigor —, estavam sendo usadas para todo o cumprimento de pena.

Independente do mérito do debate, o movimento levou a uma reaproximação dos chefes do crime nacional. A retomada desse diálogo era uma das hipóteses para a redução dos conflitos nos estados e a diminuição do total de homicídios. Mas havia ainda uma novidade nesse cenário. Nos anos anteriores, as gangues tinham criado estruturas de gestão do crime, mais ou menos sofisticadas, que autorizavam seus chefes a negociar em nome do coletivo. Agora havia uma mentalidade profissional e de que um mercado com a competição regulamentada gera mais lucro e reduz custos. O mundo do crime se transformara, tornara-se mais racional, criando novos desafios aos governos.

Em março de 2023 viria à tona um plano do PCC para sequestrar autoridades, entre elas o senador e ex-juiz Sérgio Moro e o promotor Lincoln Gakiya, e assim chantagear o governo a flexibilizar as regras dos presídios federais. Foi descoberto pouco antes de ser executado e era apenas uma das facetas da organização. Se eles estavam dispostos a iniciar um embate com o sistema prisional, do lado de fora seus participantes buscavam discrição nos negócios para passar desapercebidos e ganhar cada vez mais dinheiro. A capacidade de articulação da rede levava o capital do crime a se tornar mais influente na economia. Com dinheiro acumulado, a força política do grupo cresceria sem que a sociedade notasse ou compreendesse a direção da caminhada, que seria percorrida pelas sombras, lavando os recursos e posicionando seus participantes como peças decisivas no tabuleiro do poder. Quando menos se esperava, eles já estavam dentro do Estado.

12.
Dinheiro, fé e fuzil

Quando era aluno da Escola Paulista de Medicina, em 1972, o médico Gilberto Natalini e outros dez estudantes do centro acadêmico foram detidos pela ditadura militar, acusados de fazer panfletagem e de distribuir jornais de oposição ao regime. Ele ficou preso no DOI-Codi, nos porões da rua Tutoia, onde foi torturado com choques que prejudicaram para sempre sua audição. Nessa época, compartilhou a cela com um operário que o desafiou a, uma vez formado, ir trabalhar na favela com outros amigos médicos. Natalini não se esqueceu da provocação e logo depois da formatura, em 1976, foi com os colegas para Cangaíba, na periferia leste de São Paulo, trabalhar nas CEBs e na Pastoral da Saúde, sob a bênção de d. Angélico Sândalo Bernardino, bispo auxiliar de São Paulo que ajudou a tornar a zona leste e São Miguel Paulista um dos mais fortes centros de luta e resistência política na cidade.

Os médicos de Cangaíba atuavam em diversas frentes, realizavam tratamentos, incluindo pequenas cirurgias, no fundo das igrejas, que viravam clínicas. Também passavam filmes e davam palestras sobre saúde preventiva, instruindo os moradores da região a se organizar e a cobrar dos governos melhorias na rede de saúde pública. A Pastoral da Saúde articulava ações políticas para forçar o diálogo com as autoridades, que precisavam lidar com os desafios da nova cidade e de suas periferias. Numa dessas assembleias, ocorrida em 1979 com cerca de 5 mil pessoas e a presença do então secretário estadual da

Saúde, Adib Jatene, os moradores conseguiram a promessa da construção de 23 UBSs, que começaram a sair do papel naquele mesmo ano. A participação e a organização popular alcançavam resultados políticos concretos, e dessas lutas surgiu a articulação para a criação de um sistema de saúde integral, universal e público, cujo financiamento seria viabilizado pelo Sistema Único de Saúde (SUS).

Apesar de próximo da Igreja católica, a relação de Natalini com os religiosos sofreu um abalo depois que parte de seu grupo se filiou ao PCdoB. Quando soube da notícia, d. Angélico disse que os médicos podiam continuar com seus trabalhos voluntários no bairro, mas não deviam mais falar em nome da pastoral. Outro grupo de médicos, formado na USP, com nomes como Eduardo Jorge, Roberto Gouvea e Carlos Neder, também foi trabalhar na periferia leste, em bairros como São Mateus e Itaquera, mas seguiram ligados à Igreja e anos depois passariam a fazer parte do PT. Começavam a surgir as frentes que formariam os partidos com ideais progressistas, pregando a criação de um Estado forte, voltado para reduzir as desigualdades a partir do aumento de investimentos sociais nos bairros pobres.

Eram tempos de agitação, de busca por espaço e voz na esfera pública. Os futuros políticos, para serem eleitos democraticamente, precisavam ser considerados representantes da vontade da maioria do eleitorado. Estavam, portanto, mais abertos ao diálogo. Nesse processo de abertura, a organização coletiva e a pressão popular foram os instrumentos usados para impor as pautas prioritárias na agenda política. Uma delas dizia respeito à falta de moradias e foi pautada por meio das ocupações, como a pioneira na Fazenda Itaipu, às margens da represa Guarapiranga, com a participação dos movimentos articulados nas CEBs. O terreno pertencia ao Instituto de Administração Financeira da Previdência e Assistência Social (Iapas), e o deputado Aurélio Peres, que tinha sido eleito pelo PMDB com o apoio do

PCdoB, foi uma das lideranças da ocupação. Natalini esteve no movimento como médico, para atender os cerca de 1500 participantes.[1] Até então, os processos de loteamento nas margens das represas eram liderados por grileiros, que fatiavam os lotes das chácaras e fazendas e os comercializavam. Só depois de instalados, os moradores corriam atrás da legalização da área e da cobrança por melhorias em infraestrutura urbana, com a ajuda dos movimentos sociais.

As ocupações lideradas pelos movimentos de moradia pretendiam forçar as autoridades a ampliar o investimento em habitação popular e a investir em infraestrutura nos loteamentos existentes. Foi o caso da Ocupação Vila Primeiro de Outubro, em Guaianazes, que se tornaria um bairro para 4 mil pessoas. Suas lideranças, articuladas na Frente Paulista de Habitação Popular (FPHP), pressionaram as políticas de mutirão nas gestões de Mário Covas e de Luíza Erundina. A FPHP também pressionou o governo paulista para carimbar a verba de 1% do ICMS para investimento em moradias, o que ajudou a construir 5 mil casas. A pressão e a organização, conforme essa concepção forjada nas CEBs e nos movimentos sociais, eram o meio para reivindicar direitos que, sem a luta coletiva, não sairiam do papel, como o relativo à função social da propriedade, tanto rural quanto urbana.

Quatro décadas depois, as coisas estavam bem diferentes. Fotografias panorâmicas da cidade feitas por satélites revelavam outro tipo de movimento. Na periferia sul da cidade, berço dos movimentos sociais e das CEBs, em bairros como M'Boi Mirim, Capela do Socorro e Grajaú, despontavam novos empreendimentos imobiliários ilegais de grande escala, em loteamentos clandestinos nos arredores da represa Guarapiranga, nas poucas ilhas de mata atlântica que restaram na cidade de São Paulo. Invasões semelhantes ocorreram nas zonas leste e norte da cidade e em outros municípios da metrópole, e não se pareciam com a dos pequenos grileiros de antigamente, nem pressionavam a prefeitura por direitos. Os empreendimentos eram lucrativos, bem articulados e seguiam um padrão profissional que dependia do dinheiro de um investidor. Os loteamentos eram protegidos por muros altos para esconder o desmatamento, e as máquinas grandes, como tratores, retroescavadeiras e caminhões basculantes, chegavam a trabalhar de madrugada, no meio da mata, para evitar alarde. Seguranças armados circulando de moto e até torres de observação faziam parte dos negócios, que anunciavam na internet sem medo de ser interpelados pelo poder público.

Natalini, que desde os anos 2000 exerceu cinco mandatos de vereador da cidade focados na questão da saúde e do meio ambiente, juntou provas para denunciar a ofensiva. Em 2017, como secretário municipal do Meio Ambiente do prefeito João Dória, aprendeu que seu estilo, disposto ao confronto, podia causar embaraços políticos, tanto que durou apenas oito meses no cargo. De volta à Câmara ele denunciou a destruição da mata atlântica que sobrava na cidade e preparou um dossiê para abrir uma Comissão Parlamentar de Inquérito (CPI) sobre o tema. Documentou por meio de fotos de satélite e visitas in loco a existência de 160 áreas invadidas, o que representava um total de 48 mil lotes ilegais à disposição do mercado ilegal, 7,2 milhões de metros quadrados de áreas derrubadas e 1,2 milhão de árvores cortadas. Para se ter ideia do que isso significa, existem aproximadamente 650 mil árvores em todas as vias públicas de São Paulo.[2] A apresentação citava a participação do PCC, conivência da fiscalização, omissão de autoridades e muito dinheiro envolvido. O faturamento total do comércio de lotes ilegais poderia render 2 bilhões de reais aos investidores.

Um dos suspeitos de liderar invasões na zona sul era Wanderley Gomes Teixeira, conhecido como Manolo, que foi investigado em 2016 acusado de extorquir compradores de lotes por meio de sua associação Minha Casa Meu Doce Lar. Manolo também tinha uma empresa de compra e venda de carros usados e chamou a atenção das autoridades ao aparecer numa investigação da Polícia Civil sobre a Cracolândia, no centro de São Paulo. Ele era próximo de criminosos que tinham invadido o Cine Marrocos, onde viviam diversas famílias de refugiados e de brasileiros pobres. O grupo dizia integrar um movimento social obscuro e se aproveitava da boa-fé dos moradores para usar o espaço para guardar armas e drogas vendidas na região. Um dos integrantes da quadrilha era cabo eleitoral de Manolo, que naquele ano foi candidato a vereador pelo PCdoB e, não eleito, perdeu a legenda. Dois anos depois, ele mudaria da esquerda para a direita ao se filiar ao PR, Partido da República, que depois se tornaria o Partido Liberal (PL).

Segundo testemunhas, Manolo coordenou ao menos duas invasões que tomaram as áreas do antigo Clube de Regatas Tietê e do Sítio Irma, próximo à represa Guarapiranga. Apesar das denúncias, as obras continuaram, assim como a comercialização dos lotes anunciada em cartazes e nas redes sociais. Em 2017, mesmo diante das denúncias de ilegalidade do empreendimento, a Justiça concedeu uma liminar impedindo que as obras iniciadas no novo condomínio fossem interrompidas, o que estimulou a ampliação do negócio. A conivência das autoridades desencorajava quem se arriscava a denunciar; além disso, o risco de vida era real. Em março de 2019, dois homens em uma motocicleta executaram Manolo a tiros. O corpo ficou estendido ao lado de seu carro de luxo no Grajaú, em uma das áreas cujos lotes ele negociava, e as investigações não chegaram à autoria do crime. Em maio, dois meses depois do assassinato, Natalini apresentou o pedido de CPI com base nas fotos e denúncias que constavam em seu dossiê. Apesar da gravidade do tema, ela nunca foi instalada.

No ano seguinte, o vereador desistiu de seguir na política e passou a militar na sociedade civil. Distribuiu seu dossiê para seiscentas autoridades, incluindo o papa Francisco, até que a prefeitura da capital começou a reagir em 2021.[3] Natalini deixou a Câmara Municipal com pelo menos catorze ameaças de morte registradas, inclusive algumas vindas de dentro da Casa, feita por seus próprios colegas. O ex-vereador afirma que desistiu não por medo de morrer, mas por ter perdido espaço. Os parlamentos estavam tomados por grupos de interesses que defendiam o mercado, legal e ilegal, e as igrejas pentecostais em contínua multiplicação. Ninguém mais se interessava pelos temas coletivos, pelos debates sobre políticas públicas. Outros nomes importantes do Parlamento também perderam espaço, caso de Adriano Diogo, Eduardo Jorge e Carlos Neder, falecido em 2021. Todos começaram nas lutas sociais dos anos 1970, cresceram com mandatos técnicos, de opinião, voltados aos grandes temas, como saúde, urbanismo, educação e ambiente, mas acabaram atropelados por outras prioridades.

No lugar deles, assumiram políticos que misturavam realismo com cinismo. Em vez de pensar como as coisas deveriam ser, em exercícios mentais estratégicos, encaravam as coisas como são, e a realidade era que o mundo se movia à base do dinheiro. As redes de apoio — do trabalho, das famílias e das vizinhanças — estavam cada vez mais frágeis e a vida cada vez mais instável. As indústrias e os empregos se esfacelavam, os governos se revelavam incapazes de garantir as mínimas condições de vida, enquanto as novas redes costuradas pela religião e pelo crime ampliavam as oportunidades e o netwoking para beneficiar os negócios de seus membros.

Tanto as teologias da prosperidade como as facções, que se tornavam governos do crime, viabilizavam a construção dessas redes e ajudavam a pavimentar o caminho para o empreendedorismo e para o enriquecimento. Restava aos governos, mais do que implementar políticas públicas para reduzir a desigualdade, flexibilizar as regras para que todos pudessem faturar. E quanto à determinação individual, ninguém melhor para acender a chama da vontade pessoal do que as igrejas. O crime, por sua vez, apontou a direção para ampliar lucros e reduzir riscos, e nesse contexto, quanto maior a capacidade de ganhar e acumular dinheiro, maior a influência política.

A salvação não viria de cima, não dependia mais das autoridades públicas nem dos grandes empresários de antigamente, que ofereciam empregos e carreiras longevas. Agora era questão de gana, e ela vinha de dentro, da disposição interna para lutar e prosperar na dura competição por dinheiro. A sobrevivência também dependia dos contatos de cada um para empreender, e a economia era cada vez mais vinculada aos recursos vindos da ilegalidade e da informalidade. Então os novos arranjos institucionais passaram a contemplar esse objetivo, de garantir, ou pelo menos não atrapalhar, o funcionamento dos mercados. Os parlamentares precisavam favorecer os setores que ofereciam oportunidades de gerar renda e passaram a atuar como lobistas de interesses específicos, em bancadas da Bíblia, do Boi, da Bala, do Sistema Financeiro, do Setor Imobiliário, entre outros.

Em São Paulo, essa nova fase de pragmatismo político fortaleceu lideranças como a do vereador Milton Leite (PMDB). Nascido na região de Piraporinha, na periferia da zona sul da capital, ele cumpriu sete mandatos no Legislativo municipal. Ganhara dinheiro antes de entrar na política, no ramo da construção civil do extremo sul, que vivia em obras permanentes, onde ele abriu uma empreiteira em 1978. Leite conseguiu ver o potencial de consumo da favela e transitava como poucos na informalidade. Sua força eleitoral pode ser medida pela capacidade para eleger seus dois filhos, Alexandre Leite da Silva, deputado federal pelo União Brasil desde 2011, e Milton Leite da Silva Filho, deputado estadual pelo mesmo partido desde 2007, com votos obtidos principalmente nessa região da cidade.

Leite sempre foi um dos nomes mais influentes da Câmara Municipal, atuando nos bastidores para assegurar aos vereadores condições de cumprir os compromissos com seus apoiadores e financiadores no Parlamento. A influência dele cresceu ainda mais durante a gestão do prefeito João Dória, quando foi eleito presidente da Câmara e liderou a base parlamentar que garantiu o apoio do Legislativo na aprovação dos projetos apresentados pelo Executivo. Quando Bruno Covas assumiu a prefeitura e depois disputou a reeleição, em 2020, coube a Milton Leite a indicação do vice-prefeito, Ricardo Nunes, que se tornou prefeito da cidade com a morte prematura do titular em maio de 2021, cinco meses depois de iniciar o mandato. Leite seguiu na presidência da Câmara depois de conseguir mudar a Lei Orgânica do município e concorrer a uma segunda reeleição.

Se o Parlamento paulistano sabia acomodar o interesse dos lobbies privados, Leite, por conta de seu histórico de investidor da periferia, conhecia como poucos o empreendedorismo informal dessa parte da cidade. Nas conversas que tive com denunciantes das invasões em áreas públicas da zona sul, o nome do vereador e dos subprefeitos indicados por ele eram constantemente citados, mesmo sem existir provas de seu envolvimento. A força de Leite não estava apenas na interlocução com o ramo imobiliário; ele também fazia a ponte entre o poder público e as empresas de transporte alternativo de São Paulo, atividade empresarial que cresceu nos bairros de urbanização recente e desassistida. O mesmo fenômeno aconteceu em outras cidades, como Rio de Janeiro, onde o transporte alternativo foi dominado pelas milícias, dando origem aos grupos criminosos Liga da Justiça, em Campo Grande, e Santa Cruz, em Rio das Pedras.

Em São Paulo, quem assumiu protagonismo crescente foi o PCC. O setor foi regulamentado pela prefeitura em 2003, quando os empresários de lotações passaram a atuar como cooperativas. Mediar o diálogo da informalidade com o setor público não é tarefa fácil, e surgiram diversas denúncias de que parte das empresas de vans era usada pela facção. Os esquemas tinham começado no final dos anos 1990, quando membros do grupo levavam familiares aos presídios no interior. Anos depois, na cidade de São Paulo, além de esquentar o dinheiro do crime, as linhas eram oferecidas como seguro para ajudar familiares dos integrantes da organização, que passavam longas temporadas na prisão. Diversas investigações policiais identificaram a presença do PCC no transporte público.

Uma delas, realizada em 2006, envolveu Luiz Carlos Pacheco, conhecido como Pandora, presidente de uma das principais cooperativas de transporte da cidade, a Cooper Pam, e muito próximo ao vereador Milton Leite. Pandora chegou a ser preso por suspeita de financiar, com dinheiro da cooperativa, o resgate de um preso do PCC em março de 2006. A informação tinha sido passada por um detento e não deu em nada. Depois, descobriu-se que funcionários da Transmetro, uma cooperativa que havia sido fechada por suspeitas de pertencer à facção, estavam trabalhando em uma das garagens da Cooper Pam, e a polícia, em operação no local, encontrou mensagens referentes ao Primeiro Comando. Pandora negou a relação com o crime e disse que havia recebido os funcionários sob orientação do secretário de Transportes do município, Jilmar Tatto, que coordenava a pasta na gestão petista de Marta Suplicy.[4]

Quando essas investigações vieram à tona, em julho de 2006, dois meses depois dos ataques do PCC contra agentes de segurança em São Paulo, liguei para o vereador Milton Leite para saber das relações dele com Pandora e a Cooper Pam. Ele admitiu que sua empreiteira tinha sido responsável pela construção da garagem da cooperativa, estimada na época em 14 milhões de reais. Quando publiquei a história, achei que o caso pudesse causar problemas para o político, porque parecia misturar interesses públicos e privados, e, para piorar, a empresa estava sob suspeita de ligação com o crime organizado. Mas o caso caiu no esquecimento. Essa era uma característica comum dessas denúncias policiais, que recorrentemente levantavam suspeitas comprometedoras, mas não davam em nada.

Três anos depois escrevi uma reportagem sobre a Copa Vereador Milton Leite, um campeonato de várzea que iria ocorrer na cidade, com trezentos times, parte deles formados nos Clubes da Comunidade espalhados pelas subprefeituras da zona sul de São Paulo. A fase final seria em campos que vinham sendo cobertos com grama sintética graças a emendas parlamentares de iniciativa do vereador. O maior atrativo da disputa eram os prêmios: o primeiro lugar ganhava um carro zero-quilômetro; o segundo, 15 mil reais; o terceiro, 10 mil reais; e o quarto, 5 mil reais. As informações sobre a Copa e as inscrições me foram passadas na subprefeitura do M'Boi Mirim.[5] Mais uma vez, estranhei a mistura entre interesses públicos e privados, e a história foi publicada no jornal. Quando ouvi o vereador, ele disse que o campeonato era privado, organizado por empresários amigos para ajudar a tirar as crianças das ruas. Perguntei quem eram os financiadores, e Leite citou o nome de Pandora, da Cooper Pam. Mais uma vez, depois de publicada, a história repercutiu pouco. Eram questões irrelevantes na política de São Paulo, considerada a mistura de realismo e cinismo que já dominava os espíritos.

Essas histórias me ensinavam sobre a lógica da política paulistana. A incidência do dinheiro do crime em São Paulo acontecia de forma diferente do estilo vigente em outros estados, como no Rio de Janeiro, em que as milícias e o tráfico exercem controle ostensivo sobre o dia a dia da população. Na capital paulista, a relação da política com dinheiro suspeito podia ser institucional, desde que fosse dissimulada e não arriscasse ser inviabilizada pelas investigações da Polícia Civil, cada vez mais fragilizada, e do Ministério Público.

O poder público parecia administrar os interesses do capital ilegal alinhado a metas coletivas, numa estratégia de redução de danos. Ninguém iria se escandalizar com a participação do crime nos negócios, desde que serviços fossem prestados. Em certas atividades, esse progresso informal podia destruir o meio ambiente e prejudicar ou quebrar os concorrentes que cumpriam a lei e pagavam impostos, mas o dinheiro do crime na economia fazia parte da realidade com a qual os políticos tinham que lidar. Salvo se esses empreendedores fossem pegos pela Justiça, nessa visão cínica e realista era melhor que eles participassem do desenvolvimento, desde que respeitassem certas condições mediadas pelas instituições, que contavam com interlocutores capazes de dialogar e integrar esses grupos na vida de São Paulo.

Esse dinheiro podia servir para investir, inclusive em outros ramos, como o de times de futebol, atividade que mexe com o sonho dos meninos pobres das periferias. Autoridades apontam esse ramo esportivo, dos times amadores aos profissionais, como uma alternativa para a lavagem de dinheiro do crime. Um dos times que sempre esteve associado a suspeitas do tipo foi o Esporte Clube Água Santa, de Diadema, que deixou de ser amador em 2013 e teve rápida ascensão no futebol profissional paulista. O presidente do clube, Paulo Farias, também vinha do setor do transporte, era dono da empresa A2, antiga cooperativa que atua na zona sul, e seu nome apareceu no mesmo inquérito em que Pandora foi investigado, em 2006, suspeito de participar dos planos de resgate de um preso. As investigações foram arquivadas, mas as suspeitas da ligação da A2 com o PCC permaneceram, o que o empresário sempre negou. Em 2021, um diretor da A2, José Antônio Guerino, que também participava da administração do Água Santa, foi executado a tiros de fuzil por dois homens encapuzados enquanto jogava baralho em um bar de Diadema.[6] Informações da inteligência da PM indicavam que a vítima tinha ligação com o PCC.[7] O que isso significava? Era algo isolado? Implicava ligação da empresa com o crime? As investigações não se aprofundaram. Dois anos depois, em 2023, com um time de qualidade, o Água Santa disputou a final do campeonato paulista com o Palmeiras, depois de derrotar o São Paulo nas quartas de final.

Os tentáculos do PCC surgiram em outros serviços públicos, como saúde e coleta de lixo, em prefeituras de cidades de diversos estados, segundo investigações da Polícia Civil, da Polícia Federal e do Ministério Público de São Paulo. A Operação Integrada em Defesa das Águas, da Secretaria de Mudanças Climáticas de São Paulo, identificou diversos aterros clandestinos que recebiam entulho da construção civil. Um deles, fechado em abril de 2023, tinha cerca de seiscentos metros quadrados e 3 mil metros cúbicos de resíduos sólidos em uma área devastada ao lado da represa Guarapiranga, contaminando o solo e os lençóis freáticos. A estimativa das autoridades era de que havia perto de uma centena deles funcionando em área de proteção ambiental. O secretário Antonio Fernando Pinheiro Pedro, que liderou a iniciativa da prefeitura da capital para barrar essas ações, não conseguiu permanecer no cargo. Foi exonerado em julho de 2023.

Na prefeitura paulista de Arujá, o acusado de liderar o esquema de infiltração do crime no município foi Anderson Lacerda Pereira, conhecido como Gordão, ligado ao traficante André do Rap.[8] Ele foi preso, acusado de montar 38 clínicas médicas e odontológicas para lavar dinheiro do tráfico. Em Arujá, as empresas de fachada que atuavam na coleta de lixo e na prestação de serviços à rede de saúde da cidade ficaram marcadas por atraso de salários e fornecimento de comida estragada. No geral, contudo, as empresas costumam se esforçar para acertar a mão no trabalho nas prefeituras e não chamar a atenção da Justiça. O objetivo principal é criar firmas legais para lavar dinheiro e, eventualmente, desviar recursos públicos.

Iniciativas semelhantes já estavam em andamento. Conforme as investigações avançaram, policiais identificaram o mesmo procedimento em cidades de outros estados, como Paraíba, Paraná e Minas Gerais, além de São Paulo, que levaram a condenações. Em alguns municípios, o esquema envolvia agentes públicos, empresários e profissionais liberais, incluindo policiais e oficiais da PM que faziam a segurança do transporte de dinheiro ou atuavam nas secretarias municipais.[9] A infiltração era um caminho promissor para legalizar o dinheiro do crime e exercer influência política.

Outra característica desse modus operandi era não ter preferências partidárias, interagindo com representantes da esquerda e da direita. Afinal, os dois lados precisam de dinheiro para vencer eleições. Em São Paulo, desde a regulamentação do sistema de transportes de vans, feita em 2003 pelo petista Jilmar Tatto, secretário municipal de Transportes da prefeitura de Marta Suplicy, houve muita tensão. A briga foi dura porque o crime já investia em algumas linhas de lotação. Tatto passou a andar com colete à prova de balas e chegou a ser acusado de favorecer a facção, mas o fato é que conseguiu colocar ordem em uma bagunça que parecia insolúvel. O secretário se notabilizou, depois, como executor de mão cheia. Tornou-se um quadro importante do PT paulista, o que lhe garantiu a chance de disputar a eleição para o governo de São Paulo em 2020, apesar de seu perfil técnico e de bastidor.

O assunto PCC, contudo, voltou durante as prévias eleitorais no partido e quase inviabilizou sua candidatura. O motivo foi o assassinato de uma pessoa próxima ao vereador Senival Moura (PT), que pertencia ao grupo político de Jilmar Tatto. Senival tinha sido empresário do setor de lotações e era um dos parlamentares mais influentes nas políticas de transportes do município. Já a vítima era amiga antiga do vereador e presidia uma empresa de ônibus suspeita de ser parceira do PCC. Além disso, a execução tinha características das ações do crime organizado.[10]

Vinda de Batalha, pequeno município de Alagoas, a família de Senival chegou em Guaianases, na periferia leste de São Paulo, em 1977. Ele trabalhou em uma metalúrgica nos anos 1980, mas se bandeou para o transporte alternativo, tornando-se um dos fundadores do Sindicato dos Profissionais Autônomos que trabalham no Transporte de São Paulo (Sindilotação). Assumiu o cargo de vereador em 2007, três anos depois de ter ficado na primeira suplência da eleição municipal. Era cooperado da Transcooper, empresa presidida por seu irmão mais novo, Luiz Moura, que também ingressou na política pelo PT, elegendo-se deputado estadual em 2010. O passado de Luiz tinha sido atribulado. Nos anos 1990 ele foi condenado por roubar um supermercado em Santa Catarina. Ficou um ano preso, conseguiu fugir da cadeia em 1993 e viver mais de uma década foragido, até ser considerado reabilitado pela Justiça, em 2005.[11]

Depois que ingressaram na política, os Moura atraíram atenção para suas atividades. Em 2010, a Transcooper foi investigada por lavar dinheiro do PCC. Quatro anos depois, Luiz foi expulso do PT por ter estado presente em uma reunião na garagem da empresa com diversas lideranças da organização criminosa. Nesse mesmo ano, um relatório de inteligência feito pela Polícia Civil e pelo Exército para prevenir atentados durante a Copa do Mundo identificou que a Transcooper tinha ligação com um integrante do esquema de lavagem de dinheiro do PCC, Anselmo Becheli Santa Fausta, o Cara Preta.[12] Apesar das suspeitas em torno de suas atividades, Senival seguiu na Câmara Municipal e, assim como Milton Leite, organizava um campeonato de futebol de várzea, a Copa Senival Moura, com quase quatrocentos times, que lhe ajudava a ter popularidade e votos.[13]

Em 2022, dois anos depois da execução de seu amigo, quando Senival era líder do PT e presidente da Comissão de Trânsito e Transporte no Parlamento, seu nome foi envolvido nas investigações sobre o crime. Adauto Jorge Soares tinha sido diretor financeiro da Transunião e era apontado pela polícia como testa de ferro do vereador. A empresa, que foi investigada depois do homicídio, teve apreendida em sua garagem uma lista com mais de quinhentos ônibus e os nomes dos respectivos laranjas e verdadeiros proprietários.[14] Os investigadores disseram que pelo menos 29% dos veículos eram de integrantes do PCC e treze deles pertenciam a Senival. As investigações apontaram que a execução teria ocorrido porque a vítima desviou dinheiro da organização. O autor dos disparos que, segundo apurações da polícia, era motorista da Transunião, se tornaria diretor da empresa depois do crime.

A investigação indicava suspeitas de que pelo menos outras três empresas, que transportavam 840 mil passageiros diariamente na cidade, tinham ligações com a facção. A A2, do presidente do Água Santa, estava entre elas.[15] Já a Upbus, outra empresa investigada, tinha entre seus acionistas duas figuras importantes na organização criminosa: Silvio Luiz Ferreira, o Cebola, um dos principais nomes do PCC nas ruas, e o mencionado Anselmo Becheli Santa Fausta, o Cara Preta, assassinado em 2021 em uma das principais guerras internas ocorridas na facção.[16]

Execuções no setor deixavam um rastro de sangue, como se fizessem parte da rotina da atividade. Esses fatos sempre me pareceram escandalosos porque indicavam uma infiltração sistemática do crime nas instituições, semelhante às que acontecem nos países com máfias poderosas, como a Itália, o que trazia novos desafios às políticas públicas. Essas denúncias, contudo, assim como as demais, eram assimiladas pelo establishment com tranquilidade. A participação do crime na economia e na política parecia naturalizada, ninguém se importava mais. Quando as informações sobre Senival vieram à tona, ele negou as acusações e escreveu uma breve nota, mencionando seu profundo pesar pela morte do amigo. Aparentemente foi o bastante para acalmar seus pares na Câmara, já que um pedido de instalação de CPI para investigar o caso foi apresentado, mas teve somente duas assinaturas. O processo na Corregedoria da Casa foi arquivado três meses depois de o caso ter se tornado público; não parecia haver nada de novo nas suspeitas.

A falta de vontade política para traçar a genealogia do dinheiro sujo facilita a legalização do capital do crime, e quanto a isso, algumas figuras foram emblemáticas desse período. É o caso do prefeito do município de Embu das Artes, Ney Santos, muito popular nas urnas, dono de postos de gasolina, produtor de shows e filantropo que enfrenta diversos processos e acusações na Justiça: por mais de uma década, a polícia e o Ministério Público de São Paulo acusam Santos de pertencer ao PCC. Mesmo assim, ele conseguiu se tornar um dos prefeitos mais populares da Grande São Paulo pelo partido da Igreja Universal do Reino de Deus, o Republicanos, mesmo do governador Tarcísio de Freitas, contando com o apoio entusiasmado de seus correlegionários, como o pastor e deputado federal Marcos Feliciano.

Ney Santos é nascido em um bairro pobre de Embu, o Valo Velho. Não veio de nenhum movimento social nem participou das CEBs na cidade. Em 1999, quando tinha dezenove anos, foi condenado por receptação. Quatro anos depois, caiu novamente; foi preso em flagrante em Marília, no interior paulista. Estava dentro de um Monza que pertencia a uma quadrilha que tinha assaltado uma empresa de valores e ficou dois anos na prisão, mas foi inocentado em segunda instância. De volta à liberdade, em 2006, sua ascensão social foi meteórica. Montou uma organização não governamental que distribuía brinquedos no Dia das Crianças e prestava serviço de assistência odontológica aos pobres, passou a produzir shows na cidade e investiu no ramo de postos de gasolina. Ficou rico e comprou uma Ferrari, que dirigia nas ruas esburacadas de Embu. Mudou-se para uma mansão em Alphaville e, quatro anos depois, em 2010, se candidatou ao cargo de deputado estadual pelo PSC.[17]

Foi quando passou a chamar a atenção das autoridades. Durante a campanha, foi alvo de uma operação policial em que foi acusado de lavar dinheiro para o PCC por meio de quinze postos de gasolina, além de usar sua ONG e uma factoring para movimentar 6 milhões de reais por mês. Apesar do rebuliço, Santos recebeu 40 mil votos, não foi eleito, mas aguardou o processo em liberdade e não desistiu da vida pública. Candidatou-se a vereador dois anos depois, já pelo PRB, que viraria Republicanos, mas foi acusado de compra de votos. Conseguiu permanecer na Câmara graças a uma liminar na Justiça. Quando tentou concorrer à prefeitura, em 2016, teve a candidatura barrada pela Lei da Ficha Limpa, porém conseguiu nova liminar, venceu a disputa e assumiu o cargo. Em seu mandato, criou uma guarda municipal bem armada, com boinas e braçadeiras pretas, ao estilo da Rota. Simpático e comunicativo, sempre fez questão de administrar em contato direto com a população, nas redes sociais e em visitas surpresas em obras e hospitais para cobrar empenho dos funcionários. Fez shows populares em Embu com grandes nomes do sertanejo e atuou com agilidade durante a pandemia de Covid. Enfrentou processos, mas mesmo assim foi reeleito em 2020.

Durante a campanha eleitoral, uma candidatura de oposição realizou pesquisas qualitativas para saber como os eleitores da cidade reagiam às suspeitas de que Santos pertencia ao

PCC. A maioria dos participantes achava uma qualidade, já que facilitava o controle dos roubos na cidade. Os opositores, então, não fizeram nenhuma menção às suspeitas durante as eleições. Antes de tomar posse, Santos teve a prisão decretada por crime de lavagem de dinheiro, ficou quarenta dias foragido e assumiu por meio de uma liminar. No segundo mandato, chegou a ficar 25 dias afastado do cargo por mais uma condenação, que conseguiu novamente reverter na Justiça. "Mais uma vez Deus mostrou o quanto Ele é fiel em nossas vidas, devolvendo a mim o mandato que Ele e a população nos deu. [...] Nunca tive dúvidas que Deus faria justiça. Obrigado a todos pelas orações e seguimos firmes cumprindo a missão que o Senhor Jesus nos deu", ele celebrou, em uma live nas redes sociais.[18]

A linguagem religiosa era um estratagema para disfarçar? Talvez, mas acho que não. Eu o vi chorar na frente de jornalistas quando foi acusado de roubar dinheiro da pasta de Educação — ele afirmava que os problemas vinham da gestão anterior. Creio que sua fala era verdadeira. Apesar da origem pobre e do estigma que carregava, ele empreendeu, juntou dinheiro e conquistou respeito e poder. As origens de sua fortuna podiam ser duvidosas, assim como suas conexões, mas ele se esforçava para fazer uma boa administração. Enquanto o establishment não tivesse provas para barrar sua escalada política, teria que engolir seu discurso de superação. As leis de Deus que estão na Bíblia valiam mais que as leis dos homens escritas no Código de Processo Penal.

Se dinheiro é sinônimo de poder e permite aos seus donos comprar respeito, o destino reserva uma boa dose de humilhação para os pobres. É difícil escapar desse vaticínio vivendo nos centros urbanos brasileiros. A Nova República e os governos progressistas prometeram criar uma rede de proteção capaz de reduzir a ansiedade causada por essa condição, mas a competição continuou sufocante. A imensa desilusão transbordou nas ruas das cidades brasileiras em junho de 2013, depois de duas décadas seguidas de governos de centro-esquerda. O chão tremeu naqueles meses.

Como jornalista, acompanhei de perto os protestos que inicialmente queriam barrar o aumento de vinte centavos no transporte coletivo em São Paulo. Estive em quase todos. Desde as primeiras manifestações na cidade, no dia 6 de junho, com menos de 150 pessoas, às mais intensas, duas semanas depois. Simultaneamente, em 150 municípios brasileiros, de Belém, no Pará, a Santana do Livramento, na fronteira entre o Rio Grande do Sul e o Uruguai, mais de 1 milhão de pessoas foram às ruas. Era mais uma onda contagiosa para minha coleção de comportamentos epidêmicos. Nesse caso, em menos de trinta dias, milhares de pessoas sentiram o desejo de protestar, de participar da massa presente nas ruas, mesmo sem saber ao certo contra o que bradavam.

Duas coisas me chamaram a atenção naqueles dias. Primeiro, como a imprensa tradicional, em que eu trabalhava, havia perdido espaço para as redes sociais, o que me incentivou, no ano seguinte, a deixar o trabalho nas redações. As *timelines* do Facebook e os *streamings* feitos pelos próprios ativistas eram os principais meios de informação. E segundo, o caldeirão de ressentimentos havia sido destampado e as massas nas ruas acreditaram que sua indignação podia mudar o mundo. Essa revolta interna se revelava nas performances de quebra-quebra dos mascarados no final das passeatas.

Acompanhei de perto a ascensão da tática *black bloc* e entrevistei seus adeptos, que diziam lançar mão da violência simbólica para chamar a atenção para suas causas.[19] Parte deles argumentava que os efeitos das estratégias de protestos ordeiras e pacifistas, hegemônicas desde os anos 1970, haviam se esgotado. Era preciso partir para a ação direta e escancarar a hipocrisia da sociedade atacando objetos, não pessoas. A imprensa e a elite, eles diziam, se escandalizavam com a quebradeira dos vidros de um banco que tinha seguro, mas não ligavam para os milhares de assassinatos de negros e pobres brasileiros. A provocação era inteligente e causou reação violenta da polícia, cuja covardia vista em espancamentos incendiou o espírito dos manifestantes. A estratégia ousada e bem-sucedida nas ruas, porém, cobraria um preço alto.

Com o passar do tempo, as táticas das redes sociais e da indignação violenta das massas seriam apropriadas pela extrema direita, para direcioná-la contra os adversários políticos. Uma sequência histórica de fatos, já relativamente conhecida, aguçou a percepção de que havia culpados para a frustração coletiva. Em março de 2014 começava a Operação Lava Jato e sua série de denúncias contra políticos. No fim do ano, a presidente Dilma Rousseff foi reeleita por margem estreita e o candidato derrotado, Aécio Neves, questionou a credibilidade das urnas eletrônicas.

Os protestos contra Dilma começaram ainda em 2015. As manifestações cresceram em paralelo aos vazamentos constantes que batiam na tecla da corrupção. As autoridades não pareciam ter nenhum controle sobre a Lava Jato. Os políticos se sentiam ameaçados, o que estimulou os congressistas a sabotar o governo, tirando um processo de impeachment da cartola que foi efetivado em agosto de 2016. Em novembro, a eleição de Donald Trump mandou sinais preocupantes sobre o futuro do Brasil. Em outras partes do mundo, os protestos nas ruas do começo dos anos 2010 estavam se transformando em apoio popular a governos autoritários. A eleição nos Estados Unidos e a votação para que o Reino Unido saísse da União Europeia, três meses antes, indicaram essa inflexão. O Brasil seguia a mesma trilha, com o radicalismo ganhando cores próprias.

A extrema direita saberia tirar proveito desse cenário criando bodes expiatórios, reavivando medos históricos, esbanjando grosseria masculina típica de torturadores, carrascos, capitães do mato, milicianos e bandeirantes. Seria aceso o espírito guerreiro de quem se sentia mais à vontade no ringue de luta livre do que no ambiente insosso da política. A articulação desse discurso foi possível porque as redes sociais colocaram o mundo de ponta-cabeça e as informações vinham de todos os cantos, de milhões de computadores pessoais e celulares que viraram produtores de conteúdo e diluíam os debates mediados pela imprensa nos grandes veículos de comunicação.

Estudos confirmam que as notícias falsas, com denúncias inventadas para aguçar a raiva, circulam em velocidade muito mais alta do que os fatos.[20] Por meio dos algoritmos, as redes criavam câmaras de eco em que as mesmas crenças eram corroboradas em looping. Os pares jogavam confetes e aplaudiam uns aos outros, protegidos da discordância e da opinião contrária, e esse ambiente favoreceu a popularidade das opiniões extremas. A polarização era o resultado inescapável.

Como escreveu o blogueiro da extrema direita americana Mencius Moldbur, "qualquer um pode crer na verdade, mas acreditar no absurdo é uma real demonstração de lealdade — e pode ajudar a formar exércitos".[21] A direita se via em plena guerra, suas bolhas dialogavam de maneira transversal e encontravam inimigos comuns. Polícias e militares, que se viam lutando contra a ameaça dos bandidos nas cidades e dos comunistas na história, deram as mãos a religiosos em batalha espiritual contra os esquerdistas ateus. A esquerda progressista era vinculada à trapaça e à corrupção, em teorias da conspiração amalucadas sobre planos para minar os valores basilares da cultura judaico-cristã ocidental.

A onda radical de direita começou a se formar e a crescer rápido, para espanto geral, e o caldeirão de ressentimentos finalmente entornou nas eleições de 2018. O país parecia dividido. Havia os que transitavam em torno do centro, mas o contexto exigia a escolha de um dos lados e as pesquisas eleitorais identificaram o perfil da população em cada um deles. Apesar de disseminados amplamente, em diversas classes, idades, raças e crenças, os eleitores de Bolsonaro se concentraram mais entre os evangélicos. No fim de outubro, nesse grupo religioso a diferença de votos para o futuro presidente e seu opositor, Fernando Haddad, foi de mais do que o dobro (69% e 31%, respectivamente).[22] Quatro anos depois, o apoio dos evangélicos seguiu com a mesma força, apesar da perda de popularidade do presidente ao longo do mandato. No último Datafolha do segundo turno, as estimativas apontavam uma vantagem para Lula de 52% contra 48% de Bolsonaro. A vitória se confirmava entre os católicos (59% a 41%), mas entre os evangélicos Bolsonaro ganhava de lavada (69% a 31%).[23] A retórica religiosa, da batalha moral do bem contra o mal, permeava transversalmente os diversos grupos de apoiadores.

No caso de Lula, em 2022, sua eleição decorreu da força desproporcional do candidato no Nordeste, a única região brasileira na qual venceu, onde teve 69,3% dos votos contra 30,7% de Bolsonaro. Ele perdeu em todas as demais, com destaque para o Sul (38,2% × 62,8%) e Centro-Oeste (39,8% × 60,2%). O percentual na região foi semelhante ao alcançado quatro anos antes, com Haddad, que venceu Bolsonaro com 69,7% a 30,3%.[24] As pesquisas de 2022 também indicavam vantagem de Lula entre os mais pobres, que recebiam menos do que dois salários mínimos, e uma boa margem entre as mulheres, que compensaria a vitória apertada de Bolsonaro entre os homens. Na capital paulista, a vitória de Lula por 53,5% a 46,5% aconteceu graças ao cinturão periférico formado pelos antigos redutos da Teologia da Libertação: em lugares como Piraporinha e Cidade Tiradentes, os percentuais foram acima de 65%. As áreas em que mais atuaram padre Jaime Crowe, no extremo sul, e d. Angélico Bernardino, no extremo leste, fizeram parte do cordão sanitário que manteve os votos a Bolsonaro concentrados nas regiões centrais.[25]

O lulismo seduzia quem tinha esperança na ação do Estado para tirar o protagonismo do mercado no destino das pessoas, quem acreditava que o coletivo e a igualdade deveriam prevalecer sobre a competição e a liberdade, ou seja, que o mercado deveria ser domesticado. Já o bolsonarismo representava a disposição para sair da pobreza pelo mercado, como se não fosse possível escapar da lógica darwinista da competição, que favorece o mais forte ou o abençoado. Curiosamente, esses projetos políticos opostos eram influenciados por duas correntes religiosas e cristãs de interpretação da Bíblia.

A primeira, relacionada aos padres reformistas latino-americanos, europeus e social-democratas da Teologia da Libertação, estava associada ao discurso de amor ao próximo do Jesus pacifista do Novo Testamento, que pregava a comunhão que incluísse o diferente e até mesmo o inimigo, que também deveria ser amado. Defendia a união dos pobres para cobrar mais direitos do poder público, criando governos racionais compromissados com a igualdade. Esteve na base das ideias dos partidos de esquerda da Nova República. A segunda cresceu rapidamente depois dos anos 2000, quando se tornou mais influente ao defender as soluções urgentes e individuais proporcionadas pelo empreendedorismo. Ligada às ideias da Teologia da Prosperidade e da batalha espiritual, pregava o fortalecimento das instituições tradicionais, como a família, e desconfiava das instituições iluministas, como o Estado. Estava conectada às mensagens do Deus guerreiro do Velho Testamento, em defesa dos tementes aos mandamentos divinos, escolhidos para garantir a vitória do bem contra o mal.

O pentecostalismo e seus milhares de igrejas pulverizados nas periferias cresceram como representantes dessa segunda corrente, com ideias de solução de curto prazo, ajudando na criação de networking necessário para empreender, e com a crença na luta por dinheiro, com o que contribui ao fortalecer o autocontrole e a autoestima dos fiéis. Eles ofereceram sentido para vidas sem rumo, o que tem valor incomensurável quando o mundo parece estar se desfazendo.

O crime seguiu linha semelhante, mesmo que por outras vias. Aprendeu a tirar proveito da mão invisível do mercado ilegal ao criar regras e estabelecer um tipo de governança capaz de levar ordem e previsibilidade a uma economia desregulamentada e caótica. Produziu discursos que definiram um novo caminho para a carreira criminal, capaz de aumentar lucros, reduzir custos e descobrir brechas para ingressar na economia formal. Os próprios criminosos criaram condições para regulamentar sua atividade e permitir que o capital produzido na ilegalidade ingressasse numa economia cambaleante, com dificuldade crescente de gerar emprego e renda. Quanto mais dinheiro sujo era lavado, mais difícil se tornava identificar seus rastros e maior ficava a zona cinzenta em que legal e ilegal se misturam.

Os governos, para esse projeto de futuro, deveriam funcionar como facilitadores dos negócios dos setores que sustentam seu poder, gerando riqueza e emprego independentemente das consequências para a coletividade. Como o mundo estava fadado a acabar, o Estado seria politicamente dispensado de encontrar soluções que evitassem o fim dos tempos, e a política se tornaria um meio para os aliados alcançarem a vitória e fragilizarem os inimigos. Milicianos, grileiros, traficantes, políticos corruptos, armamentistas, misóginos que afirmassem seguir os ensinamentos bíblicos, mesmo distantes do que pregava Jesus, podiam cerrar fileiras no exército dos homens tementes a esse Deus guerreiro. Despois de terem sido desprezados no passado, os homens violentos voltariam a governar esse mundo distópico, em que sobrevivem os mais fortes ou os aliados do Todo-Poderoso. Exerceriam um tipo de autoridade promissora na antiguidade, forjada pela

mistura da fé e do uso de armas, que no Brasil urbano ganharia a forma dos fuzis.

Duas décadas depois de conhecer alguns de meus amigos evangélicos, muita coisa tinha mudado na vida deles, na minha e no
mundo à nossa volta. As igrejas pentecostais cresceram e se
multiplicaram. Salmos, versículos e debates morais passaram
a fazer parte da política. O PCC se expandiu por todo o Brasil,
espalhou facções e confusão para outros estados, consolidando
seu poder no mercado ilegal em São Paulo. As milícias se mis-
turaram com o crime e se tornaram um caminho para policiais
dispostos a exercer seu poder fardado e enriquecer regulando o
mercado ilegal. O pentecostalismo era um artifício sob a manga
para legitimar essas autoridades.

Marcelinho, mesmo perdendo seu centro de ressociali-
zação, continuou dando testemunhos e tentando abrir um
novo. Em 2012, publiquei um vídeo curto, de cinco minu-
tos, contando sua história no YouTube.[26] Teve mais de 500
mil visualizações e seiscentos comentários, mas na prática
não ajudou porque não publicamos informações de contato,
e ele me disse que não teve benefício com a fama na internet. Um dia me chamou para almoçar, estava com uma amiga
e tinha um recado importante para mim, que lhe fora revelado em um sonho: precisávamos continuar gravando seus
depoimentos em vídeo, porque Deus havia dito que faríamos
muito sucesso. Continuamos gravando porque eu achava importante registrar o que ele pensa. Marcelinho estava mais
otimista a voltar a trabalhar com dependentes químicos depois que um empresário amigo lhe ofereceu um terreno para
montar um novo centro de recuperação. Seria a resposta que
ele esperava de Deus, depois de tantos anos sendo provado
e testado, como ocorreu com Jó? A gente torcia para que as
coisas andassem.

Reencontrei o pastor Edson quando a pandemia permitiu. Em 2021, andando pelo Recanto dos Humildes, vimos as faixas que o PCC tinha espalhado pela comunidade, usando um mesmo padrão de fontes e cores, que depois foram reproduzidas nas quebradas de outros estados: "Proibido tirar giro e chamar no grau. Sujeito a cacete. Não aceitamos isso na comunidade". A mensagem pretendia evitar a algazarra de motoqueiros, que retiravam o silenciador do escapamento, causando explosões do motor, e empinavam suas motos. Pastor Edson disse ser favorável à medida, porque sem ela as crianças corriam o risco de serem atropeladas. Às vezes eu tinha a sensação de que nas periferias as leis do PCC funcionavam mais do que o Código Penal na região central, onde os assaltos cresciam aceleradamente como se as forças de segurança e o contrato coletivo não dessem conta de coibir a covardia de uma sociedade seduzida pela ideia de que os fins financeiros justificam os meios.

Nas dependências da igreja na garagem de sua casa, numa noite de sábado, acompanhei o pastor durante o curso de capelania, voltado a religiosos que pregam em hospitais, orfanatos, asilos e presídios. Uma psicóloga, criada no Recanto dos Humildes, fez a palestra principal, sobre os desafios que enfrenta ao atender crianças de escolas públicas e seus familiares. Era negra, tinha o cabelo alisado e repleto de luzes, estava acompanhada do marido, também pastor, usava um vestido reluzente e nos olhos, uma lente de contato deixava branca suas íris, como uma personagem de ficção científica. Ela me lembrou uma heroína do X-Men e fiquei vidrado em sua figura. Falou sobre as crianças do bairro em que nasceu e revelou um outro tipo de superpoder: ela ajudava mães a criar seus filhos e crianças a refletir sobre a vida. O empoderamento da psicóloga era coletivo e solidário, contrastando com a crueldade dos matadores de duas décadas atrás.

Alexandre, meu amigo do Jardim Ângela, apesar da fé, manteve uma postura crítica em relação ao avanço do bolsonarismo entre os religiosos. Desde que nos conhecemos, trocando cartas na prisão, ele corre atrás das verdades factuais, identificando notícias falsas, e me manda notícias de jornal que me atualizavam sobre as mudanças na cena do crime. Quem sabe teria sido um bom jornalista se não tivesse encontrado tantos obstáculos pela vida. Em 2018, para minha surpresa, defendeu Bolsonaro, mas passou a atacá-lo depois da eleição, principalmente com a pandemia. Alexandre participou de grupos de religiosos para desmentir as notícias falsas. Na última vez que nos encontramos ele contou que estava afastado da Congregação Cristã porque tinha se separado da mulher e iniciado outro relacionamento. Achei, no entanto, que ele estava bem resolvido com a situação e com sua fé.

Do meu lado, muitas coisas mudaram. Aquelas histórias que eu enxergava como excepcionais tornaram-se cada vez mais comuns. Vi as consciências se transformando, em diferentes graus, a partir de novos discursos que iam além da lógica cartesiana e iluminista que eu imaginava ser capaz de mudar o mundo. Meus amigos pentecostais me introduziam nesse novo universo, em que suas crenças se tornavam majoritárias e faziam a cabeça de muita gente. O debate metafísico, sobre a transcendência e o sentido da vida, se impunha, apontava caminhos, criava autocontrole. O crime também produzia sua solução para uma nova ordem menos violenta e mais rentável. A mão invisível do mercado indicava o caminho da busca pelo lucro, estimulando um projeto de futuro insustentável, voltado para preencher os desejos, que são naturalmente insaciáveis. Uma vida em comunhão com o próximo, cerne da mensagem do cristianismo e de outras religiões, ironicamente, parecia cada vez mais distante. A competição, em vez de criar um ambiente de paz, apenas contribuía para estimular a guerra e acelerar o fim do mundo.

Ubuntu ou Para adiar o fim do mundo

Muito tempo atrás, por volta de 10 000 a.C., o planeta era habitado por uma população estimada entre 5 milhões e 8 milhões de pessoas. A humanidade começava a passar pela transição de uma vida nômade, dos caçadores-coletores, para uma sedentária, que caracterizaria as sociedades agrícolas. O domínio das plantas e dos animais criou condições para o surgimento de cidades mais povoadas, com sistemas políticos complexos, que permitiram o florescimento da escrita, do cálculo e do dinheiro. Nessa fase, até o primeiro ano da Era Cristã, a população da Terra já tinha alcançado 250 milhões de habitantes. As histórias e os mitos, uma vez descritos e materializados para além da oralidade, ajudaram a espalhar a filosofia e as religiões monoteístas pelo mundo e a tornar a cultura mais homogênea, diante de uma população que continuava a crescer.

No final do século XV, começo da Era das Navegações, a população do planeta tinha dobrado para 500 milhões de habitantes, e teve início uma nova explosão populacional, acompanhada do progresso técnico intenso. Nos cinco séculos seguintes a população cresceu dezesseis vezes. Já o valor total dos bens no planeta passou de 250 bilhões de dólares para 60 trilhões, o que significa um aumento de 240 vezes. Esse crescimento veio da Revolução Científica e do modo de produção capitalista, que financiaram a educação, a ciência e reduziram a miséria. A capacidade de produzir alimentos e bens de consumo foi multiplicada, assim como foram criados os antibióticos e as vacinas, que aumentaram a expectativa média de vida, entre outros feitos extraordinários.

Parte dessa história é contada no fenômeno pop literário *Sapiens: uma breve história da humanidade*, de Yuval Noah Harari,[1] que, entre outras coisas, aborda como o pensamento abstrato e a capacidade de dar sentido à vida por meio de grandes histórias, como as presentes na Bíblia e no Alcorão, entre outras lendas e mitos, produzem crenças coletivas que dão significados transcendentes às trajetórias humanas. Esse dom de programar corações e mentes a partir do pensamento abstrato é determinante para compreender o caminho percorrido pela nossa espécie até aqui.

Contando assim, a história da humanidade parece trilhar um arco bem-sucedido, acumulando conhecimentos que transformam positivamente a realidade e permitem que os seres humanos se multipliquem sobre a superfície da Terra. A situação, no entanto, está longe de ser ideal. Vivemos, na verdade, diante de um impasse do qual não conseguimos sair e, por nossa própria culpa, o futuro pode ser descrito como temerário. Tanta tecnologia e conhecimento não parecem suficientes para mitigar os tempos sombrios avistados à frente. Ainda há muita miséria, desigualdade, competição pela sobrevivência, conflitos políticos, armas atômicas em profusão, guerras e crise de emprego que geram ondas migratórias, e estas, por sua vez, formam sociedades amedrontadas, instáveis, movidas pelo desejo obsessivo de consumir e de riqueza.

A situação se agrava quanto mais frágeis os governos e mais desiguais as sociedades. Nos lugares de extrema fragilidade governamental e desigualdade social, o mercado se torna uma instituição sagrada, a única capaz de dar alento e esperança por ser uma rede que salva quem tem disposição pessoal para lutar e respeitar os seus princípios e regras. Limitar ou regular seu funcionamento torna-se um atentado às liberdades humanas, que reivindicam o direito de comprar sua tranquilidade. Ao mesmo tempo, porém, a prevalência desses valores em uma população de 8 bilhões de humanos acabou promovendo ações predatórias e deletérias, que ameaçam o futuro da vida na Terra. As florestas, vistas como obstáculos ao desenvolvimento, foram pouco a pouco derrubadas, ameaçando o clima do planeta. A ação humana fez com que alguns cientistas designassem a nossa era geológica como Antropoceno, dados os efeitos causados pela nossa espécie, que afetam o meio ambiente e a biodiversidade. O sinal de alerta já foi ligado e apontou a urgência de revertermos esse ritmo acelerado. A inteligência e a racionalidade, no entanto, que conseguiram coisas inimagináveis, não parecem capazes de impedir que a humanidade caminhe para a autodestruição. É como se o Apocalipse, previsto no último livro da Bíblia, fosse o nosso destino.

Entretanto, como afirma Ailton Krenak, quando a humanidade desaparecer, vai ficar tudo bem com o planeta. A vida na Terra, quem sabe, poderá até mesmo respirar aliviada. "O mundo começou sem o homem e terminará sem ele", já dizia Lévi-Strauss.[2] Somos menos relevantes e extraordinários do que imaginamos. Basta dizer que 99,9% dos habitantes do planeta são microrganismos, cuja existência foi descoberta pelos humanos apenas no século XVII; ou que os fungos estão há mais de 1 bilhão de anos na superfície da Terra. Para se ter uma ideia do que isso significa, os primeiros *Australopithecus* que deram origem à espécie humana apareceram há somente 2,5 milhões de anos, enquanto a idade do *Homo sapiens* não passa de 300 mil anos. Os dinossauros, quando foram extintos, reinavam havia 160 milhões de anos como a espécie dominante. Mas a inteligência humana, nossa grande arma de dominação sobre as demais espécies, ironicamente parece ser, também, uma das maiores responsáveis por abreviar nosso próprio fim.

O que a humanidade deve fazer para permanecer mais tempo por aqui? Já está na hora de pensarmos mais seriamente sobre isso? Essa deve ser uma questão relevante? Ou podemos nos conformar com o fatalismo escatológico? É possível evitar nosso desaparecimento, ou caminharemos a passos firmes para o abismo? Essas são algumas das provocações que Ailton Krenak elabora no livro *Ideias para adiar o fim do mundo*.[3] Sim, é possível ficarmos um pouco mais em nosso planeta, desde que consigamos reprogramar o software mental que governa nossas ações. É necessário inventarmos uma nova consciência para vivermos um processo de metanoia coletivo.

Nas palavras de Krenak, a humanidade precisa enriquecer sua subjetividade, ampliar seus horizontes, "suspender o céu", para que possa transformar seu modo de estar no mundo. O pajé Davi Kopenawa descreve os brancos como "povo-mercadoria", formado por "pessoas que se definem pelas coisas". Essa cultura, que invadiu o Brasil, as Américas e dominou o mundo, despersonaliza a natureza e a transforma em objeto, negando a vida de tudo o que nos rodeia para torná-la "resíduos da atividade industrial e extrativista". Essa atitude de negação é oposta à filosofia dos povos originários, que assumem o compromisso com todas as formas de vida e com o planeta porque os veem como parte do todo. A superioridade da espécie humana é uma ilusão, nós somos apenas mais uma a compor a ampla rede interdependente que garante o ciclo da vida no planeta. A natureza não deve ser transformada em coisas porque é composta de vidas como a nossa, com as quais estamos conectados. Faz sentido. A essa altura do campeonato, contudo, desde que a humanidade se assumiu como o agente transformador que paira impunemente sobre as demais espécies, tem sido difícil desconstruir esse ego diabólico. Seria possível retroceder e mudar nossa forma de estar no mundo? A tarefa é complicada.

Aqui e ali surgem pessoas, empresas e autoridades demonstrando preocupação com o problema. De nada adianta, porém, que essa transformação seja individual. Qualquer cooperação em larga escala depende da consciência da coletividade. Os povos originários conseguiram resistir heroicamente ao assédio da cultura dominante, e sua filosofia de vida revelou uma crítica mordaz à ameaça de destruição do planeta. Mas o ponto de vista dos indígenas não parece ter fôlego para transformar as consciências. Nós continuamos seguindo na direção contrária, a passos acelerados a caminho do abismo.

Este livro contou alguns processos de transformação coletiva de pensamento, novas ordens imaginadas que mudaram o comportamento nas cidades brasileiras. Velhas formas de enxergar a vida sendo substituídas por outras, por meio da mudança das crenças, dos valores e das regras, mesmo quando circunscritos a territórios, gerações, gênero, classes e raças. Desde as ondas de migração do campo para as cidades, passando pelos ciclos de assassinatos e vinganças nos centros urbanos, esses fatos aconteceram porque fizeram sentido em seus respectivos contextos, basearam-se em discursos que os justificavam e que foram rapidamente espalhados pelos meios de comunicação. O mesmo pode ser dito sobre a multiplicação das igrejas e o processo de organização das gangues de base prisional pelo Brasil. Essas crenças estavam vinculadas a estruturas capazes de espalhar suas leituras de mundo, que deram sentido e facilitaram a obediência a suas regras, transformando comportamentos e mudando a maneira de seus seguidores enxergarem o mundo.

Em comum, essas mudanças foram bem-sucedidas porque apresentavam soluções para as pessoas escaparem da miséria em contextos desiguais, mostrando caminhos para competir e consumir nas grandes cidades — como se a parceria do mercado fosse primordial para que pentecostais e faccionados pudessem imaginar um sentido e uma outra ordem para vida humana. Conforme os controles sobre o mercado enfraquecem, o dinheiro funciona como escudo poderoso contra as imprevisibilidades cotidianas. Como convencer as pessoas do contrário, num contexto em que a riqueza é sinônimo de respeito e de poder? Como imaginar uma nova ordem que funcione a partir de outra lógica? Mesmo para imaginar essa nova maneira de viver e tentar convencer os demais, o profeta vai precisar de dinheiro. Às vezes não parece haver saídas.

"Quantos mais vão precisar morrer para que essa guerra acabe?" A pergunta de Marielle Franco, que está no final de meus dois livros anteriores, sobre o PCC e as milícias, continua a assombrar, com diversos significados. Ela fez o questionamento às vésperas de ser assassinada, em março de 2018, para criticar mais uma operação policial com vítimas no Rio. Desde seu ingresso na política, em 2016, em sua campanha, ela pregava o diálogo e tinha como lema a frase "Eu sou porque nós somos" inspirada no *ubuntu*, filosofia sul-africana que serviu de base para que Nelson Mandela e o bispo Desmond Tutu costurassem um pacto para a reconstrução do país no pós-apartheid. Mas podia ser o brado de um indígena brasileiro. É o mesmo princípio da vida em comunhão pregado por Jesus e Buda, uma utopia sempre presente, mas nunca seguida por seus fiéis, como se fosse uma forma impossível de estar no mundo. Já a pregação do mercado, com sua defesa da competitividade e do consumo, sempre foi obedecida com devoção, como se fizesse parte da condição humana.

A preservação do meio ambiente, aliás, para ser aceita diante das ameaças de destruição, precisou convencer a humanidade de que pode gerar renda e emprego. A pauta verde, no final das contas, ganhou mais chances de prosperar depois que foi engolida pelo mercado. Nem mesmo o fim da vida na Terra pode causar prejuízos. É melhor nem contestar e usar o mercado como parceiro, ainda que seja para reduzir os danos e diminuir a velocidade da marcha. As florestas podem ficar de pé desde que garantam remuneração e lucro. Escrava da transcendência,[4] a humanidade não parece saber viver como as demais espécies ou os povos imanentes. Precisamos de sentido, o que continua a gerar a ilusão de domínio sobre a natureza e a causar desequilíbrios. Talvez nossa inteligência e racionalidade, a aparente dependência de um discurso transcendente que dê sentido à nossa existência, seja nossa verdadeira maldição. Uma característica que em um período nos ajudou a sobreviver, mas depois se tornou uma espécie de doença autoimune que não conseguimos reverter a nosso favor.

Essa é a leitura de quem vê a metade vazia do copo. A salvação, porém, não saiu do horizonte. Não a salvação espiritual dos cristãos em seguida ao Apocalipse, mas a do planeta. Quem sabe algum dia, no futuro imprevisível, graças à nossa inteligência, a humanidade desvende uma informação que ainda não conhece e que nos faça saber um pouco mais sobre os mistérios da existência. Uma descoberta que produza novas crenças, reconstrua a consciência coletiva, estabeleça outros sentidos que conduzam os sapiens a uma outra forma de estar no mundo, que amplie nossa conexão com a vida das demais espécies e com a Terra. E quem sabe, assim, poderemos evoluir enquanto espécie, para adiar o fim do mundo em séculos, milênios ou até mesmo milhões de anos.

Notas

1. Metanoia [pp. 11-36]

1. Karen Armstrong, *Campos de sangue: Religião e a história da violência*. São Paulo: Companhia das Letras, 2016.

2. O novo real [pp. 37-57]

1. Entre 2003 e 2004, percorri esse universo com minha amiga Mariana Côrtes, professora da Universidade Federal de Uberlândia. Sua dissertação de mestrado, apresentada ao Departamento de Sociologia da USP, resultou no livro *O bandido que virou pregador* (São Paulo: Hucitec, 2008), obra fundamental para conhecer o tema.
2. Casos citados no livro *O bandido que virou pregador,* op. cit.
3. A citação dos três sons aparece no livro *O chalaça* (São Paulo: Objetiva, 2014), de José Roberto Torero, mas também era conhecida nos bares.
4. O depoimento de Marina sobre sua conversão está disponível em: <https://www.youtube.com/watch?v=N-ouoZPfAzw>. Acesso em: 11 jun. 2023.

3. As facções do bem [pp. 58-74]

1. Eu pesquisei sobre Lucas e Vigário para o roteiro da série *O jogo que mudou a história*, cuja trama gira em torno do começo dessa rivalidade. A série, produzida pelo Globoplay e AfroReggae Visual, tem previsão de estreia para o segundo semestre de 2023.
2. Em Acari, esse diálogo entre crime e religião já era notado desde o fim dos anos 1990, quando Marcos Alvito fez seus trabalhos de campo para escrever *As cores de Acari: Uma favela carioca* (Rio de Janeiro: FGV, 2001). Anos depois, Christina Vital, que havia ajudado Alvito no trabalho de campo, escreveu seu livro seminal voltado ao assunto, *Oração de traficante: Uma etnografia*, disponível em: <https://www.scielo.br/j/rs/a/X9QKnjfTzsfjCNdnLQDzpMj/?lang=pt>. Acesso em: 11 jun. 2023.
3. A pesquisadora Viviane Costa usou esse mote como título de sua dissertação de mestrado *Jesus é dono do lugar: O deus do traficante em disputas territoriais cariocas* (São Paulo: Universidade Metodista de São Paulo, 2021. 117 pp.).

4. Diogo Silva Corrêa, *Anjos de fuzil: Uma etnografia das relações entre pentecostalismo e vida do crime na favela Cidade de Deus*. Rio de Janeiro: Uerj, 2021.

5. Viviane Costa, *Traficantes evangélicos: Quem são e a quem servem os novos bandidos de Deus*. Rio de Janeiro: Thomas Nelson, 2023.

6. Mapa dos Grupos Armados do Rio. Disponível em: <https://www.anf.org.br/rio-sob-o-dominio-do-mal-milicianos-e-traficantes-estao-em-96-dos-163-bairros-da-cidade>. Acesso em: 26 jun. 2023.

7. Augustus Nicodemus Lopes, "Quatro princípios bíblicos para se entender a batalha espiritual". In: Francisco Solano Portela et al. *Fé cristã e misticismo* São Paulo: Cultura Cristã, 2000. Disponível em: <https://thirdmill.org/portuguese/7638~9_19_01_11-18-38_AM~Quatro_Princ%C3%ADpios_B%C3%ADblicos_para_se_Entender_a_Batalha_Espiritual.html>. Acesso em: 11 jun. 2023.

8. Peter Wagner, *Derrubando as fortalezas em sua cidade: Como usar o mapeamento espiritual para tornar suas orações mais estratégicas, eficazes e com um alvo bem definido*. Mogi das Cruzes: Unilit, 1995.

9. A pesquisa foi feita por Steve Wells no livro *Drunk with Blood: God's Killings in Bible* (SAB Books, 2013). A tabela está disponível em: <https://dwindlinginunbelief.blogspot.com/2010/04/drunk-with-blood-gods-killings-in-bible.html>. Acesso em: 11 jun. 2023.

10. Leslie Leitão et al. "Traficantes usam pandemia para criar 'Complexo de Israel' unindo cinco favelas na zona norte do Rio". G1, 24 jul. 2020. Disponível em: <g1.globo.com/rj/rio-de-janeiro/noticia/2020/07/24/traficantes-usam-pandemia-para-criar-novo-complexo-de-favelas-no-rio-deixam-rastro-de-desaparecidos-e-tentam-impor-religiao.ghtml>. Acesso em: 11 jun. 2023.

11. O levantamento do apoio da Frente Evangélica foi feito em reportagem de Bárbara Poerner, Bruno Fonseca, Mariama Correia, "Pastores usam a Bíblia para defender posse de armas de fogo no Brasil". (Pública, 27 abr. 2022. Disponível em: <apublica.org/2022/04/pastores-usam-a-biblia-para-defender-posse-de-armas-de-fogo-no-brasil>. Acesso em: 11 jun. 2023).

4. A epidemia do fim dos tempos [pp. 75-95]

1. Essa análise histórica foi feita pelo sociólogo Paul Freston em entrevista ao podcast do Laboratório de Estudos em Religião, Modernidade e Tradição, *LeRMOT*. Disponível em: <open.spotify.com/episode/4ulxTqRXCgZIcOqtw7JzDk?si=orosgl-JQdiJ1AghdRoTjA&dd=1&nd=1>. Acesso em: 11 jun. 2023.

2. O perfil dos evangélicos e suas variações ao longo da história recente podem ser identificados pelos dados do Censo do Instituto Brasileiro de Geografia e Estatística (IBGE), cujo levantamento foi feito em 2010. Esses dados

são complementados pelas pesquisas de opinião pública, que permitem esmiuçar o perfil atual entre os religiosos.

3. Os cálculos foram feitos por Carlos Henrique de Oliveira, "O crescimento exponencial dos evangélicos no Brasil". LinkedIn, 7 set. 2021. Disponível em: <pt.linkedin.com/pulse/o-crescimento-exponencial-dos-evang%C3%A9licos-brasil-oliveira>. Acesso em: 26 jun. 2023

4. "44% dos evangélicos são ex-católicos", *Folha de S.Paulo*, 28 dez. 2016. Disponível em: <https://datafolha.folha.uol.com.br/opiniaopublica/2016/12/1845231-44-dos-evangelicos-sao-ex-catolicos.shtml>. Acesso em: 26 jun. 2023.

5. Os dados são de pesquisa DataFolha de dezembro de 2019 e encontram-se em: <https://g1.globo.com/politica/noticia/2020/01/13/50percent-dos-brasileiros-sao-catolicos-31percent-evangelicos-e-10percent-nao-tem-religiao-diz-datafolha.ghtml>. Acesso em 2 ago. 2023.

6. A pesquisa foi feita a partir de dados da Receita Federal para o jornal *O Globo*, conforme reportagem de Bernardo Mello e Natália Portinari, "Salto evangélico: 21 igrejas são abertas por dia no Brasil; segmento é alvo de Lula e Bolsonaro. G1, 18 set. 2022. Disponível em: <oglobo.globo.com/politica/eleicoes-2022/noticia/2022/09/salto-evangelico-21-igrejas-sao-abertas-por-dia-no-brasil-segmento-e-alvo-de-lula-e-bolsonaro.ghtml>. Acesso em: 12 jun. 2023.

7. "44% dos evangélicos são ex-católicos", op. cit. Acesso em: 26 jun. 2023.

8. O Observatório Evangélico foi criado pelo antropólogo Juliano Spyer, autor do livro *Povo de Deus: Quem são os evangélicos e por que eles importam* (São Paulo: Geração, 2020). Disponível em: <www.observatorioevangelico.org>. Acesso em: 26 jun. 2023.

9. Os debates sobre o crescimento dos evangélicos também furam bolhas. Participei de diversos encontros sobre o tema no Instituto Vox de pesquisa em psicanálise, coordenados pelo psicanalista Mauro Mendes Dias, que escreveu *O discurso da estupidez* (São Paulo: Iluminuras, 2020). Em um desses encontros, conversamos com Michel Laub, que em seu romance, *Solução de dois Estados* (São Paulo: Companhia das Letras, 2020), inclui personagens ligados à violência e ao pentecostalismo.

10. Rodrigo Silva, *O ceticismo da fé*. Barueri: Ágape, 2018

11. O papel das redes sociais na criação de propósito de luta é debatido com riqueza no livro de Max Fisher, *A máquina do caos* (São Paulo: Todavia, 2023).

12. O debate está na página de Facebook "Fúria e Tradição", disponível em: <www.facebook.com/FuriaeTradicao/photos/jesus-nunca-falou-contra-armas-quando-pedro-defendeu-jesus-o-m%C3%A1ximo-que-ele-diss/342853733121335/?paipv=0&eav=Afbfm5Sy4KUPQrFVu069l31GYD3n-1jdPaUzMu7RrwMYd3qTcFIg6MafYcBKWU_PuII&_rdr>. Acesso em: 11 jun. 2023.

5. Ondas urbanas (A grande fuga) [pp. 96-111]

1. O processo de urbanização nacional é debatido em profundidade no livro *A urbanização brasileira* (São Paulo: Edusp, 2002), de Milton Santos.

2. O debate sobre a escravidão como semente de toda a sociabilidade brasileira — e não a continuidade com a influência portuguesa e seu patrimonialismo — está presente no livro *A elite do atraso*, de Jessé de Souza (Rio de Janeiro: Estação Brasil, 2019).

3. Os dados do Censo são do IBGE e estão disponíveis em: <brasil500anos. ibge.gov.br/estatisticas-do-povoamento/populacao-escrava-no-brasil. html>. Acesso em: 11 jun. 2023.

4. Daiane Souza, "População escrava do Brasil é detalhada em Censo de 1872". Fundação Palmares Cultural, 16 jan. 2013. Disponível em: <www.palmares. gov.br/?p=25817>. Acesso em: 11 jun. 2023.

5. Maria Alice Rosa Ribeiro, "Por que São Paulo passou de uma província pouco importante a uma das mais destacadas regiões industriais do mundo?". *Dossiê: História da colonização em terras paulistas: Dinâmicas e transformações (séculos XVI a XX)*, História 39, 2020. Disponível em: <www.scielo.br/j/his/a/ VHWpfrv5vKy4hfsb9RFNxvx/?lang=pt>. Acesso em: 11 jun. 2023.

6. A discussão política do período da República Velha está presente no livro *Coronelismo, enxada e voto* (São Paulo: Companhia das Letras, 2012), de Victor Nunes Leal.

7. O papel da escravidão e da violência na história da formação do Brasil vem sendo tratado por Jessé Souza em sua releitura de clássicos como *Raízes do Brasil* (Sérgio Buarque de Holanda), *Os donos do poder* (Raymundo Faoro) e *Casa-grande e senzala* (Gilberto Freyre). Ver *A elite do atraso* (Estação Brasil, 2019) e "Elias, Weber e a singularidade cultural brasileira". In: Leopoldo Waizbort. *Dossiê Norbert Elias* (São Paulo: Edusp, 1999). A relação entre o poder agrário e a religiosidade também é discutida no clássico *Coronelismo, enxada e voto*, de Victor Nunes Leal, op. cit.

8. Em seu diálogo intelectual com Max Weber, em *Raízes do Brasil* (26. ed. São Paulo: Companhia das Letras, 1995), Sérgio Buarque de Holanda contrapõe a separação entre sagrado e profano, características do protestantismo ascético dos Estados Unidos, ao catolicismo brasileiro, popular, sincrético, rico em mediações entre o homem e Deus, reproduzindo uma situação análoga à estrutura de mediação de favores do cotidiano, que definiria o éthos cordial, plástico e emocional do brasileiro. Ver também "Faces do catolicismo brasileiro contemporâneo", de Faustino Teixeira, em *Revista USP*, São Paulo, n. 67, pp. 14-23, 2005.

9. Sérgio Buarque de Holanda, *Raízes do Brasil*, op. cit., p. 45.

10. Para a história das rádios no Brasil, ver Luiz Artur Ferrareto, "Uma proposta de periodização para a história do rádio no Brasil" (*Revista de Economia*

Política de las Tecnologias de la Información y de la Comunicación. Sergipe, v. XIV, n. 2, 2012), e Doris Fagundes Haussen, "Rádio brasileiro: Uma história de cultura, política e integração" (In: André Barbosa Filho, Angelo Piovisan e Rosana Beneton (orgs.), *Rádio: Sintonia do futuro*, São Paulo: Paulinas, 2004). Disponível em: <www.abert.org.br/web/index.php/notmenu/item/23526-historia-do-radio-no-brasil>. Acesso em: 11 jun. 2023.

11. Sobre o período, ver reportagem especial da Rádio Câmara de autoria de Ana Raquel Macedo, "A época de ouro do rádio e o impacto da chegada da televisão". 23 mar. 2009. Disponível em: <www.camara.leg.br/radio/programas/315151-a-epoca-de-ouro-do-radio-e-o-impacto-da-chegada-da-televisao-1104/>. Acesso em: 11 jun. 2023.

12. Ana Lia Farias Vale, Luís Cruz Lima e Maria Geovani Bonfim, "Século XX: 70 anos de migração interna no Brasil". *Textos & Debates*, Roraima: UFRR, n. 7, 2004.

6. Exorcistas [pp. 112-29]

1. A história da Assembleia de Deus no Brasil é contada em todas as suas camadas e detalhes no livro de Gedeon Freira de Alencar, *Matriz pentecostal brasileira: Assembleias de Deus: 1911 a 2011* (2. ed. ampl., São Paulo: Recriar, 2019).

2. Sobre as três ondas do pentecostalismo, ver Paul Freston, *Protestantes e política no Brasil: Da Constituinte ao impeachment* (Campinas: IFCH-Unicamp, 1993, 307 pp. Tese de Doutorado em Ciências Sociais).

3. Paulo Rodrigues Romeiro, *Esperanças e decepções: Uma análise crítica da prática pastoral do neopentecostalismo na Igreja Internacional da Graça de Deus sob a perspectiva da práxis religiosa.* São Bernardo do Campo: Universidade Metodista de São Paulo, 2004, p. 59. Tese (Doutorado em Ciências Sociais e Religião).

4. Ibid., p.72.

5. Ibid., pp. 12 e 13.

6. Adroaldo José Silva Almeida, *"Pelo senhor marchamos": Os evangélicos e a ditadura militar no Brasil (1964-1985).* Niterói: UFF-ICHF, 2016, 310 pp. Tese (Doutorado em História). Disponível em: <www.historia.uff.br/stricto/td/1863.pdf >. Acesso em: 11 jun. 2023.

7. Dois livros importantes da história de Edir Macedo: sua biografia oficial, *O bispo: A história revelada de Edir Macedo* (São Paulo: Lafonte, 2007), de Douglas Tavolaro; e *O reino: A história de Edir Macedo e uma radiografia da Igreja Universal* (São Paulo: Companhia das Letras, 2019), de Gilberto Nascimento.

8. Douglas Tavolaro, *O bispo: A história revelada de Edir Macedo*, op. cit.

9. Ibid.

10. Entrevista concedida por Edir Macedo ao jornalista Roberto Cabrini para o programa *Conexão Repórter* que foi ao ar em 26 abr. 2015, "A trajetória de Edir Macedo". Disponível em: <www.youtube.com/watch?v=LViRUp8U0Xc>. Acesso em: 11 jun. 2023.

11. Edir Macedo, *Orixás, caboclos e guias: Deuses ou demônios?*. São Paulo: Unipro, 2006, p. 60.
12. Entrevista concedida por Edir Macedo ao jornalista Roberto Cabrini para o programa *Conexão Repórter* que foi ao ar em 26 abr. 2015, "A trajetória de Edir Macedo", op. cit.

7. Exterminadores [pp. 130-46]

1. Esse ambiente era descrito nos jornais da época, como na reportagem "Polícia fuzilou 'Mineirinho': de luto Mangueira chora morte do bandoleiro" (*A Noite*, Rio de Janeiro, ed. 16020, 2 maio 1962). Disponível em: <memoria.bn.br/DocReader/Hotpage/HotpageBN.aspx?bib=348970_06&pagfis=5363&url=http://memoria.bn.br/docreader#>. Acesso em: 11 jun. 2023.
2. Michel Misse, *Malandros, marginais e vagabundos: A acumulação social da violência no Rio de Janeiro*. Rio de Janeiro: Iuperj, 1999. Tese (Doutorado em Sociologia).
3. A entrevista foi concedida ao jornalista Júlio Lerner, no programa *Panorama*, da TV Cultura. Disponível em: <jornalismoehistoria.sites.ufsc.br/2020/12/25/a-cronica-jornalistica-que-marcou-a-vida-da-autora-de-a-hora-da-estrela>. Acesso em: 11 jun. 2023
4. Os dados estão em minha tese de doutorado: *Crescimento e queda dos homicídios em SP entre 1960 e 2010: Um mecanismo da escolha homicida e das carreiras no crime*. São Paulo: FFLCH-USP, 2012.
5. Os detalhes estão no livro *São Paulo deve ser destruída: A história do bombardeio à capital na revolta de 1924*, de Moacir Assunção (Rio de Janeiro: Record, 2015).
6. Paulo Sérgio Pinheiro, "A militância profética do Padre Agostinho". A Terra é Redonda, 18 jul. 2021. Disponível em: <aterraeredonda.com.br/a-militancia-profetica-do-padre-agostinho>. Acesso em: 11 jun. 2023.
7. Maria Helena Prado de Mello Jorge, *Mortalidade por causas violentas no município de São Paulo*. São Paulo: FSP-USP, 1979. Tese (Doutorado em Epidemiologia).
8. Entrevista para o repórter Valdir Sanches em 20 de novembro de 1984 para a revista *Afinal*.

8. Os libertadores [pp. 147-70]

1. Depoimento que padre Jaime deu ao livro *Fé e política: As lutas das Comunidades Eclesiais de Base* (Petrópolis: Vozes, 2021), organizado por Dalila Maria Pedrini, Maria Isabel Lopes Correa e Wagner Silva Correa.
2. A forma que os evangélicos lidam com a política ao longo da história é abordada por Ricardo Mariano, "Pentecostais e política no Brasil". Espiritualidade e Sociedade. Disponível em: <www.espiritualidades.com.br/Artigos/M_autores/MARIANO_Ricardo_tit_Pentecostais-e-politica-no-Brasil.htm>. Acesso em: 11 jun. 2023.

3. Luciana Dias, Jô Azevedo e Nair Benedicto, *Santo Dias: Quando o passado se transforma em história*. 2. ed. São Paulo: Fundação Perseu Abramo, 2019.
4. Os dados são referentes a 1970 e foram levantados pelo Centro de Estatística Religiosa e Investigação Social, ligada à Conferência Nacional dos Bispos 197. Disponível em: <https://www1.folha.uol.com.br/fsp/1996/12/01/cotidiano/32.html>. Acesso em: 11 jun. 2023.

9. Os guerreiros do caos [pp. 171-92]

1. Essa discussão é feita em um clássico da antropologia urbana: *Cidade de muros: Crime, segregação e cidadania em São Paulo*, de Teresa Caldeira (São Paulo: Edusp, 2000).
2. Conto essa história em maiores detalhes no livro *A república das milícias: Dos esquadrões da morte à era Bolsonaro* (São Paulo: Todavia, 2020).
3. Por causa dessa metáfora, dei o nome do meu primeiro livro de *O homem X: Uma reportagem sobre a alma do assassino em São Paulo* (Rio de Janeiro: Record, 2005).

10. Empreendedorismo transcendental [pp. 193-215]

1. Essa taxa e a posição de destaque no ranking da Organização das Nações Unidas teve grande repercussão nos jornais, como se vê em: "A importância dos rankings". *O Estado de S. Paulo*, 24 nov. 2019. Disponível em: <www.estadao.com.br/brasil/crimes-no-brasil/a-importancia-dos-rankings>. Acesso em: 11 jun. 2023, e "Índices sociais e educacionais do Jardim Ângela". *Folha de S.Paulo*, 18 ago. 2006. Disponível em: <www1.folha.uol.com.br/folha/dimenstein/noticias/gd180806b.htm>. Acesso em: 11 jun. 2023.
2. Helena Corazza, "Missão das rádios católicas". Disponível em: <paulinascursos.com/missao-das-radios-catolicas>. Acesso em: 11 jun. 2023.
3. Alexandre Fajardo, *A atuação dos evangélicos no rádio brasileiro: Origem e expansão*. São Paulo: Universidade Metodista de São Paulo, 2011, 170 pp. Dissertação (Mestrado em Ciências Sociais e Religião).
4. Ibid.
5. Pergunta feita no encontro virtual organizado pelo grupo República do Amanhã com Preto Zezé mediado por Eugênio Bucci, "Preto Zezé (Cufa): combate ao racismo, ativismo social e enfrentamento da desigualdade". Disponível em: <www.youtube.com/watch?v=yTFqwSWnYQE&t=898s>. Acesso em: 11 jun. 2023.
6. O balanço foi feito com base em dados da Receita Federal e publicado em *O Globo*. Disponível em: <https://oglobo.globo.com/politica/eleicoes-2022/noticia/2022/09/salto-evangelico-21-igrejas-sao-abertas-por-dia-no-brasil-segmento-e-alvo-de-lula-e-bolsonaro.ghtml>. Acesso em: 26 jun. 2023.
7. Ibid.

8. Entrevista concedida por Christina Vital a Andrea Dip no livro *Em nome de quem?: A bancada evangélica e seu projeto de poder* (Rio de Janeiro: Civilização Brasileira, 2018).

9. Silvio da Silva, "Os números da Igreja católica do Brasil". CNBB Regional Oeste 1, 16 jun. 2021. Disponível em: <cnbboestel.org.br/os-numeros-da-igreja-catolica-do-brasil>. Acesso em: 11 jun. 2023.

10. Adroaldo José Silva Almeida. *Pelo Senhor, marchamos: Os evangélicos e a ditadura militar no Brasil (1964-1985)*. São Luís: Edufma, 2020.

11. Saulo Batista, *Pentecostais e neopentecostais na política brasileira: Um estudo sobre cultura política, Estado e atores coletivos e religiosos no Brasil*. São Paulo: Annablume, Instituto Metodista Izabela Hendrix, 2009.

12. Ricardo Mariano, *Neopentecostais, sociologia do novo pentecostalismo no Brasil*. São Paulo: Edições Loyola, 1999.

13. Ibid.

14. Alexandre Fajardo, *A atuação dos evangélicos no rádio brasileiro: Origem e expansão*. São Paulo: Universidade Metodista de São Paulo, 2011, 170 pp. Dissertação (Mestrado em Ciências Sociais e Religião).

15. Ibid.

16. Mauricio Stycer, "Programação religiosa ocupa 21% da grade da TV aberta no Brasil, vê Ancine". UOL, 25 ago. 2017. Disponível em: <tvefamosos.uol.com.br/blog/mauriciostycer/2017/08/25/programacao-religiosa-ocupa-21-da-grade-da-tv-aberta-no-brasil-ve-ancine>. Acesso em: 11 jun. 2023.

17. Gilberto Nascimento, *O reino: A história de Edir Macedo e uma radiografia da Igreja Universal*, op. cit.

18. Andrea Dip, *Em nome de quem?: A bancada evangélica e seu projeto de poder*, op. cit., 2018.

19. Gilberto Nascimento, *O reino: A história de Edir Macedo e uma radiografia da Igreja Universal*, op. cit.

20. Guilherme Balza, "Deputado federal diz no Twitter que 'africanos descendem de ancestral amaldiçoado'". UOL, 1º mar. 2011. Disponível em: <noticias.uol.com.br/politica/ultimas-noticias/2011/03/31/deputado-federal-diz-no-twitter-que-africanos-descendem-de-ancestral-amaldicoado.htm>. Acesso em: 11 jun. 2023.

21. Tiago Chagas, "Pastor Marco Feliciano fala em 'ativismo de satanás', afirma que a aids é doença gay e critica omissão de cristãos: 'Igreja pouco faz'". Gospel Mais, 21 set. 2012. Disponível em: <noticias.gospelmais.com.br/marco-feliciano-aids-doenca-gay-ativismo-satanas-42895.html>. Acesso em: 11 jun. 2023.

22. Disponível em: <www.camara.leg.br/internet/sitaqweb/TextoHTML.asp?etapa=3&nuSessao=066.1.54.O&nuQuarto=56&nuOrador=3&nuInsercao=0&dtHorarioQuarto=15:50&sgFaseSessao=GE%20%20%20%20%20%20%20&Data=12/04/2011&txApelido=PASTOR%20MARCO%20FELICIANO>. Acesso em: 11 jun. 2023.

23. Moisés C. Oliveira, "O que é a visão profética das Sete Montanhas de Influência". Gospel Prime, 25 set. 2018. Disponível em: <www.gospelprime.com.br/a-profecia-das-sete-montanhas/>. Acesso em: 11 jun. 2023. Túlio Gustavo, "Como eu descobri o plano de dominação evangélico — e larguei a Igreja". The Intercept Brasil, 31 jan. 2019. Disponível em: <www.intercept.com.br/2019/01/31/plano-dominacao-evangelico/>. Acesso em: 11 jun. 2023.

24. Bernardo Mello e Natália Portinari, "Salto evangélico: veja quais são as maiores igrejas evangélicas do país". G1, 18 set. 2022. Disponível em: <oglobo.globo.com/politica/noticia/2022/09/salto-evangelico-veja-quais-sao-as-maiores-igrejas-evangelicas-do-pais.ghtml>. Acesso em: 12 jun. 2023.

11. A mão invisível do mercado do crime [pp. 216-53]

1. Bruno Paes Manso, Maryluci de Araújo Faria e Norman Gall, "Democracia 3: Do faroeste para a vida civilizada na periferia de São Paulo: Diadema". *Braudel Papers*, São Paulo: Faap, n. 37, 2005. Disponível em: <docplayer.com.br/51643288-Democracia-3-do-faroeste-para-a-vida-civilizada-na-periferia-de-sao-paulo-diadema.html>. Acesso em: 12 jun. 2023.

2. Uma das principais educadoras de São Paulo, Dagmar Rivieri (Tia Dag), fundadora da Casa do Zezinho, no Parque Santo Antônio, sempre insistia neste ponto: existe uma São Paulo antes e outra depois dos Racionais MCs.

3. Karina Biondi, "Tecendo as ramas do significado: As facções prisionais enquanto organizações fundantes de padrões sociais". In: Miriam Pillar Grossi, Maria Luiza Heilborn, Lia Zanotta Machado. *Antropologia e direitos humanos*. Florianópolis: Nova Letra, 2006.

4. Alan de Abreu, *Cabeça Branca: A caçada ao maior traficante do Brasil*. Rio de Janeiro: Record, 2021.

5. A estimativa do preço da cocaína em diversos mercados no mundo consta do Boletim *Monitoramento de preços de drogas ilícitas: Lições aprendidas na Colômbia e possíveis desafios no Brasil* (mar. 2022) do Centro de Excelência para a Redução da Oferta de Drogas Ilícitas. Disponível em: <www.tjmt.jus.br/INTRANET.ARQ/CMS/GrupoPaginas/105/974/Botetim_-_Monitoramento_de_Pre%C3%A7os_de_Drogas_Il%C3%ADcitas_-_Li%C3%A7%C3%B5es_aprendidas_na_Col%C3%B4mbia_e_poss%C3%ADveis_desafios_no_Brasil_(3).pdf>. Acesso em: 12 jun. 2023.

6. A história do traficante foi contada por Alan de Abreu no livro *Cabeça Branca: A caçada ao maior traficante do Brasil*, op. cit.

7. Foi o que se viu nos assaltos ao Serviço Regional da Tesouraria do Banco do Brasil de Criciúma, em Santa Catarina, e de Ourinhos, em São Paulo, que somados renderam aos ladrões 175 milhões de reais. Em ambos atuaram pelo menos setenta pessoas, organizadas conforme um complexo planejamento, em que usaram grande aparato formado por caminhões com explosivos, bombas acionadas por controle remoto, carros blindados e fuzis.

8. Bruno Paes Manso, "De cada R$100 roubados de bancos, 95 são por computador". *O Estado de S. Paulo*, 5 maio 2013. Disponível em: <www.estadao.com.br/brasil/de-cada-r-100-roubados-de-bancos-95-sao-por-computador>. Acesso em: 12 jun. 2023.

9. Além do debate econômico em torno do clássico *A riqueza das nações*, de Adam Smith, vale citar o artigo de Eduardo Giannetti da Fonseca sobre o aniversário de trezentos anos do economista escocês em 14 de maio de 2023, "Gênio de Adam Smith ainda espanta nos 300 anos de seu nascimento". *Folha de S.Paulo*, 13 maio 2023. Disponível em: <www1.folha.uol.com.br/ilustrissima/2023/05/genio-de-adam-smith-ainda-espanta-nos-300-anos-de-seu-nascimento.shtml>. Acesso em: 12 jun. 2023.

10. Leandro Oliveira e Marco Antonio Martins, "PF prende 2 em operação contra remessa de cocaína em navios para a Europa". G1, 24 maio 2023. Disponível em: <g1.globo.com/rj/rio-de-janeiro/noticia/2023/05/24/pf-mira-remessa-de-cocaina-em-navios-do-rio-para-a-europa.ghtml>. Acesso em: 12 jun. 2023.

11. Essa conexão foi identificada no trabalho de campo de Vagner Marques, na zona leste de São Paulo, em que ele acompanhou o processo de conversão de Kadu, do PCC, que foi o personagem principal de suas pesquisas, que resultaram no livro *Fé e crime: Evangélicos e PCC nas periferias de São Paulo* (São Paulo: Fonte Viva, 2019). Kadu era um quadro importante do PCC. Já havia sido batizado e tornou-se membro da facção. Mesmo assim, continuou a frequentar uma igreja evangélica em seu bairro. O pastor o aceitava, na esperança de que um dia ele mudasse de vida. Kadu continuava indo ao culto para criar coragem e abandonar o crime de vez.

12. Parte da investigação foi publicada por Josmar Jozino, "Núcleo de pastores do PCC movimentou R$ 206 milhões em 18 anos, diz MP-RN". UOL, 28 maio 2023. Disponível em: <noticias.uol.com.br/colunas/josmar-jozino/2023/05/28/nucleo-de-pastores-do-pcc-movimentou-r-206-milhoes-em-18-anos-diz-mp-rn.htm>. Acesso em: 12 jun. 2023.

13. Mais detalhes da investigação em reportagem de Josmar Jozino, "Chefe do PCC abriu 7 igrejas evangélicas com dinheiro do tráfico, diz MP". UOL, 14 fev. 2023. Disponível em: <noticias.uol.com.br/colunas/josmar-jozino/2023/02/14/chefe-do-pcc-abriu-7-igrejas-evangelicas-com-dinheiro-do-trafico-diz-mp.htm>. Acesso em: 12 jun. 2023.

14. Gilberto Nascimento, "Universal embolsa R$ 33 bilhões em quatro anos e meio só em doações bancárias". *The Intercept Brasil*, 18 jan. 2011. Disponível em: <www.intercept.com.br/2022/07/20/universal-embolsa-33-bilhoes-em-doacoes-bancarias/>. Acesso em: 12 jun. 2023.

15. Disponível em: <forumseguranca.org.br/wp-content/uploads/2022/07/anuario-2022-ed-especial.pdf>. Acesso em: 12 jun. 2023.

16. Os dados são do Monitor da Violência, conforme reportagem de John Pacheco, Clara Velasco, Alexandre Feitosa Jr. e Felipe Grandin, "Amapá chega ao 3º ano seguido com a maior taxa do país de pessoas mortas pela polícia". G1, 5 maio

2022. Disponível em: <gl.globo.com/ap/amapa/noticia/2022/05/05/amapa-chega-ao-30-ano-seguido-com-a-maior-taxa-do-pais-de-pessoas-mortas-pela-policia.ghtml>. Acesso em: 12 jun. 2023.

17. Disponível em: <www.latinobarometro.org/latContents.jsp>. Acesso em: 12 jun. 2023.

18. A pesquisa Idea consta da matéria "Pesquisa diz que 91% dos brasileiros convivem com alguma presença de facções criminosas em seus bairros", *O Globo*, 22 jun. 2022. Disponível em: <oglobo.globo.com/brasil/noticia/2022/06/pesquisa-diz-que-91percent-dos-brasileiros-convivem-com-alguma-presenca-de-faccoes-criminosas-em-seus-bairros.ghtml>. Acesso em: 12 jun. 2023.

19. Liana Costa, "Não é só no Rio. Milícias estão em 15 estados de norte a sul do Brasil". Metrópoles, 1º abr. 2018. Disponível em: <www.metropoles.com/materias-especiais/nao-e-so-no-rio-milicias-estao-em-15-estados-de-norte-a-sul-do-brasil>. Acesso em: 12 jun. 2023.

20. Os dados são do Monitor da Violência do G1, em parceria com o Núcleo de Estudos da Violência da USP e o Fórum Brasileiro de Segurança Pública (FBSP).

21. O salve me foi encaminhado por integrantes da Força de Segurança do Ceará, que atestaram a veracidade do documento.

22. O Monitor da Violência é hospedado pelo portal G1, disponível em: <https://g1.globo.com/monitor-da-violencia/>. Acesso em: 12 jun. 2023.

23. Estão excluídos desses cálculos os homicídios praticados pela polícia, que giraram em torno dos 6 mil casos no Brasil.

24. "Brasil se aproxima de 3 milhões de armas em acervos particulares". Instituto Sou da Paz, 13 fev. 2023. Disponível em: <soudapaz.org/noticias/brasil-se-aproxima-de-3-milhoes-de-armas-em-acervos-particulares>. Acesso em: 12 jun. 2023.

25. Entre 2017 e 2022 os casos de feminicídio aumentaram 37% no Brasil. Debora Piccirillo e Giane Silvestre, "Aumento dos feminicídios no Brasil mostra que mulheres ainda não conquistaram o direito à vida". G1, 8 mar. 2023. Disponível em: <gl.globo.com/monitor-da-violencia/noticia/2023/03/08/aumento-dos-feminicidios-no-brasil-mostra-que-mulheres-ainda-não-conquistaram-o-direito-a-vida.ghtml>. Acesso em: 12 jun. 2023.

26. Ana Bottallo, "Ministério da Saúde vê aumento preocupante de suicídios de jovens em 5 anos". *Folha de S.Paulo*, 25 out. 2022. Disponível em: <www1.folha.uol.com.br/cotidiano/2022/10/ministerio-da-saude-ve-aumento-preocupante-de-suicidios-de-jovens-em-5-anos.shtml>. Acesso em: 12 jun. 2023.

12. Dinheiro, fé e fuzil [pp. 254-80]

1. A história me foi contada por Gilberto Natalini, mas também recebeu a cobertura de periódicos, como o *Jornal do Brasil*, na reportagem "Iapas venderá em 10 dias fazenda invadida" (Rio de Janeiro, 11 set. 1981). Disponível

em: <memoria.bn.br/pdf/030015/per030015_1981_00156.pdf>. Acesso em: 12 jun. 2023.

2. Gabinete do vereador Gilberto Natalini, Dossiê *A devastação da mata atlântica no município de São Paulo*. Abril 2020. Disponível em: <http://www.mpsp. mp.br/portal/page/portal/documentacao_e_divulgacao/doc_biblioteca/bibli_ servicos_produtos/BibliotecaDigital/BibDigitalLivros/TodosOsLivros/ DOSSIE%3Da-devastacao-da-Mata-Atlantica-no-municipio-de-SP-2.ed.pdf>. Acesso em: 11 jun. 2023.

3. A prefeitura de São Paulo criou em 2021 a Operação Integrada em Defesa das Águas para monitorar mais de mil pontos de ocupação irregular. No ano de 2022, atuou em 429 casos e removeu 379 obras irregulares. Apesar do empenho, o secretário executivo de Mudanças Climáticas de São Paulo, Fernando Pinheiro Pedro, disse que o maior desafio decorria do fato de as ocupações serem bem organizadas, com muito dinheiro investido. Muitas vezes, ao chegarem ao local, os fiscais do município se deparavam com um advogado dos grileiros em posse de uma liminar da Justiça para impedir sua ação e permitir a continuidade do desmatamento.

4. "Perueiro acusa ex-secretário por abrigar membros do PCC em cooperativa". *O Estado de S. Paulo*, São Paulo, 7 jun. 2006. Disponível em: <www.estadao. com.br/brasil/perueiro-acusa-ex-secretario-por-abrigar-membros-do-pcc-em-cooperativa>. Acesso em: 12 jun. 2023.

5. "Copa 'Milton Leite' vai dar carro zero a time campeão". *O Estado de S. Paulo*, São Paulo, 10 out. 2009. Disponível em: <www.estadao.com.br/brasil/copa-milton-leite-vai-dar-carro-zero-a-time-campeao>. Acesso em: 12 jun. 2023.

6. Rogério Pagnan, "Polícia revela suposta ligação entre empresas de transporte público e PCC". *Gazeta de S.Paulo*, São Paulo, 10 jun. 2022. Disponível em: <www.gazetasp.com.br/estado/policia-revela-suposta-ligacao-entre-empresas-de-transporte-publico/1111013>. Acesso em: 12 jun. 2023.

7. Josmar Jozino, "Empresário é assassinado em Diadema (SP); PM fala em ligação com PCC". UOL, 27 maio 2021. Disponível em: <noticias.uol.com. br/colunas/josmar-jozino/2021/05/27/socio-de-cooperativa-de-onibus-e-assassinado-com-tiros-de-fuzil-em-diadema.htm>. Acesso em: 12 jun. 2023.

8. "Quem é o Gordão, traficante do PCC que se inspira em Pablo Escobar que foi preso pela polícia". *O Estado de S. Paulo*, São Paulo, 6 set. 2022. Disponível em: <www.estadao.com.br/sao-paulo/quem-e-o-gordao-traficante-do-pcc-que-se-inspira-em-pablo-escobar-que-foi-preso-pela-policia> Acesso em: 12 jun. 2023.

9. "Polícia divulga balanço da Operação Raio-X". *Folha da Região*, São Paulo, 2 out. 2020. Disponível em: <sampi.net.br/aracatuba/noticias/2040746/ slide/2020/10/policia-divulga-balanco-da-operacao-raio-x>. Acesso em: 12 jun. 2023. Marcelo Godoy, "PCC usa rede de empresas para se infiltrar em prefeituras de ao menos três estados". *O Estado de S. Paulo*, São Paulo, 9 set. 2020. Disponível em: <www.estadao.com.br/politica/pcc-usa-rede-de-

empresas-para-se-infiltrar-em-prefeituras-de-ao-menos-tres-estados>. Acesso em: 12 jun. 2023.

10. Parte da história foi contada em entrevista coletiva do diretor do Departamento Estadual de Investigações Criminais (Deic), Fabio Pinheiro Lopes, que consta de matéria de Cleber Souza, "Ônibus do PCC: Entenda o esquema da facção com o transporte público de SP". Band, 15 jun. 2022. Disponível em: <www.band.uol.com.br/noticias/onibus-do-pcc-entenda-o-esquema-da-faccao-com-o-transporte-publico-de-sp-16517221>. Acesso em: 12 jun. 2023.

11. O perfil de Luiz Moura pode ser visto em mais detalhes em reportagem de Diego Zanchetta, Luciano Bottini Filho e Rafael Italiani, "Luiz Moura e cinco empresas de ônibus são suspeitos de lavagem de dinheiro para o PCC". *O Estado de S. Paulo*, São Paulo, 29 jul. 2014. Disponível em: <www.estadao.com.br/sao-paulo/luiz-moura-e-cinco-empresas-de-onibus-sao-suspeitos-de-lavagem-de-dinheiro-para-o-pcc/>. Acesso em: 12 jun. 2023.

12. Josmar Jozino, "Exército e Polícia Civil viram elo do PCC com empresas de ônibus em 2014". UOL, 10 out. 2022. Disponível em: <noticias.uol.com.br/colunas/josmar-jozino/2022/06/10/relatorio-do-exercito-de-2014-apontava-elo-do-pcc-com-empresas-de-onibus.htm>. Acesso em: 12 jun. 2023.

13. S&S Sports Agência Esportiva, "9ª Copa Senival Moura". Disponível em: <www.facebook.com/ligasessports/posts/9-copa-senival-moura-a-dois-dias-da-grande-final-fica-cada-vez-maior-a-expectati/285829075372295>. Acesso em: 12 jun. 2023.

14. "Polícia de SP faz operação contra mais uma empresa de ônibus suspeita de envolvimento com facção criminosa". G1, 9 jun. 2022. Disponível em: <g1.globo.com/sp/sao-paulo/noticia/2022/06/09/policia-de-sp-faz-operacao-contra-mais-uma-empresa-de-onibus-suspeita-de-envolvimento-com-faccao-criminosa.ghtml>. Acesso em: 12 jun. 2023.

15. Rogério Pagnan, "Empresas suspeitas de elo com PCC transportam 840 mil passageiros por dia em SP". *Folha de S.Paulo*, São Paulo, 10 jun. 2022. Disponível em: <www1.folha.uol.com.br/cotidiano/2022/06/empresas-suspeitas-de-elo-com-pcc-transportam-840-mil-passageiros-por-dia-em-sp.shtml>. Acesso em: 12 jun. 2023. Adamo Bazani, "Dois suspeitos que foram presos em operação na TransUnião são soltos pela Justiça". Diário do Transporte, 2 jul. 2022. Disponível em: <diariodotransporte.com.br/2022/07/02/dois-suspeitos-que-foram-presos-em-operacao-na-transuniao-sao-soltos-pela-justica>. Acesso em: 12 jun. 2023.

16. Parte dessa história está em reportagem de Josmar Jozino, "Denarc sequestra R$ 40 milhões em bens de empresa de ônibus ligada ao PCC". UOL, 16 jun. 2022. Disponível em: <noticias.uol.com.br/colunas/josmar-jozino/2022/06/16/denarc-sequestra-r-40-milhoes-em-bens-de-empresa-de-onibus-ligada-ao-pcc.htm>. Acesso em: 12 jun. 2023.

17. Contei parte da história de Ney Santos em "A névoa espessa do Embu" (*Anuário Todavia* 2018/2019, São Paulo: Todavia, 2019).

18. Ney Santos também agradeceu aos eleitores no seu perfil no Instagram. Disponível em: <www.instagram.com/p/CiJE0amuTeJ>. Acesso em: 12 jun. 2023.

19. Parte dessa apuração está no livro que escrevi com Esther Solano e Willian Novaes, *Mascarados: A verdadeira história dos adeptos da tática black bloc* (São Paulo: Geração Editorial, 2014).

20. Peter Dizikes, "Study: On Twitter, False News Travels Faster than True Stories". MIT News, 8 mar. 2018. Disponível em: <news.mit.edu/2018/study-twitter-false-news-travels-faster-true-stories-0308>. Acesso em: 12 jun. 2023.

21. Giuliano Da Empoli, *Engenheiro do caos: Como as fake news, as teorias da conspiração e os algoritmos estão sendo utilizados para disseminar ódio, medo e influenciar eleições*. São Paulo: Vestígio, 2019, p. 24.

22. José Eustáquio Diniz Alvez, "O voto evangélico garantiu a eleição de Jair Bolsonaro". *EcoDebate*, 31 out. 2018. Disponível em: <www.ihu.unisinos.br/categorias/188-noticias-2018/584304-o-voto-evangelico-garantiu-a-eleicao-de-jair-bolsonaro>. Acesso em: 12 jun. 2023.

23. Luiza Tenente, "Eleito presidente, Lula venceu Bolsonaro no Nordeste; veja análise por região". G1, 31 out. 2022. Disponível em: <gl.globo.com/politica/eleicoes/2022/eleicao-em-numeros/noticia/2022/10/31/eleito-presidente-lula-so-venceu-bolsonaro-no-nordeste-veja-analise-por-regiao.ghtml>. Acesso em: 12 jun. 2023.

24. Ibid.

25. A distribuição de votos por bairros em São Paulo consta de matéria de Cíntia Acayaba, "Lula tem maior votação em Piraporinha, Grajaú e Valo Velho, no extremo da zona sul de SP; Bolsonaro tem mais votos no Tatuapé, Vila Formosa e Santana". G1, 30 out. 2022. Disponível em: <g1.globo.com/sp/sao-paulo/eleicoes/2022/noticia/2022/10/30/lula-tem-maior-votacao-em-piraporinha-grajau-e-valo-velho-no-extremo-da-zona-sul-de-sp-bolsonaro-tem-mais-votos-no-tatuape-vila-formosa-e-santana.ghtml>. Acesso em: 12 jun. 2023.

26. O vídeo está disponível em: <www.youtube.com/watch?v=3OolrLfDTzU>. Acesso em: 12 jun. 2023.

Ubuntu ou Para adiar o fim do mundo [pp. 281-7]

1. Yuval Noah Harari, *Sapiens: Uma breve história da humanidade*. São Paulo: Companhia das Letras, 2011.

2. A frase consta no posfácio escrito por Eduardo Viveiros de Castro para o livro de Ailton Krenak, *Ideias para adiar o fim do mundo* (São Paulo, Companhia das Letras, 2020).

3. Ailton Krenak, *Ideias para adiar o fim do mundo*, op. cit.

4. O termo, citado no posfácio de Viveiros de Castro, é do antropólogo Bruno Latour.

© Bruno Paes Manso, 2023

Todos os direitos desta edição reservados à Todavia.

Grafia atualizada segundo o Acordo Ortográfico da Língua
Portuguesa de 1990, que entrou em vigor no Brasil em 2009.

capa
Pedro Inoue
composição
Lívia Takemura
preparação
Gabriela Rocha
checagem
Gabriel Vituri
revisão
Ana Maria Barbosa
Erika Nogueira Vieira

6ª reimpressão, 2024

Dados Internacionais de Catalogação na Publicação (CIP)

Manso, Bruno Paes (1971-)
A fé e o fuzil: Crime e religião no Brasil do século XXI /
Bruno Paes Manso. — 1. ed. — São Paulo : Todavia, 2023.

ISBN 978-65-5692-520-2

1. Política – Brasil. 2. Segurança pública. 3. Situação
política. I. Título.

CDD 320.9

Índice para catálogo sistemático:
1. Situação política : Segurança pública 320.9

Bruna Heller — Bibliotecária — CRB 10/2348

todavia
Rua Luís Anhaia, 44
05433.020 São Paulo SP
T. 55 11. 3094 0500
www.todavialivros.com.br

fonte
Register*
papel
Pólen natural 80 g/m²
impressão
Geográfica